古逸叢書

荀子 一

华东师范大学出版社

圖書在版編目（CIP）數據

荀子/（清）黎庶昌編. -- 上海：華東師範大學出版社，2016.6
（古逸叢書）
ISBN 978-7-5675-5336-1

Ⅰ.①荀… Ⅱ.①黎… Ⅲ.①儒家②《荀子》－譯文③《荀子》－注釋 Ⅳ.①B222.6

中國版本圖書館 CIP 資料核字(2016)第 130579 號

荀子（全二册）

(古逸叢書)

編　　者　（清）黎庶昌
項目編輯　許　靜　姚之均　儲德天
審讀編輯　李慧明

出版發行　華東師範大學出版社
社　　址　上海市中山北路 3663 號　郵編 200062
網　　址　www.ecnupress.com.cn
電　　話　021-60821666　行政傳真　021-62572105
客服電話　021-62865537（兼傳真）
門市（郵購）電話　021-62869887
門市地址　上海市中山北路 3663 號華東師範大學校內先鋒路口
網　　店　http://hdsdcbs.tmall.com/

印 刷 者　上海世紀嘉晉數字信息技術有限公司印製
開　　本　889 × 1194　16 開
印　　張　55.875
字　　数　228 千字
版　　次　2017 年 1 月第 1 版
印　　次　2017 年 1 月第 1 次
書　　號　ISBN 978-7-5675-5336-1/G·9573
定　　價　468.00 元

出 版 人　王　焰

《古逸叢書》出版弁言

鍾錦

光緒六年（一八八〇）四月，六次會試不第的楊守敬接受當時駐日公使何如璋的邀請，攜眷來到日本。黃遵憲時任使館參贊，告訴他日本有不少中土珍本古籍，勸他留意搜輯。楊守敬聽了黃遵憲的勸告，開始大肆搜羅。光緒七年三月，清政府改命黎庶昌為駐日公使。十二月，黎庶昌抵達日本，起初他似乎並不想留用楊守敬，但看到楊守敬寫的《日本訪書緣起條例》，大為感動，便留用楊守敬，一同籌劃刊刻《古逸叢書》。

從光緒八年到光緒十年，黎庶昌和楊守敬共刊刻《古逸叢書》二十六種。叢書的刊刻沒有動支公項，由黎庶昌及一些捐助人出資。僅黎庶昌自己，就拿出三年的薪俸大約一萬數千金。楊守敬按照森立之《經籍訪古志》的指引，幾乎將日本的重要漢籍悉數羅致，使得日本市場舊本日稀，書價大漲。如此完備的搜訪，為刊刻《古逸叢書》提供了充裕的選擇。黎庶昌和楊守敬選擇了那些在中土久已失傳而日本獨傳的善本，所以叢書名為『古逸』。叢書所用底本經過仔細考察，然後用覆刻的方法請日本刻工精心刊刻。在沒有影印技術的時代，《古逸叢書》的刊刻可謂『下真跡一等』，加之又是中土失傳的善本，很快受到學界廣泛關注。直至今日，仍然名聲赫赫。

不過，《古逸叢書》的遺憾也是存在的。楊守敬當時就認為，已刊的幾種其實並不值得刊刻，而很多更有價值的本子卻付之闕如了。比如，《尚書釋音》的底本並非日本之書，只是黎庶昌的女婿張沆得到的汪氏振綺堂舊藏宋刻的一個影鈔本。既然張沆很想刊刻，楊守敬自然未便深拒。不過，這個情況也是此一時彼一時。在今天看來，楊守敬當時認為不值得刊刻的那些本子仍有其價值，而且隨著時間的推移，還顯出了一定的重要性。應該說，只是當時更有價值的本子被錯過，這是十分遺憾的。

還有，因為當時覆刻古籍並沒有科學的體例，《古逸叢書》在刊刻過程中往往擅自改動底本，且不出校勘記，雖然不少改動並不算錯，但失去了存真的意義。而且，覆刻畢竟不是影印，訛誤之處在所難免，這就是客觀條件的局限了。儘管如此，《古逸叢書》的影響仍是巨大的。《四部叢刊》《叢書集成初編》這樣出名的叢書中，也影印了不少《古逸叢書》的本子。畢竟它覆刻的很多底本，在今天已經無法尋覓，只有依據它了。甚至，即使在有了更好的版本之後，出於習慣大家依然沿用它。如《覆元泰定本廣韻》、《影宋台州本荀子》，都存在這類情況。因此，直至今天，《古逸叢書》的價值還是不容低估的。

《古逸叢書》有日本東京使署的單行本、彙印本，及在中土印行的上海縣署本、蘇州書局本，還有曹允源的修補刻印本。現在根據未修補的館藏早期印本影印，力圖為讀者提供一個較為可靠、完備的《古逸叢書》讀本。

總目

第十二册

第十三册

第十四册

第十五册

第十六册

第十七册

第十八册

影宋台州本荀子

古逸叢書之七

遵義黎氏校刊

荀子注序

昔周公稽古三五之道損益夏殷之典制禮作樂以仁義理天下其德化刑政存乎詩至于幽厲失道始變風變雅作矣平王東遷諸侯分政逮五霸之後則王道不絶如綫故仲尼定禮樂作春秋然後三代遺風弛而復張而無時無位功烈不得被于天下但門人傳述而已陵夷至于戰國於

是申商苛虐孫吳變詐以族論罪殺人盈城談說者又以慎墨蘇張爲宗則孔氏之道幾乎息矣有志之士所爲痛心疾首也故孟軻闢其前荀卿振其後觀其立言指事根極理要敷陳往昔掎音几摯當世撥亂興理易於反掌眞名世之士王者之師又其書亦所以羽翼六經增光孔氏非徒諸子之言也蓋周公制作之仲尼祖述之荀

孟贊成之所以膠固王道至深至備雖春秋之四夷交侵戰國之三綱弛絕斯道竟不墜矣倞以末宦之暇頗窺篇籍竊感炎黄之風未洽於聖代謂荀孟有功於時政尤所耽慕而孟子有趙氏章句漢代亦嘗立博士傳習不絕故今之君子多好其書獨荀子未有注解亦復編簡爛脫傳寫謬誤雖好事者時亦覽之至於文義不通屢

掩卷焉夫理曉則愜心文舛則忤意未知
者謂異端不覽覽者以脫誤不終所以荀
氏之書千載而未光焉輒用申杼鄙思敷
尋義理其所徵據則博求諸書但以古今
字殊齊楚言異事資參考不得不廣或取
偏傍相近聲類相通或字少增加文重刊
削或求之古字或徵之方言加以孤陋寡儔
愚昧多蔽穿鑿之責於何可逃曾未足粗明

先賢之旨適增其蕪穢耳蓋以自備省覽非敢傳之將來以文字煩多故分舊十二卷三十二篇爲二十卷又改孫卿新書爲荀子其篇第亦頗有移易使以類相從云時歲在戊戌大唐睿聖文武皇帝元和十三年十二月也

荀子新目録

第一卷

荀子卷第一

登仕郎守大理評事楊　倞　注

勸學篇第一

君子曰：學不可以已。青取之於藍而青於藍，冰水爲之而寒於水。以喻學則才過其本性也。木直中繩，輮以爲輪，其曲中規，雖有槁暴，不復挺者，輮使之然也。輮，屈。槁，枯。暴，乾。挺，直也。晏子春秋作不復嬴矣。故木受繩則直，金就礪則利，君子博學而日參省乎己，則智明而行無過矣參三也曾子曰日三省吾身行下孟反故不登高山不知天之高也不臨深谿不知地之厚也不聞先王之遺言不知學問之大也大謂有益於人干越夷貉之子生而同聲長而異俗教使之然也干越猶言吳越呂氏春秋荆有次非得寶劒於干越高誘曰吳邑也貉東北夷同聲謂啼聲同貉莫革反詩曰嗟爾君子無恒安息靖共爾位好是正直神之聽之介爾景福詩小雅小明之篇靖謀介助景大也無恒安息戒之不使懷安也言能謀恭其位好正直之道則神聽而助之福引此詩以喻勤學也

神莫大於化道，福莫長於無禍。爲學則自化道，故神莫大焉；脩身則自無禍，故福莫長焉。吾嘗終日而思矣，不如須臾之所學也。吾嘗跂而望矣，不如登高之博見也。跂，舉足也。登高而招，臂非加長也，而見者遠；順風而呼，聲非加疾也，而聞者彰。假輿馬者，非利足也，而致千里；假舟楫者，非能水也，而絕江河。能，善。絕，過。君子生非異也，善假於物也。皆以喻脩身在假於學。生非異，言與衆人同也。南方有鳥焉，名曰蒙鳩，以羽爲巢，而編之以髮繫之葦苕風至苕折卵破子死巢非不完也所繫者然也蒙鳩焦鷯也苕葦之秀也今巧婦鳥之巢至精密多繫於葦竹之上是也蒙當爲蔑方言云鷦鷯自關而西謂之桑飛或謂之蔑雀或曰一名蒙鳩亦以其愚也言人不知學問其所置身亦猶繫葦之危也說苑客謂孟嘗君曰鷦鷯巢於葦苕箸之以髮可謂完堅矣大風至則苕折卵破者何也所託者然也西方有木焉名曰射干莖長四寸生於高山之上而臨百仞之淵木莖非能長也所立者然也本草藥名有射干一名烏扇陶弘景云花白莖長如射人之執竿又引阮公詩云射干臨層城是生於高處也據本草在草部中又生南陽川谷此云西方有木未詳或曰長四寸即是草云木誤也蓋生南陽亦生西方也射音夜蓬生

麻中不扶而直。蘭槐之根是爲芷，其漸之滫，君子不近，庶人不服，其質非不美也，所漸者然也。蘭槐香草，其根是爲芷也。本草白芷一名白茝。陶弘景云即離騷所謂蘭茝也。蓋苗名蘭茝，根名芷也。蘭槐當是蘭蒚別名，故云蘭槐之根是爲芷也。漸，漬也，染也。滫，溺也。言雖香草，浸漬於溺中，則可惡也。漸，子廉反。滫，思酒反。故君子居必擇鄉，遊必就士，所以防邪僻而近中正也。物類之起，必有所始；榮辱之來，必象其德。肉腐生蟲，魚枯生蠹。怠慢忘身，禍災乃作。強自取柱，柔自取束。凡物強則以爲柱而任勞，柔則見束而約急，皆其自取也。

邪穢在身怨之所構（構結也言亦所自取）施薪若一火就燥也（布薪於地均若一火就燥而焚之矣）平地若一水就溼也草木疇生禽獸羣焉物各從其類也（疇與儔同類也）是故質的張而弓矢至焉林木茂而斧斤至焉（所謂召禍也質射侯的正鵠也）樹成蔭而衆鳥息焉醯酸而蜹聚焉（喻有德則慕之者衆）故言有召禍也行有招辱也君子慎其所立乎（禍福如此不可不慎所立所立即謂學也）

積土成山風雨興焉積水成淵蛟龍生焉

積善成德，而神明自得，聖心備焉。（神明自得，謂自通於神明。）故不積蹞步，無以至千里；（半步曰蹞。蹞與跬同。）不積小流，無以成江海。騏驥一躍，不能十步；駑馬十駕，（言駑馬十度引車，則亦及騏驥之一躍。據下云「駑馬十駕，則亦及之」，此亦當同，疑脫一句。）功在不舍。鍥而舍之，朽木不折；鍥而不舍，金石可鏤。（言立功在於不舍。舍與捨同。鍥，刻也，苦結反。春秋傳曰：「陽虎借邑人之車，鍥其軸。」）蚯螾無爪牙之利，筋骨之強，上食埃土，下飲黃泉，用心一也。（螾與蚓同。）蟹六跪而二螯，非蛇蟺之穴無可寄託者用心躁也跪足也韓子以刖足爲刖跪螯蟹首上如鉞者許叔重說文云蟹六足二螯也是故無冥冥之志者無昭昭之明無惛惛之事者無赫赫之功冥冥惛惛皆專默精誠之謂也行衢道者不至事兩君者不容爾雅云四達謂之衢孫炎云衢交道四出也或曰衢道兩道也不至不能有所至下篇有揚朱哭衢涂今秦俗猶以兩爲衢古之遺言歟目不能兩視而明耳不能兩聽而聰螣蛇無足而飛爾雅云螣螣蛇郭璞云龍類能興雲霧而遊其中也梧鼠五技而窮梧鼠當爲鼫鼠蓋本誤爲鼯字傳寫又誤爲梧耳技才能也言技能雖多而不能如螣蛇專一故窮五技謂能飛不能上屋能緣不能窮木能游不能度谷能穴不能掩身能走不能先人詩曰

尸鳩在桑其子七兮淑人君子其儀一兮其儀一兮心如結兮故君子結於一也詩曹風尸鳩之篇毛云尸鳩鴶鞠也尸鳩之養七子旦從上而下暮從下而上平均如一善人君子其執義亦當如尸鳩之一執義一則用心堅固故曰心如結也昔者瓠巴鼓瑟而流魚出聽瓠巴古之善鼓瑟者不知何代人流魚中流之魚也列子云瓠巴鼓琴鳥舞魚躍伯牙鼓琴六馬仰秣伯牙古之善鼓琴者亦不知何代人六馬天子路車之馬也漢書曰乾六車坤六馬白虎通曰天子之馬六者示有事於天地四方也張衡西京賦曰天子御雕軫六駿駁又曰六玄虬之奕奕齊騰驤而沛艾仰秣仰首而秣聽其聲也故聲無小而不聞行無隱而不形形謂有形可見玉在山而草木潤

淵生珠而崖不枯爲善不積邪安有不聞者乎崖岸枯燥學惡乎始惡乎終假設問也曰其數則始乎誦經終乎讀禮數術也經謂詩書禮謂典禮之屬也其義則始乎爲士終乎爲聖人義謂學之意言在乎脩身也眞積力久則入眞誠也力力行也誠積力久則能入於學也學至乎沒而後止也生則不可怠惰故學數有終若其義則不可須臾舍也爲之人也舍之禽獸也故書者政事之紀也書所以紀政事此說六經之意詩者中聲之所止也詩謂樂章所以節聲音至乎中而止不使

流淫也春秋傳曰中聲以降五降之後不容彈矣禮者法之大分羣類之綱紀也禮所以爲典法之大分統類之綱紀類謂禮法所無觸類而長者猶律條之比附方言云齊謂法爲類也故學至乎禮而止矣夫是之謂道德之極禮之敬文也禮有周旋揖讓之敬車服等級之文也樂之中和也中和謂使人得中和悅也詩書之博也博謂廣記土風鳥獸草木及政事也春秋之微也微謂褒貶沮勸微而顯志而晦之類也在天地之閒者畢矣

君子之學也入乎耳箸乎心布乎四體形乎動靜所謂古之學者爲己入乎耳箸乎心謂聞則志而不忘也布乎四體謂有威儀潤身也形乎動靜謂知所措履也端

而言蝡而動一可以爲法則端讀爲喘喘微言也蝡微動也一皆也或喘息微言或蝡蠢微動皆可以爲法則蝡人允反或曰端而言謂端莊而言也小人之學也入乎耳出乎口所謂令之學者爲人道聽涂說也口耳之閒則四寸曷足以美七尺之軀哉韓侍郎云則當爲財與纔同古之學者爲己今之學者爲人君子之學也以美其身小人之學也以爲禽犢禽犢饋獻之物也故不問而告謂之傲傲喧噪也言與戲傲無異或曰讀爲嗷聲曰嗷嗷然也嗷與敖通問一而告二謂之囋囋即讚字也謂以言強讚助之令贊禮謂之贊

唱古字口與言多通傲嘳非也君子如嚮矣如嚮應聲學莫便乎近其人謂賢師也禮樂法而不說有大法而不曲說也詩書故而不切詩書但論先王故事而不委曲切近於人故曰學詩三百使於四方不能專對也春秋約而不速文義隱約褒貶難明不能使人速曉其意也方其人之習君子之說則尊以徧矣周於世矣當其人習說之時則尊高而徧周於世事矣六經則不能然矣故曰學莫便乎近其人

學之經莫速乎好其人隆禮次之學之大經無速於好近賢人若無其人則隆禮爲次之上不能好其人下不能隆禮安特

將學雜識志順詩書而已爾則末世窮年不免爲陋儒而已安語助猶言抑也或作安或作按荀子多用此字禮記三年問作焉戰國策謂趙王曰秦與韓爲上交秦禍案移於梁矣秦與梁爲上交秦禍案攘於趙矣呂氏春秋吳起謂商文曰今置質爲臣其主安重釋璽辭官其主安輕蓋當時人通以安爲語助或方言耳特猶言直也雜識志謂雜志記之書百家之說也言既不能好其人又不能隆禮直學雜說順時書而已豈免爲陋儒乎言不知通變也將原先王本仁義則禮正其經緯蹊徑也所成所出皆在於禮也若挈裘領詘五指而頓之順者不可勝數也言禮亦爲人之綱領挈舉也詘與屈同頓挈也順者不可勝數言禮皆順矣不道禮憲以詩書爲之道言說也憲標表也譬之猶

以指測河也，以戈舂黍也，以錐飡壺也，不可以得之矣。故隆禮，雖未明，法士也；不隆禮，雖察辯，散儒也。散謂不自檢束。莊子以不才木爲散木也。問楛者勿告也，楛與苦同，惡也。問楛，謂所問非禮義也。凡器物堅好者謂之功，濫惡者謂之楛。國語曰：辨其功苦。韋昭曰：堅曰功，脆曰苦。故西京賦曰：鬻良雜苦。史記曰：器不苦窳。或曰：楛讀爲沽，儀禮有沽功，鄭云：沽，麤也。告楛者勿問也，說楛者勿聽也，有爭氣者勿與辨也。故必由其道至，然後接之；非其道則避之。道不至則不接。故禮恭而後可與言道之方，辭順而後可與言道之理，色從而後可與言道之致（致，極也。此謂道至而後接之也。）故未可與言而言謂之傲，（傲亦戲傲也。論語曰：言未及而言謂之躁。）可與言而不言謂之隱，不觀氣色而言謂之瞽。故君子不傲、不隱、不瞽，謹慎其身。（瞽者，不識人之顏色。）詩曰：匪交匪舒，天子所予。此之謂也。（詩小雅采菽之篇。匪交當爲彼交，言彼與人交接，不敢舒緩，故受天子之賜予也。）

百發失一，不足謂善射；千里蹞步不至，不足謂善御；（未能全盡。）倫類不通，仁義不一，不足謂

善學 通倫類謂雖禮法所未該以其等倫比類而通之謂一以貫之觸類而長也一仁義謂造次不離他術不能亂也 學也者固學一之也一出焉一入焉涂巷之人也 或善或否 其善者少不善者多桀紂盜跖也 盜跖柳下季之弟聚徒九千人於太山之傍侵諸侯孔子說之而不入者也 全之盡之然後學者也 學然後全盡 君子知夫不全不粹之不足以爲美也故誦數以貫之 使習禮樂詩書之數以貫穿之 思索以通之 思求其意也 爲其人以處之 爲擇賢人與之處也 除其害者以持養之使目非是無欲見也使耳

非是無欲聞也，使口非是無欲言也，使心非是無欲慮也。是猶此也，謂學也。或曰是謂正道也。及至其致好之也，目好之五色，耳好之五聲，口好之五味，心利之有天下。致極也。謂不學極恣其性欲不可禁也。心利之有天下之富也。或曰學成之後必受榮貴，故能盡其欲也。是故權利不能傾也，羣衆不能移也，天下不能蕩也。蕩，動也。覆說爲學則物不能傾移矣。生乎由是，死乎由是，夫是之謂德操。死生必由於學，是乃德之操行。德操然後能定，能定然後能應。我能定故能應物也。能定能應夫是之謂成人（內自定而外應物乃爲成就之人也）天見其明地見其光君子貴其全也（見顯也明謂日月光謂水火金玉天顯其日月之明地顯其水火金玉之光君子則貴其德之全也）

脩身篇第二

見善脩然必有以自存也（脩然整飭貌言見善必自整飭使存於身也）見不善愀然必以自省也（愀然憂懼貌自省其過也）善在身介然必以自好也（介然堅固貌易曰介如石焉自好自樂其善也）不善在身菑然必以自惡也（菑讀爲災災然災害在身之貌）故非我而當

者吾師也是我而當者吾友也諂諛我者吾賊也故君子隆師而親友以致惡其賊致極也下同好善無猒受諫而能戒雖欲無進得乎哉小人反是致亂而惡人之非己也致不肖而欲人之賢己也心如虎狼行如禽獸而又惡人之賊己也諂諛者親諫爭者疏脩正爲笑至忠爲賊雖欲無滅亡得乎哉至忠反以爲賊詩曰潝潝訿訿亦孔之哀謀之其

臧則具是違謀之不臧則具是依此之謂也詩小雅小旻之篇毛云潝潝然患其上訿訿然不思稱乎上鄭云臣不事君亂之階也故甚可哀潝許急反訿音紫扁善之度以治氣養生則後彭祖以脩身自名則配堯禹扁讀爲辨韓詩外傳曰君子有辨善之度言君子有辨別善之法即謂禮也言若用禮治氣養生壽則不及於彭祖若以脩身自爲名號則壽配堯禹不朽矣言禮雖不能治氣養生而長於脩身自名以此辨之則善可知也彭祖堯臣名鏗封於彭城經虞夏至商壽七百歲也宜於時通利以處窮禮信是也信誠也言所用脩身及時通處窮禮誠是也孟子曰君子窮則獨善其身達則兼善天下凡用血氣志意知慮由禮則治通

不由禮則勃亂提僈提舒緩也爾雅媞媞安也詩曰好人提提皆舒緩之義也食飲衣服居處動靜由禮則和節不由禮則觸陷生疾容貌態度進退趨行由禮則雅不由禮則夷固僻違庸衆而野夷倨也論語曰原壤夷俟固陋也庸凡庸衆衆人野郊野之人故人無禮則不生事無禮則不成國家無禮則不寧詩云禮儀卒度笑語卒獲此之謂也詩小雅楚茨之篇卒盡也獲得也以善先人者謂之教以善和人者謂之順

先謂首唱也和胡卧反下同以不善先人者謂之諂以不善和人者謂之諛諂之言陷也謂以佞言陷之諛與俞義同故爲不善和人也是是非非謂之智能辨是爲是非爲非謂之智也非是是非謂之愚以非爲是以是爲非則謂之愚傷良曰讒害良曰賊是謂是非謂非曰直竊貨曰盜匿行曰詐易言曰誕趣舍無定謂之無常不恒之人保利弃義謂之至賊保安多聞曰博少聞曰淺多見曰閑閑習也能習其事則不迫遽也少見曰陋難進曰偍偍與提媞皆同謂弛緩也易忘曰

漏少而理曰治多而亂曰秏少謂舉其要而有條理謂之治秏虚竭也凡物多而易盡曰秏治氣養心之術言以禮脩身是亦治氣養心之術不必如彭祖也血氣剛強則柔之以調和智慮漸深則一之以易良漸進也或曰漸浸也子廉反詩曰漸車帷裳言智慮深則近險詐故一之以易良也勇膽猛戾則輔之以道順膽有膽氣戾忿惡也此性多不順故以道順輔之也齊給便利則節之以動止爾雅云齊疾也齊給便利皆捷速也懼其太陵遽故節之使安徐也狹隘褊小則廓之以廣大卑溼重遲貪利則

抗之以高志卑謂謙下溼亦謂自卑下如地之下溼然也方言溼憂也自關而西凡志而不得欲而不獲高而有墜行而中止皆謂之溼亦謂之過謙恭而無禮者重遲寬緩也夫過恭則無威儀寬緩常不及機事貪利則苟得故皆抗之高志也或曰卑溼亦爲遲緩也言遲緩之人如有卑溼之疾不能運動也庸衆駑散則刦之以師友庸衆已解上駑謂材下如駑馬者也散不拘撿者也刦奪去也言以師友去其舊性也怠慢僄弃則炤之以禍災僄輕也謂自輕其身也音匹妙反方言楚謂相輕薄爲僄炤之以禍災謂以禍災照燭之使知懼也炤與照同愚款端愨則合之以禮樂通之以思索款誠款也說文云款意有所欲也愚款端愨多無潤色故合之以禮樂此皆言修身之術在攻其所短也凡治氣養心

之術莫徑由禮莫要得師莫神一好徑捷速也神神明也一好謂好善不怒惡也夫是之謂治氣養心之術也志意脩則驕富貴道義重則輕王公內省而外物輕矣傳曰君子役物小人役於物此之謂也君子能役物小人爲物所役凡言傳曰皆舊所傳聞之言也身勞而心安爲之利少而義多爲之事亂君而通不如事窮君而順焉窮君小國迫脅之君也言事大國暴亂之君違道而通不如事小國之君順行其道也故良農不爲水旱不耕良賈不爲

折閱不市（折損也閱賣也謂損所閱賣之物價也賈音古）士君子不爲貧窮怠乎道

體恭敬而心忠信術禮義而情愛人（術法也）橫行天下雖困四夷人莫不貴（橫行不順理而行也困窮也言所至皆貴也）勞苦之事則爭先饒樂之事則能讓端慤誠信拘守而詳（拘守謂守而勿失詳謂審於事也）橫行天下雖困四夷人莫不任體倨固而心執詐術順墨而精雜汙（倨傲也固鄙固順墨當爲慎墨慎謂齊宣王時處士慎到也其術本黃老

歸刑名先申韓其意相似多明不尚賢不使能之道箸書四十一篇墨翟宋人號墨子墨子箸書三十五篇其術多務儉嗇精當爲情雜汙謂非禮義之言也

橫行天下雖達四方人莫不賤勞苦之事則偷儒轉脫

偷謂苟避於事儒亦謂懦弱畏事皆嬾惰之義或曰偷當爲輸揚子雲方言云儒輸愚郭璞注謂懦愞也又云解輸儒謂懦之人苟求免於事之義

饒樂之事則佞兌而不曲

兌悅也言佞悅於人以求饒樂之事不曲謂直取之也

辟違而不慤

乖僻違背不能端慤誠信辟讀爲僻

程役而不録

程功程役勞役録檢束也於功程及勞役之事怠隋而不檢束言不能拘守而詳也

橫行天下雖達四方人莫不弃

行而供冀非漬淖也供恭也冀當爲翼凡行自當恭敬非謂漬於泥淖也人在泥淖中則兢兢然或曰李巡注爾雅冀州曰冀近也恭近謂不敢放誕也行而俯項非擊戾也擊戾謂項曲戾不能俯仰者也擊戾猶言了戾也偶視而先俯非恐懼也偶視對視也然夫士欲獨脩其身不以得罪於此俗之人也

夫驥一日而千里駑馬十駕則亦及之矣將以窮無窮逐無極與其折骨絕筋終身不可以相及也將有所止之則千里雖遠

亦或遲或速或先或後胡爲乎其不可以相及也不識步道者將以窮無窮逐無極與意亦有所止之與步行夫堅白同異有厚無厚之察非不察也此言公孫龍惠施之曲說異理不可爲法也堅白謂離堅白也公孫龍堅白論曰堅白石三可乎曰不可二可乎曰可謂目視石但見白不知其堅則謂之白石手觸石則知其堅而不知其白則謂之堅石是堅白終不可合爲一也司馬彪曰堅白謂堅石非石白馬非馬也同異謂使異者同同者異或曰即莊子所謂大同而與小同異此之謂小同異言同在天地之間故謂之大同物各有種類所同故謂之小同是大同與小同異也此略舉同異故曰此之謂小同異莊子又曰萬物畢同畢異此之謂大同異言萬物總謂之物莫不皆同是萬物畢同若分而別之則人耳目鼻

口面體草木枝葉花實無不皆異是物畢異也此具舉同異故曰此之謂大同異莊子又曰無厚不可積也其大千里無厚謂厚之極不可爲厚薄也不可積言其委積至多不可復積也凡無厚不可積因於有厚可積故得其大千里千里者舉大之極也然而君子不辯止之也止而不爲倚魁之行非不難也然而君子不行止之也倚奇也奇讀爲奇偶之奇方言云秦晉之閒凡物體全而不具謂之倚魁大也倚魁皆謂偏僻狂怪之行莊子曰南方有倚人曰黃繚也故學曰遲彼止而待我我行而就之學曰謂爲學者傳此言也遲待也直吏反則亦或遲或速或先或後胡爲乎其不可以同至也故蹞步而不休跛鱉千里累土

而不輟丘山崇成厭其源開其瀆江河可竭（厭塞也音一涉反瀆水竇也）一進一退一左一右六驥不致（言不齊故不能致道路也）彼人之才性之相縣也豈若跛鼈之與六驥足哉然而跛鼈致之六驥不致是無他故焉或爲之或不爲爾

道雖邇不行不至事雖小不爲不成其爲人也多暇日者其出入不遠矣（多暇日謂怠惰出入謂道路所至也）好法而行士也（好法而能行則謂之士士事也謂能治其事也）篤志而體君

子也厚其志而知大體者也齊明而不竭聖人也齊謂無偏無頗也不竭不窮也書曰成湯克齊聖廣淵人無法則倀倀然倀倀無所適貌言不知所措履禮記曰倀倀乎其何之有法而無志其義則渠渠然渠讀爲遽古字渠遽通渠渠不寬泰之貌志識也不識其義謂但拘守文字而已依乎法而又深其類然後温温然深其類謂深知統類温温有潤澤之貌舉類君子所難故屢言之也禮者所以正身也師者所以正禮也無禮何以正身無師吾安知禮之爲是也禮然

而然則是情安禮也師云而云則是知若師也情安禮知若師則是聖人也情安禮謂若天性所安不以學也行不違禮言不違師則與聖人無異言師法之效如此也故非禮是無法也非師是無師也無師謂不以師爲師不是師法而好自用譬之是猶以盲辨色以聾辨聲也舍亂妄無爲也舍除也除亂妄之人孰肯爲此也故學也者法禮也夫師以身爲正儀而貴自安者也效師之禮法以爲正儀如性之所安斯爲貴也禮或爲體詩云不識不知順帝之則此之謂也

討大雅皇矣之篇引此以喻師法暗合天道如文王雖未知已順天之法則也

端慤順弟則可謂善少者矣（弟與悌同）加好學遜敏焉則有鈞無上可以爲君子者矣（既好學遜敏又有鈞平之心而無上人之意則可以爲君子矣或曰有鈞無上四字衍耳）偷儒憚事無廉恥而嗜乎飲食則可謂惡少者矣（偷儒憚事皆謂懦弱怠惰畏勞苦之人也）加惕悍而不順險賊而不弟焉（韓侍郎云惕與蕩同字作心邊易謂放蕩兇悍也）則可謂不詳少者矣雖陷刑戮可也（詳當爲祥）老老而壯者歸焉（老老謂以老爲老而尊敬之也）

孟子曰伯夷太公二老者天下之達老是天下之父也其父歸之其子焉往矣不窮窮而通者積焉窮者則寬而容之不迫蹙以苛政謂惠卹鰥寡窮匱也積填委也既然則通者歸亦多矣覆巢毀卵則鳳皇不至竭澤涸魚則蛟龍不遊義與此同行乎冥冥而施乎無報而賢不肖一焉行乎冥冥謂行事不務求人之知施乎無報謂施不務報如此賢不肖同慕而歸之人有此三行雖有大過天其不遂乎若不幸而有過天亦祐之矣此固不宜有大災也

君子之求利也略其遠害也早其避辱也懼其行道理也勇

君子貧窮而志廣富貴而體恭安燕而血氣不惰勞勸而容貌不枯怒不過奪喜不過予予賜也周禮八柄三曰予以馭其幸君子貧窮而志廣隆仁也仁愛之心厚故所思者廣言務於遠大濟物也富貴而體恭殺埶也減權埶之威故形體恭謹殺所介反安燕而血氣不惰柬理也柬與簡同言柬擇其事理所宜而不務驕逸故雖安燕而不至怠惰勞勸而容貌不枯好交也以和好交接於物志意常泰也怒不過奪喜不過予是法勝私也以公滅私故賞罰得中也書曰無有作好遵王之道無

有作惡遵王之路此言君子之能以公義勝私欲也書洪範之辭也

荀子卷第一

荀子卷第二

登仕郎守大理評事揚　倞　注

不苟篇第三

君子行不貴苟難說不貴苟察（行如字察聰察）名不貴苟傳唯其當之爲貴（當謂合禮義也當丁浪反）故懷負石而赴河是行之難爲者也而申徒狄能之（申徒狄恨道不行發憤而負石自沈於河莊子音義曰殷時人韓詩外傳曰申徒狄將自投於河崔嘉聞而止之不從）然而君子不貴者非禮義之中也（禮義之中時止則止時行

則行不必枯槁赴淵也揚子雲非屈原曰君子遭時則大行不遇則龍蛇何必沈身

山淵平天地比

比謂齊等也莊子曰天與地卑山與澤平音義曰以平地比天則地卑於天若以宇宙之高則似天地皆卑天地皆卑則山與澤平矣或曰天無實形地之上空虛者盡皆天也是天地長親比相隨無天高地下之殊也在高山則天亦高在深泉則天亦下故曰天地比地去夫天遠近皆相似是山澤平也

齊秦襲

襲合也齊在東秦在西相去甚遠若以天地之大包之則曾無隔異亦可合爲一國也

入乎耳出乎口

未詳所明之意或曰即山出口也言山有耳口也凡呼於一山衆山皆應是山聞人聲而應之故曰入乎耳出乎口或曰山能吐納雲霧是以有口

鉤有須

未詳自齊秦襲入乎耳出乎口鉤有須皆淺學所未見或曰鉤有須即丁子有尾也丁之曲者爲鉤須與尾皆毛類是同也莊子音義云夫萬物無定形形無定稱在上爲首在下爲尾世人謂右行曲波爲尾今丁子二字雖左行曲波亦是尾也

卵有毛

司馬彪曰胎卵之生必有毛羽雞伏鵠卵卵不爲雞則生類於鵠也毛氣成毛羽氣成羽雖胎卵未生而毛羽之性已箸矣故曰卵有毛是說之難持者也而惠施鄧析能之皆異端曲說故曰難持惠施梁相與莊子同時其書五車其道舛駁鄧析鄭大夫劉向云鄧析好刑名操兩可之說設無窮之辭數難子產爲政子產執而戮之按左氏傳鄭駟歂殺鄧析而用其竹刑而云子產戮之恐誤也然而君子不貴者非禮義之中也盜跖吟口名聲若日月與禹舜俱傳而不息然而君子不貴者非禮義之中也吟口吟咏長在人口也說苑作盜跖凶貪故曰君子行不貴苟難說不貴苟察名不貴苟得唯其當

之爲貴詩曰物其有矣唯其時矣此之謂
也詩小雅魚麗之篇言雖有物亦須得其時以喻當之爲貴也
君子易知而難狎坦蕩蕩故易知不比黨故難狎易懼而難脅
小心而志不可奪也畏患而不避義死欲利而不爲所非
心以爲非則捨之交親而不比親謂仁恩比謂暱狎言辯而不辭辯足
以明一不至於騁辭蕩蕩乎其有以殊於世也與俗人有異
君子能亦好不能亦好小人能亦醜不能
亦醜君子能則寬容易直以開道人道與導同不

能則恭敬縛絀以畏事人縛與撙同絀與黜同謂自撙節貶損小人能則倨傲僻違以驕溢人溢滿不能則妬嫉怨誹以傾覆人故曰君子能則人榮學焉不能則人樂告之小人能則人賤學焉不能則人羞告之是君子小人之分也分異也如字

君子寬而不僈僈與慢同怠惰也廉而不劌廉稜也說文云劌利傷也但有廉隅不至於刃傷也辯而不爭察而不激但明察而不激切也寡立而不勝堅彊而不暴雖寡立人不能勝雖堅強而不兇暴柔從

而不流恭敬謹慎而容(不至於孤介也)夫是之謂至文(言德備)詩曰溫溫恭人惟德之基此之謂也(詩大雅抑之篇溫溫寬柔皃)

君子崇人之德揚人之美非諂諛也正義直指舉人之過惡非毀疵也(疵病也或曰讀爲訾)言己之光美擬於禹舜參於天地非夸誕也與時屈伸柔從若蒲葦非懾怯也(蒲葦所以爲席可卷者也)剛彊猛毅靡所不信非驕暴也(信讀爲伸下同古字通用)以義變

應知當曲直故也（以義隨變而應，其所知當於曲直也）詩曰：左之左之，君子宜之；右之右之，君子有之。此言君子能以義屈信變應故也（詩小雅裳裳者華之篇。以能應變，故左右無不得宜也）君子，小人之反也（與小人相反）君子大心則天而道，小心則畏義而節（天而道，謂合於天而順道）知則明通而類（類謂知統類）愚則端愨而法（愚謂無機智也。法謂守法度也）見由則恭而止（由，用也。止謂不放縱也。或曰：止，禮也。言恭而有禮也）見閉則敬而齊（謂閉塞道不行也。敬而齊，謂自齊整而不怨也）喜則和而理，憂則靜而理皆當其理通則文而明有文而彰明也窮則約而詳隱約而詳明其道也小人則不然大心則慢而暴小心則流淫而傾以邪諂事人也知則攫盜而漸漸進也謂貪利不知止也愚則毒賊而亂毒害也愚而無畏忌也見由則兊而倨兊悅也言喜於徼幸而倨傲也見閉則怨而險怨上而險賊也喜則輕而翾輕謂輕佻失據翾小飛也言小人之喜輕佻如小鳥之翾然許緣反或曰與儇同說文云儇急也憂則挫而懾通則驕而偏偏頗也窮則弃而儑弃自弃也儑當為溼方言云溼憂也字書無儑字韓詩外傳作弃而累也傳曰君子兩進小人兩廢此之謂也

君子治治非治亂也曷謂耶曰禮義之謂治非禮義之謂亂也故君子者治禮義者也非治非禮義者也然則國亂將弗治與曰國亂而治之者非案亂而治之之謂也去亂而被之以治案據也舊亂而治之也荀子安案多爲語助與此不同也人汙而脩之者人有汙穢之行將脩爲善非案汙而脩之之謂也去汙而易之以脩故去亂而非治亂也去汙而非脩汙也治之爲名猶曰君子爲治

而不爲亂爲脩而不爲汙也治之名號如此君子絜其辯而同焉者合矣絜脩整也謂不煩雜善其言而類焉者應矣出其言善千里之外應之故馬鳴而馬應之非知也其勢然也知音智故新浴者振其衣新沐者彈其冠人之情也言潔其身者懼外物之汙也猶賢者必不受不善人之汙者也其誰能以己之潐潐受人之掝掝者哉潐潐明察之貌潐盡謂窮盡明於事易曰窮理盡性掝當爲惑掝掝昏也楚詞曰安能以身之察察受物之昏昏者乎潐子誚反

君子養心莫善於誠無姦詐則心常安也致誠則無它事矣致極也極其誠則外物不能害唯仁之爲守唯義之爲行致其誠在仁義誠心守仁則形形則神神則能化矣誠心守於仁愛則必形見於外則下尊之如神能化育之矣化謂遷善也誠心行義則理理則明明則能變矣義行則事有條理明而易人不敢欺故能變改其惡也變化代興謂之天德既能變化則德同於天馴致於善謂之化改其舊質謂之變言始於化終於變也猶天道陰陽運行則爲化春生冬落則爲變也天不言而人推高焉地不言而人推厚焉四時不言而百姓期焉期謂知其

時候夫此有常以至其誠者也至極也天地四時所以有常如此者由極其誠

所致君子至德嘿然而喻未施而親不怒而威君子有至德所以嘿然不言而人自喻其意也夫此順命以慎其獨者也人所以順

命如此者由慎其獨所致也慎其獨謂戒慎乎其所不睹恐懼乎其所不聞至誠不欺故人亦不違之也善之爲

道者不誠則不獨無至誠則不能慎其獨也不獨則不形不能慎其

獨故其德亦不能形見於外不形則雖作於心見於色出於

言民猶若未從也雖從必疑若如也無至誠故雖出令民猶如未從者

雖彊使之從亦必疑之也天地爲大矣不誠則不能化萬物

聖人爲知矣，不誠則不能化萬民；父子爲親矣，不誠則疏；君上爲尊矣，不誠則卑。卑謂不爲在下所尊。夫誠者，君子之所守也，而政事之本也，唯所居以其類至。所居，所止也。唯其所止至誠，則以類自至，謂天地誠則能化萬物，聖人誠則能化萬民，父子誠則親，君上誠則尊也。操之則得之，舍之則失之。操，持。操而得之則輕，持至誠也，而得之則易舉也。詩曰：「德輶如毛。」輕則獨行，舉至誠而不難，則愼獨之事自行矣。獨行而不舍則濟矣，至誠在乎不已。濟而材盡，長遷而不反其初則化矣。既濟則材性自盡，長遷不反其初，謂中道不廢也。

君子位尊而志恭心小而道大所聽視者近而所聞見者遠是何邪是操術然也謂以近知遠以今知古所持之術如此也故千人萬人之情一人之情是也人情不相遠天地始者今日是也百王之道後王是也後王當今之王言後王之道與百王不殊行堯舜則是亦堯舜也君子審後王之道而論於百王之前若端拜而議端玄端朝服也端拜猶言端拱言君子審後王所宜施行之道而以百王之前比之若服玄端拜揖而議言其從容不勞也時人多言後世澆醨難以爲治故荀卿明之推禮義之統分是非之分上分如字

（下扶問反分之使當其分）總天下之要，治海內之衆，若使一人，故操彌約而事彌大。（約少也得其宗主也）五寸之矩，盡天下之方也。（矩正方之器也）故君子不下室堂而海內之情舉積此者，則操術然也。（舉皆也）

有通士者，有公士者，有直士者，有慤士者，有小人者。上則能尊君，下則能愛民，物至而應，事起而辨，若是則可謂通士矣。（物有至則能應之事有疑則能辨之通者不滯之謂也）不下比以闇上，不上同以疾下闇上掩上之明也疾與嫉同分爭於中不以私害之若是則可謂公士矣謂於事之中有分爭者不以私害之則可謂公正之士也身之所長上雖不知不以悖君不怨君而違悖也身之所短上雖不知不以取賞受祿不誣長短不飾以情自竭若是則可謂直士矣不矜其長不掩其短但任直道而竭盡其情也庸言必信之庸行必愼之庸常也謂言常信行常愼畏法流俗而不敢以其所獨甚法效也畏效流移之俗又不敢以其所獨善而甚過人謂不敢獨爲君子也若是則可謂愨士矣端愨不回言

無常信行無常貞唯利所在無所不傾利之所在皆傾意求之若是則可謂小人矣

公生明偏生闇端慤生通詐僞生塞多窮塞也誠信生神誠信至則通於神明中庸曰至誠如神夸誕生惑矜夸妄誕則貪惑於物也此六生者君子慎之而禹桀所以分也所以分賢愚也

欲惡取舍之權舉下事也見其可欲也則必前後慮其可惡也者見其可利也則必前後

慮其可害也者而兼權之孰計之（權所以平輕重者孰甚也猶成孰也）然後定其欲惡取舍如是則常不大陷矣凡人之患偏傷之也（偏謂見其一隅）見其可欲也則不慮其可惡也者見其可利也則不顧其可害也者是以動則必陷爲則必辱是偏傷之患也

人之所惡者吾亦惡之（賢人欲惡之不必異於衆人矣）夫富貴者則類傲之（富貴之類不論是非皆傲之也）夫貧賤者則求柔

之見貧賤者皆柔屈就之也是非仁人之情也是姦人將以盜名於晻世者也險莫大焉姦人盜富貴貧賤之名於昏闇之世晻與暗同故曰盜名不如盜貨田仲史鰌不如盜也田仲齊人處於陵不食兄祿辭富貴爲人灌園號曰於陵仲子史鰌衛大夫字子魚貴直也

榮辱篇第四

憍泄者人之殃也泄與媟同嬻也慢也殃或爲袂恭儉者偋五兵也偋當爲屏却也說文有偋字僻寠也與此義不同偋防正反雖有戈矛之刺不如恭儉之利也言入人深故與人善言煖於布

帛傷人之言深於矛戟故薄薄之地不得履之非地不安也危足無所履者也凡在言也（薄薄謂旁薄廣大之貌危足側足也凡皆也所以廣大之地側足無所容者皆由以言害身也）巨涂則讓小涂則殆雖欲不謹若云不使（殆近也凡行前遠而後近故近者亦後之義謂行於道涂大道並行則讓之小道可單行則後之若能用意如此雖欲爲不謹敬若有制物而不使之者儒行曰道涂不爭險易之利）

快快而亡者怒也（肆其快意而亡由於忿怒也）察察而殘者忮也（至明察而見傷殘者由於有忮害之心也）博之而窮者訾也（言詞辯博

而見窮蹙者由於好毀訾也清之而俞濁者口也欲求其清而俞濁者在口說之過謂言過其實也或曰絜其身則自清矣但能口說斯俞濁也俞讀爲愈豢之而俞瘠者交也所交接非其道則必有患難雖食芻豢而更瘠也故上篇云勞倦而容貌不枯好交也辯而不說者爭也不說不爲人所稱說或讀爲悅直立而不見知者勝也直立謂己直人曲勝謂好勝人也廉而不見貴者劌也劌傷也刻己太過不得中道故不見貴也勇而不見憚者貪也貪利則委曲求人故雖勇而不見憚信而不見敬者好剸行也剸與專同專行謂不度是非好復言如白公者也此小人之所務而君子之所不

爲也

鬬者忘其身者也忘其親者也忘其君者也行其少頃之怒而喪終身之軀然且爲之是忘其身也家室立殘親戚不免乎刑戮然且爲之是忘其親也蓋當時禁鬬殺人之法戮及親戚尸子曰非人君之用兵也以爲民傷鬬則以親戚徇一言而不顧之也君上之所惡也刑法之所大禁也然且爲之是忘其君也憂忘其身遭憂患刑戮而不能保其身是憂忘其身也或曰當爲下忘其身誤爲夏又夏轉誤爲憂字耳内忘其親

上忘其君，是刑法之所不舍也，聖王之所不畜也。乳彘不觸虎，乳狗不遠遊，不忘其親也。人也，憂忘其身，內忘其親，上忘其君，則是人也而曾狗彘之不若也。凡鬬者，必自以爲是而以人爲非也。己誠是也，人誠非也，則是己君子而人小人也。以君子與小人相賊害也，憂以忘其身，內以忘其親，上以忘其君，豈不過甚矣哉！是人也，所謂以狐父之戈钃牛矢也（時人舊有此語喻以貴而用於賤也狐父地名史記伍被曰吳王兵敗於狐父徐廣曰梁碭之閒也蓋其地山名戈其說未聞管子曰蚩尤爲雍狐之戟狐父之戈豈近此耶钃刺也之欲反故良劒謂之屬鏤亦取其刺也或讀斸爲斫）將以爲智邪則愚莫大焉將以爲利邪則害莫大焉將以爲榮邪則辱莫大焉將以爲安邪則危莫大焉人之有鬭何哉我欲屬之狂惑疾病邪則不可聖王又誅之（屬託也之欲反）我欲屬之鳥鼠禽獸邪則不可其形體又人而好惡多同（視其形體則又人也其好惡多與賢

人同但好鬬爲異耳人之有鬬何哉我甚醜之其禍如此何爲鬬也有狗彘之勇者有賈盜之勇者狗彘勇於求食賈盜勇於求財賈音古有小人之勇者有士君子之勇者小人勇於暴士君子勇於義言人有此數勇也爭飲食無廉恥不知是非不辟死傷不畏衆彊恈恈然惟利飲食之見是狗彘之勇者也辟讀爲避恈恈愛欲之貌方言云牟愛也宋魯之間曰牟爲事利爲事及利也爲于僞反爭貨財無辭讓果敢而振猛貪而戾恈恈然唯利之見是賈盜之勇也振動也戾乖背

也春秋公羊傳曰葵丘之會桓公振而矜之何休云亢陽之貌也輕死而暴是小人之勇也義之所在不傾於權不顧其利舉國而與之不爲改視重死持義而不橈是士君子之勇也雖重愛其死而執節持義不橈曲以苟生也儒行曰愛其死以有待也儵鮴者浮陽之魚也儵鮴魚名浮陽謂此魚好浮於水上就陽也今字書無鮴字蓋當爲鮍說文云即鱣鮪鮍鮍字蓋儵魚一名儵鮍莊子與惠子遊於濠梁之上儵魚出遊是亦浮陽之義或曰浮陽渤海縣名也儵音稠鮍布末反胠於沙而思水則無逮矣胠與袪同揚子雲方言云袪去也齊趙之總語去於沙謂失水去在沙上也莊子有胠篋篇亦取去之義也挂於患而欲謹則無

益矣人亦猶魚也自知者不怨人知命者不怨天怨人者窮徒怨憤於人不自修者則窮迫無所出怨天者無志有志之人但自修身遇與不遇皆歸於命故不怨天失之己反之人豈不迂乎哉迂失也反責人也榮辱之大分安危利害之常體先義而後利者榮先利而後義者辱榮者常通辱者常窮通者常制人窮者常制於人受制於人是榮辱之大分也其中雖未必皆然其大分如此矣材慤者常安利蕩悍者常危害材慤謂材性愿慤也蕩悍已解於脩身篇安利者

常樂易危害者常憂險（樂易歡樂平易也詩所謂愷悌者也）樂易者常壽長憂險者常夭折是安危利害之常體也（亦大率如此）

夫天生蒸民有所以取之（言天生衆民其君臣上下職業皆有取之道非其道所以敗之也）志意致脩德行致厚智慮致明是天子之所以取天下也（致極也言如此是乃天子之所以取天下之道也）政令法舉措時聽斷公（舉措時謂興力役不奪農時也）上則能順天子之命下則能保百姓是諸侯之所以取

國家也志行脩臨官治上則能順上下則能保其職是士大夫之所以取田邑也循法則度量刑辟圖籍（度尺丈量斗斛刑辟刑法之書左氏傳曰先王議事以制不爲刑辟圖謂模寫土地之形籍謂書其戶口之數也）不知其義謹守其數愼不敢損益也（若制所然）父子相傳以持王公（世傳法則所以保持王公言王公賴之以爲治者也）是故三代雖亡治法猶存是官人百吏之所以取祿秩也孝弟愿慤軥錄疾力以敦比其事業而不敢怠傲是庶人

之所以取煖衣飽食長生久視以免於刑戮也（軥與拘同拘録謂自檢束也疾力謂速力而作也敦厚也比親也言不敢怠惰也）飾邪説文姦言爲倚事（倚巳解上倚事怪異之事）陶誕突盜（陶當爲檮杌之檮頑嚚之貌突凌突不順也或曰陶當爲逃隱匿其情也）愓悍憍暴（愓與蕩同）以偷生反側於亂世之閒是姦人之所以取危辱死刑也其慮之不深其擇之不謹其定取舍楛僈是其所以危也（小人所以危亡由於計慮之失也楛惡也謂不堅固也）材性知能君子小人一也好榮惡辱好利惡害是

君子小人之所同也若其所以求之之道則異矣小人也者疾爲誕而欲人之信己也疾爲詐而欲人之親己也禽獸之行而欲人之善己也慮之難知也行之難安也持之難立也（慮之難知謂人難測其姦詐行之難安言易顛覆也持之難立謂難扶持之也）成則必不得其所好必遇其所惡焉（雖使姦詐得成亦必有禍無福）故君子者信矣而亦欲人之信己也忠矣而亦欲人之親己也脩正治辨矣而亦

欲人之善己也慮之易知也行之易安也持之易立也成則必得其所好必不遇其所惡焉是故窮則不隱通則大明（不隱謂人不能隱蔽）身死而名彌白（白彰明也）小人莫不延頸舉踵而願曰知慮材性固有以賢人矣（願猶慕也賢人謂賢過於人也）夫不知其與己無以異也則君子注錯之當而小人注錯之過也（注錯謂所注意錯履也亦與措置義同也）故孰察小人之知能足以知其有餘可

以爲君子之所爲也譬之越人安越楚人安楚君子安雅雅正也正而有美德者謂之雅詩曰弁彼鸒斯歸飛提提鸒斯雅烏也是非知能材性然也是注錯習俗之節異也習俗謂所習風俗節限制之也仁義德行常安之術也然而未必不危也汙僈突盜常危之術也然而未必不安也僈當爲漫漫亦汙也水冒物謂之漫莊子云北人無擇曰舜以其辱行汙漫我漫莫半反莊子又曰澶漫爲樂崔云淫衍也李云縱逸也一曰漫欺誑之也故君子道其常而小人道其怪也道語也怪謂非常之事取以自比也

凡人有所一同飢而欲食寒而欲煖勞而欲息好利而惡害是人之所生而有也是無待而然者也是禹桀之所同也目辨白黑美惡而耳辨音聲清濁口辨酸鹹甘苦鼻辨芬芳腥臊骨體膚理辨寒暑疾養（膚理肌膚之文理養與癢同）是又人之所常生而有也是無待而然者也是禹桀之所同也可以爲堯禹可以爲桀跖可以爲工匠可以爲農賈在

勢注錯習俗之所積爾在所積習是又人之所生而有也是無待而然者也是禹桀之所同也爲堯禹則常安榮爲桀跖則常危辱爲堯禹則常愉佚爲工匠農賈則常煩勞然而人力爲此而寡爲彼何也曰陋也言人不爲彼堯禹而爲此桀跖由於性之固陋也堯禹者非生而具者也夫起於變故成乎脩脩之爲待盡而後備者也變故患難事故也言堯禹起於憂患成於脩飾由於待盡物理然後乃能備之孟子曰天將降大任於是人也必先苦其心志勞其

（筋骨窮餓其體膚空乏其身行拂亂其所爲不能動心忍性增益其所不爲也智生於憂患而死於安樂爲于僞反）人之生固小人無師無法則唯利之見爾人之生固小人又以遇亂世得亂俗是以小重小也以亂得亂也君子非得勢以臨之則無由得開内焉（開小人之心而内善道也）今是人之口腹安知禮義安知辭讓安知廉恥隅積（言口腹無所知隅一隅謂其分也積積習）亦呥呥而噍鄉鄉而飽已矣（呥呥噍貌如鹽反噍嚼也才笑反鄉鄉趨飲食貌許亮反）人無師無法則其心正其口

腹也人不學則心正如口腹之欲也今使人生而未嘗睹芻豢稻粱也唯菽藿糟糠之爲睹則以至足爲在此也俄而粲然有秉芻豢而至者則瞲然視之曰此何怪也粲然精絜貌牛羊曰芻犬豕曰豢豢圈也以穀食於圈中瞲然驚視貌與眡狘同禮記曰故鳥不狘許聿反眡或爲俄彼臭之而無嗛於鼻臭許又反嗛當爲慊厭也苦廉反或下忝反嘗之而甘於口食之而安於體則莫不弃此而取彼矣今以夫先王之道仁義之統以相羣居以相持養以相藩飾以相

安固邪（持養保養也藩飾藩蔽文飾也）以夫桀跖之道是其爲相縣也幾直夫芻豢稻粱之縣糟糠爾哉（言以先王之道與桀跖相縣豈止糟糠比芻豢哉幾讀爲豈下同）然而人力爲此而寡爲彼何也曰陋也陋也者天下之公患也（公共有此患也）人之大殃大害也故曰仁者好告示人告之示之靡之儇之鈆之重之（靡順從也儇疾也火緣反靡之儇之猶言緩之急之也鈆與沿同循也撫循之申重之也）則夫塞者俄且通也陋者俄且僩也愚者俄且知也（僩與憪同猛也方言云晉魏之間謂猛爲僩陋

者俄且僩言鄙陋之人俄且矜莊有儀也詩云瑟兮僩兮鄭云僩寬大也下板反是若不行則湯武在上曷益桀紂在上曷損若不行告示之道則湯武何益於天下桀紂何損於百姓所以貴湯武賤桀紂以行與不行耳湯武存則天下從而治桀紂存則天下從而亂如是者豈非人之情固可與如此可與如彼也哉

人之情食欲有芻豢衣欲有文繡行欲有輿馬又欲夫餘財蓄積之富也皆人之所貴也然而窮年累世不知不足是人之情也不知不足當爲不知足剩不字

耳或曰不足猶不得也今人之生也方知畜雞狗豬彘又畜牛羊然而食不敢有酒肉餘刀布有囷窌刀布皆錢也刀取其利布取其廣囷廩也圜曰囷方曰廩窌窖也地藏曰窖窌匹貌反然而衣不敢有絲帛約者有筐篋之藏然而行不敢有輿馬約儉嗇也筐篋藏布帛者也言又富於餘刀布也是何也非不欲也幾不長慮顧後而恐無以繼之故也於是又節用禦欲禦制也或作禦止也收斂畜藏以繼之也是於已長慮顧後幾不甚善矣哉幾亦

讀爲豈今夫偷生淺知之屬曾此而不知也偷者苟且也食太侈不顧其後俄則屈安窮矣屈竭也安語助也猶言屈然窮矣安已解上也是其所以不免於凍餓操瓢囊爲溝壑中瘠者也乞食羸瘦於溝壑者言不知久遠生業故至於此也況夫先王之道仁義之統詩書禮樂之分乎爲生業尚不能知況能知其遠大者分制也扶問反彼固天下之大慮也將爲天下生民之屬長慮顧後而保萬世也其汸長矣其溫厚矣其功盛姚遠矣汸古流字溫猶足也言先王之

道於生人其爲温足也亦厚矣姚與遥同言功業之盛甚長遠也非孰脩爲之君子莫之能知也孰甚也甚脩飾作爲之君子也故曰短綆不可以汲深井之泉知不幾者不可與及聖人之言綆索也幾近也謂不近於習也夫詩書禮樂之分固非庸人之所知也故曰一之而可再也既知一則務知二有之而可久也不可中道而廢廣之而可通也知禮樂廣博則於事可通慮之而可安也思慮禮樂則無危懼反鉛察之而俞可好也鉛與沿同循也既知禮樂之後却循察之俞可好而不厭俞音愈以治情則利利益也禮記曰聖王所以治人之七情脩

十義捨禮何以治之以爲名則榮以羣則和以獨則足知詩書禮樂羣居則和同獨處則自足也樂意者其是邪樂意莫過於此夫貴爲天子富有天下是人情之所同欲也然則從人之欲則勢不能容物不能贍也故先王案爲之制禮義以分之以禮義分別上下也使貴賤之等長幼之差知賢愚能不能之分皆使人載其事而各得其宜載行也任之也然後使慤祿多少厚薄之稱慤實也謂實其祿使當其才稱尺證反是夫羣居和一之

道也故仁人在上則農以力盡田賈以察盡財百工以巧盡械器（盡謂精於事察謂明其盈虛說文云有盛爲械無盛爲器）士大夫以上至於公侯莫不以其仁厚知能盡官職夫是之謂至平（各當其分雖貴賤不同然謂之至平也）故或祿天下而不自以爲多（謂爲天子以天下爲祿也）或監門御旅抱關擊柝而不自以爲寡（監門主門也御讀爲迓迓旅逆旅也抱關門卒也擊柝擊木所以警夜者皆知其分故雖賤而不以爲寡也）故曰斬而齊枉而順不同而一夫是之謂人倫（舊有此語引以喻貴賤雖不同

不以齊一然而要歸於治也斬而齊謂彊斬之使齊若漢書之一切者枉而順雖枉曲不直然而歸於順也不同而一謂殊途同歸也夫如此是人之倫理也詩曰受小共大共爲下國駿蒙此之謂也詩殷頌長發之篇共執也駿大也蒙讀爲厖厚也今詩作駿厖言湯執大玉小玉大厚於下國言下皆賴其德也

荀子卷第二

荀子卷第三

登仕郎守大理評事楊倞注

非相篇第五

相，視也。視其骨狀以知吉凶貴賤也。妄誕者多以此惑世，時人或矜其狀貌而忽於務實，故荀卿作此篇非之。漢書刑法家有相人二十四篇。

相人古之人無有也，學者不道也。道，說。古者有姑布子卿，姑布，姓；子卿，名。相趙襄子者。或本無姑字。今之世梁有唐舉，相李兌、蔡澤者。相人之形狀顏色而知其吉凶妖祥，世俗稱之。古之人無有也，學者不道也（再三言者深非之也）故相形不如論心論心不如擇術（術道術也）形不勝心心不勝術術正而心順則形相雖惡而心術善無害爲君子也形相雖善而心術惡無害爲小人也君子之謂吉小人之謂凶故長短小大善惡形相非吉凶也古之人無有也學者不道也蓋帝堯長帝舜短文王長周公短仲尼長子弓短（子弓蓋仲弓也言子者著其爲師也漢書儒林傳馯臂字子弓江東人受易者也然馯臂傳易之外

更無所聞荀卿論說常與仲尼相配必非馯臂也馯音寒昔者衛靈公有臣曰公孫呂身長七尺面長三尺焉廣三寸鼻目耳具而名動天下面長三尺廣三寸言其狹而長甚也鼻目耳雖皆具而相去踈遠所以爲異名動天下言天下皆知其賢或曰狹長如此不近人情恐文句誤脫也楚之孫叔敖期思之鄙人也杜元凱云期思楚邑名今弋陽期思縣鄙人郊野之人也突秃長左軒較之下而以楚霸突謂髮短可陵突人者故莊子說趙劍士蓬頭突鬢長左左脚長也軒較之下而以楚霸言脩文德不勞甲兵遠征伐也說文云軒曲輈也鄭注考工記云較兩輢上出式者詩曰猗重較兮葉公子高微小短瘠行若將不勝其衣葉公楚大夫沈尹戌之子食邑

（於葉名諸梁字子高楚僭稱王其大夫稱公白公亦是也微細也葉音攝）然白公之亂也令尹子西司馬子期皆死焉（白公楚太子建之子平王之孫子西楚平王長庶子公子申子期亦平王子公子結）葉公子高入據楚誅白公定楚國如反手爾仁義功名善於後世故士不揣長不揳大不權輕重亦將志乎心爾（揳與絜同約也謂約計其大小也絜戶結反莊子匠石見社樹絜之百圍權稱也輕重體之輕重也言不論形狀長短大小肥瘠唯在志意脩飭耳）長短小大美惡形相豈論也哉且徐偃王之狀目可瞻馬（徐國名僭稱王其狀偃仰而不能俯故謂之偃王周穆王使楚誅之瞻馬言不能俯）

視細物遠望纔見馬尸子曰徐偃王有筋而無骨也仲尼之狀面如蒙倛倛方相也其首蒙茸然故曰蒙倛子虚賦曰蒙公先驅韓侍郎云四目爲方相兩目爲倛倛音欺愼子曰毛廧西施天下之至姣也衣之以皮倛則見之者皆走也周公之狀身如斷菑爾雅云木立死曰椔與菑同皋陶之狀色如削瓜如削皮之瓜青綠色閎夭之狀面無見膚閎夭文王臣在十亂之中言多鬚髯蔽其膚也傅說之狀身如植鰭植立也如魚之立也伊尹之狀面無須麋麋與眉同禹跳湯偏尹子曰禹之勞十年不窺其家手不爪脛不生毛偏枯之病多步不相過人曰禹步鄭注尚書大傳云湯半體枯呂氏春秋曰禹通水濬川顏色黎黑步不相過堯舜參牟子牟與眸同參牟子謂有二瞳之相參也史記曰舜目重瞳

重瞳蓋堯亦然尸子曰舜兩眸子是謂重明作事成法出言成章當時傳聞今書傳亦難盡詳究所出也從者將論志意比類文學邪直將差長短辨美惡而相欺傲邪從者荀卿門人問將論志意文學邪但以好醜相欺傲也古者桀紂長巨姣美天下之傑也筋力越勁百人之敵也姣好也倍萬人曰傑越過人也勁勇也然而身死國亡為天下大僇後世言惡則必稽焉僇與戮同稽考也後世言惡必考桀紂為證也是非容貌之患也聞見之不衆論議之卑爾亦非以容貌害身言美惡皆非所患但以聞見不廣論議不高故致禍耳今世俗

之亂君鄉曲之儇子方言云儇疾也慧也與喜而翾義同輕薄巧慧之子也儇火玄反莫不美麗姚冶奇衣婦飾血氣態度擬於女子說文云姚美好貌冶妖奇衣珍異之衣婦飾謂如婦人之飾言輕細也擬於女子言柔弱便辟也婦人莫不願得以爲夫處女莫不願得以爲士士者未娶妻之稱易曰老婦得其士夫弃其親家而欲奔之者比肩並起然而中君羞以爲臣中父羞以爲子中兄羞以爲弟中人羞以爲友不必上智皆知惡也俄則束乎有司而戮乎大市犯刑法爲有司所束

縛也莫不呼天啼哭苦傷其今而後悔其始苦傷今之刑戮悔其始之所爲是非容貌之患也聞見之不衆而論議之卑爾然則從者將孰可也問從者形相與志意孰爲益乎

人有三不祥幼而不肯事長賤而不肯事貴不肖而不肯事賢是人之三不祥也言必有禍災也人有三必窮爲上則不能愛下爲下則好非其上是人之一必窮也鄉則不若偝

則謾之是人之二必窮也鄉讀爲向若如也謾欺毀也莫干反智行淺薄曲直有以相縣矣然而仁人不能推知士不能明是人之三必窮也曲直猶能否也言智慮德行至淺薄其能否與人又相縣遠不能推讓明白之言不知己之不及也知音智行下孟反縣讀爲懸人有此三數行者以爲上則必危爲下則必滅詩曰雨雪瀌瀌宴然聿消莫肯下隧式居屨驕此之謂也詩小雅角弓之篇今詩作見晛曰消作宴然蓋聲之誤耳晛日氣也隧讀爲隨屨讀爲婁婁歛也言雨雪瀌瀌然見日氣而自消喻欲爲善則惡自消矣幽王曾莫肯下隨於人用此居處歛其驕慢之過也

人之所以爲人者何已也（已與以同問何以謂之人而貴於禽獸也）曰以其有辨也（辨別也）飢而欲食寒而欲煖勞而欲息好利而惡害是人之所生而有也是無待而然者也（不待學而知也）是禹桀之所同也然則人之所以爲人者非特以二足而無毛也以其有辨也今夫狌狌形笑亦二足而毛也（狌狌獸似人而能言出交阯笑笑者能言笑也）然而君子啜其羹食其胾（胾臠也禽獸無辨故賤而食之側吏反）故人之所以爲人

者非特以其二足而無毛也，以其有辨也。夫禽獸有父子而無父子之親，有牝牡而無男女之別，故人道莫不有辨。辨莫大於分（有上下親踈之分也），分莫大於禮（分生於有禮也），禮莫大於聖王（聖王制禮者，言其人存其政舉）。聖王有百，吾孰法焉（問聖王至多，誰可爲法也）？故曰：文久而息，節族久而絶（文，禮文；節，制度也。言禮文久則制度滅息，宗族久則廢也），守法數之有司極禮而褫（褫，解也。有司世世相承守禮之法數，至於極久亦下脫也。《易》曰：「或錫之鞶帶，終朝三褫之。」言此者，以喻久遠難詳，不如隨時興治。褫，直吏反）。故曰欲觀聖王之跡則於其粲然者矣後王是也後王近時之王也粲然明白之貌言近世明王之法則是聖王之跡也夫禮法所興以救當世之急故隨時設教不必拘於舊聞而時人以爲君必用堯舜之道臣必行禹稷之術然後可斯惑也孔子曰殷因於夏禮所損益可知也故荀卿深陳以後王爲法審其所貴君子焉司馬遷曰法後王者以其近已而俗相類議卑而易行也彼後王者天下之君也舍後王而道上古譬之是猶舍已之君而事人之君也故曰欲觀千歲則數今日欲知億萬則審一二欲知上世則審周道欲知周道則審其人所貴君子謂巳

（之君也審謂詳觀其道也）故曰以近知遠以一知萬以微知明此之謂也

夫妄人曰古今異情其以治亂者異道而衆人惑焉彼衆人者愚而無說陋而無度者也（言其愚陋而不能辨說測度度大各反下同）其所見焉猶可欺也而況於千世之傳也（傳傳聞也）妄人者門庭之閒猶可誣欺也而況於千世之上乎聖人何以不欺曰聖人者以己度者也（以己意度古人之意故人不能

欺亦不欺人也故以人度人以情度情以今之人情度古之人情既云欲惡皆同豈其治亂有異以類度類類種類謂若牛馬也以說度功以言說度其功業也以道觀盡以道觀盡物之理儒效篇曰涂之人百姓積善而全盡謂之聖人也古今一度也古今不殊盡可以此度彼安在其古今異情乎類不悖雖久同理言種類不乖悖雖久而理同今之牛馬與古不殊何至人而獨異哉故鄉乎邪曲而不迷觀乎雜物而不惑以此度之以測度之道明之故向於邪曲不正之道而不迷雜物炫燿而不惑鄉讀爲向五帝之外無傳人外謂已前也無傳人謂其人事跡後世無傳者非無賢人也久故也五帝之中無傳政非無

善政也久故也中間也五帝少昊顓頊高辛唐虞也禹湯有傳政而不若周之察也非無善政也久故也傳者久則論略近則論詳略則舉大詳則舉小略謂舉其大綱詳周備也愚者聞其略而不知其詳聞其詳而不知其大也唯聖賢乃能以略知詳以小知大也是以文久而滅節族久而絶凡言不合先王不順禮義謂之姦言雖辯君子不聽公孫龍惠施鄧析之屬也法先王順禮義黨學者黨親比也然而不好言不樂

言則必非誠士也言講説也誠士謂至誠好善之士故君子之於言也志好之行安之樂言之故君子必辯辯謂能談説也凡人莫不好言其所善而君子爲甚所善謂已所好尚也故贈人以言重於金石珠玉觀人以言美於黼黻文章觀人以言謂使人觀其言黼黻文章皆色之美者白與黑謂之黼黑與青謂之黻青與赤謂之文赤與白謂之章聽人以言樂於鍾鼓琴瑟使人聽其言故君子之於言無厭無厭倦也鄙夫反是好其實不卹其文但好其質而不知文飾若墨子之屬也是

以終身不免埤汙傭俗 埤汙皆下也謂鄙陋也埤與庳同豬水處謂之汙亦地之下者也庳音婢汙一孤反 故易曰括囊無咎無譽腐儒之謂也 腐儒如朽腐之物無所用也引易以喻不談說者

凡說之難以至高遇至卑以至治接至亂 以先王之至高至治之道說末世至卑至亂之君所以爲難也說音稅 未可直至也遠舉則病繆近世則病傭 未可直至言必在援引古今也遠舉上世之事則患繆妄下舉近世之事則患傭鄙也 善者於是閒也亦必遠舉而不繆近世而不傭與時遷徙與世偃仰緩急嬴絀

贏餘也贏絀猶言伸屈也府然若渠匽檃栝之於己也府與俯同就物之貌或讀爲附渠匽所以制水檃栝所以制木君子制人亦猶比也曲得所謂焉然而不折傷言談說委曲皆得其意之所謂然而不折傷其道也故君子之度己則以繩接人則用枻枻牽引也度己猶正己也君子正己則以繩墨接人則牽引而致之言正己而馴致人也或曰枻當爲拽枻楫也言如以楫櫂進舟船也度大各反枻以世反韓侍郎云枻者檠枻也正弓弩之器也度己以繩故足以爲天下法則矣接人用枻故能寛容因求以成天下之大事矣成事在衆故君子賢而能容罷罷弱不任事者音疲知而能容愚

博而能容淺，粹而能容雜，夫是之謂兼術。（粹，專一也。兼術，兼容之法。）詩曰：「徐方既同，天子之功。」此之謂也。（詩大雅常武之篇。言君子容物，亦猶天子之同徐方也。）

談說之術：矜莊以莅之，端誠以處之，堅彊以持之，分別以諭之，譬稱以明之，欣驩芬薌以送之，寶之珍之，貴之神之，如是則說常無不受。（言談說之法如此，人乃信之。芬薌，言至芳絜也。神之，謂目神異其說，不敢慢也。說，並音稅。稱，尺證反。薌與香同。）雖不說人，人莫不貴，（不說猶貴，況其說之。）夫是之

謂爲能貴其所貴（不使人賤之也）傳曰唯君子爲能
貴其所貴此之謂也
君子必辯凡人莫不好言其所善（所善謂所好也）而
君子爲甚焉是以小人辯言險君子辯言
仁也（仁謂忠愛之道）言而非仁之中也則其言不若
其默也其辯不若其吶也（吶與訥同或引禮記其言吶吶然非）言
而仁之中也則好言者上矣不好言者下
也故仁言大矣起於上所以導於下政令

是也起於下所以忠於上謀救是也謀救謂嘉謀匡救此言談說之益不可以已也如是故君子之行仁也無厭無厭倦時志好之行安之樂言之故言所以好言說由此三者也行如字君子必辯小辯不如見端端首見端不如見本分分上下貴賤之分小辯謂辯說小事則不如見端首見端首則不如見本分言辯說止於知本分而已小辯而察見端而明本分而理聖人士君子之分具矣此言能辯說然後聖賢之分具有小人之辯者有士君子之辯者有聖人之辯者不先慮不早謀發之

而當成文而類（言闇與理會成文理而不失其類謂不乖悖也）居錯遷徙應變不窮（錯置也居錯安居也錯千故反）是聖人之辯者也先慮之早謀之斯須之言而足聽（斯須發言已可聽也）文而致實博而黨正是士君子之辯者也（文謂辯說之詞也致至也黨與讜同謂直言也凡辯則失於虛詐博則失於流蕩故致實黨正爲重）聽其言則辭辨而無統（無根本也）用其身則多詐而無功上不足以順明王下不足以和齊百姓然而口舌之於噡唯則節（蓋謂騁口舌之辯也噡唯則節四字未詳或剩）

少錯誤耳足以爲奇偉偃却之屬奇偉誇大也偃却猶偃仰即偃蹇也言姦雄口辯適足以自誇大偃蹇而已夫是之謂姦人之雄聖王起所以先誅也然後盜賊次之盜賊得變此不得變也變謂教之使自新也

非十二子篇第六

假今之世假如今之世也或曰假借也今之世謂戰國昏亂之世治世則姦言無所容故十二子借亂世以惑衆也飾邪說文姦言以梟亂天下梟與僥同欺惑愚衆矞宇嵬瑣矞與譎同詭詐也又余律反宇未詳或曰宇大也放蕩恢大也嵬謂爲狂險之行者也瑣

者謂爲姦細之行者也說文云嵬高不平也今此言嵬者其行狂險亦猶山之高不平也周禮大司樂云大傀烖則去樂鄭云傀猶怪也晏子春秋曰不以上爲本不以民爲憂内不恤其家外不顧其游夸言傀行自勤於飢寒命之曰狂僻之民明上之所禁也嵬當與傀義同音五每反又牛彼反使天下混然不知是非治亂之所存者有人矣混然無分别之貌存在也縱情性安恣睢禽獸行恣睢矜放之貌言任情性所爲而不知禮義則與禽獸無異故曰禽獸行睢許季反不足以合文通治不足合於古之文義通於治道然而其持之有故其言之成理足以欺惑愚衆妄稱古人亦有如此者故曰持之有故又其言論能成文理故曰言之成理足欺惑愚人衆人矣是它囂魏牟也它囂未詳何代人世本楚平王孫有曰公

它成豈同族乎韓詩外傳作范魏牟牟魏公子封於中山漢書藝文志道家有公子牟四篇班固曰先莊子莊子稱之今莊子有公子牟稱莊子之言以折公孫龍據即與莊子同時也又列子稱公子牟解公孫龍之言公孫龍平原君之客而張湛以爲文侯子據年代非也說苑曰公子牟東行穰侯送之未知何者爲定也

忍情性綦谿利跂忍謂違矯其性也綦谿未詳蓋與跂義同也利與離同離跂違俗自絜之貌謂離於物而跂足也莊子曰楊墨乃始離跂自以爲得離力智反跂丘氏反苟以分異人爲高苟求分異不同於人以爲高行也不足以合大衆明大分旣求分異則不足合大衆苟立小節故不足明大分大分謂忠孝之大義也然而其持之有故其言之成理足以欺惑愚衆是陳仲史鰌也巳解上不知一天下建國家之權

稱不知齊一天下建立國家之權稱言不知輕重稱尺證反上功用大儉約而僈差等功用功力也大讀曰太言以功力爲上而過儉約也僈輕也輕僈差等謂欲使君臣上下同勞苦也曾不足以容辨異縣君臣上下同等則其中不容分别而縣隔君臣也然而其持之有故其言之成理足以欺惑愚衆是墨翟宋鈃也宋鈃宋人與孟子尹文子彭蒙愼到同時孟子作宋牼牼與鈃同音口莖反

尚法而無法下脩而好作尚上也言所著書雖以法爲上而自無法以脩立爲下而好作爲言自相矛盾也上則取聽於上下則取從於俗言苟順上下之意也終日言成文典及紃察之則倜然無

所歸宿（紃與循同倜然疏遠貌宿止也雖言成文典若循察則疏遠無所指歸也）不可以經國定分（取聽於上取從於俗故法度不立也）然而其持之有故其言之成理足以欺惑愚衆是愼到田駢也（田駢齊人遊稷下著書十五篇其學本黄老大歸名法愼到已解上）不法先王不是禮義（不以禮義爲是）而好治怪說玩琦辭（玩與翫同琦讀爲奇異之奇）甚察而不惠（惠順）辯而無用多事而寡功不可以爲治綱紀然而其持之有故其言之成理足以欺惑愚衆是惠施鄧析也略法先王

而不知其統言其大略雖法先王而不知體統統謂綱紀也然而猶材劇志大聞見雜博案往舊造說謂之五行案前古之事而自造其說謂之五行五行五常仁義禮智者也甚僻違而無類幽隱而無說閉約而無解約結也解說也僻違無類謂乖僻違戾而不知善類也幽隱無說閉約無解謂其言幽隱閉結而不能自解說謂但言堯舜之道而不知其興作方略也荀卿常言法後王治當世而孟軻子思以爲必行堯舜文武之道然後爲治不知隨時設教救當世之弊故言僻違無類孟子曰管仲曾西之所不爲解佳買反案飾其辭而祗敬之曰此眞先君子之言也言自敬其辭說先君子孔子也子思唱之孟軻和之子思孔子之孫名伋字子思孟軻鄒人字子輿皆著書七篇

世俗之溝猶瞀儒嚾嚾然不知其所非也溝讀爲拘拘愚也猶猶豫不定也瞀闇也漢書五行志作區瞀與此義同嚾嚾喧囂之貌謂爭辨也拘音冦猶音柚遂受而傳之以爲仲尼子游爲茲厚於後世仲尼子游爲此言垂德厚於後世也是則子思孟軻之罪也若夫總方略齊言行壹統類而羣天下之英傑而告之以大古教之以至順總領也統謂綱紀類謂比類大謂之統分別謂之類羣會合也大讀曰太奧窔之閒簟席之上斂然聖王之文章具焉佛然平世之俗起焉西南隅謂之奧東南隅謂之窔

言不出室堂之内也斂聚集之貌佛讀爲勃勃然興起貌窔一弔反則六說者不能入也十二子者不能親也無置錐之地而王公不能與之爭名在一大夫之位則一君不能獨畜一國不能獨容言王者之佐雖在下位非諸侯所能畜一國所能容或曰時君不知其賢無一君一國能畜者故仲尼所至輕去也成名況乎諸侯莫不願以爲臣況比也言其所成之名比況於人莫與爲偶故諸侯莫不願得以爲臣或曰既成名之後則王者之輔佐也況諸侯莫不願得以爲臣乎未知其賢則無國能容也或曰況猶益也國語驪姬曰衆況厚之是聖人之不得埶者也仲尼子弓是也一天下財萬物

（財與裁同）長養人民，兼利天下，通達之屬莫不從服，（通達之屬，謂舟車所至，人力所通者也。）六說者立息，十二子者遷化，（遷而從化。）則是聖人之得勢者，舜禹是也。今夫仁人也，將何務哉？上則法舜禹之制，下則法仲尼子弓之義，以務息十二子之說。如是則天下之害除，仁人之事畢，聖王之跡著矣。

信信，信也；疑疑，亦信也。（信可信者，疑可疑者，意雖不同，皆歸於信也。）貴賢仁也賤不肖亦仁也言而當知也默而當亦知也故知默由知言也論語曰知之爲知之不知爲不知是知也當丁浪反故多言而類聖人也少言而法君子也言雖多而不流湎皆類於禮義是聖人之制作者也少言而法謂不敢自造言說所言皆守典法也多少無法而流湎然雖辯小人也湎沈也流者不復反沈者不復出也故勞力而不當民務謂之姦事民務四民之務勞知而不律先王謂之姦心律法辯說譬諭齊給便利而不順禮義謂之姦說齊疾也給急也便利亦謂言辭敏捷也此三姦

者聖王之所禁也知而險賊而神 用智於險又賊害不測如神也 爲詐而巧 巧於爲詐 言無用而辯 言辯而無用也 辯不給惠而察 惠順也辭辯不順道理而聰察也 治之大殃也行辟而堅 辟讀曰僻 飾非而好 好飾非也 玩姦而澤 玩與翫同習姦而使有潤澤也 言辯而逆古之大禁也 逆者乖於常理 知而無法 騁其異見也知如字 勇而無憚 輕死 察辯而操僻淫 爲察察之辯而操持僻淫之事操七刀反 大而用之 以前數事爲大而用之也 好姦而與衆 好姦而與衆人共之謂使人同之也 利足而迷 苟求利足而迷惑不顧禍患也 負石而墜 謂申徒狄負石

按河言好名以至此也亦利足而迷者之類也是天下之所弃也

兼服天下之心高上尊貴不以驕人在貴位不驕人聰明聖知不以窮人齊給速通不爭先人剛毅勇敢不以傷人不知則問不能則學雖能必讓然後爲德然後爲聖賢之德也遇君則脩臣下之義遇鄉則脩長幼之義在鄉黨之中也遇長則脩子弟之義遇友則脩禮節辭讓之義遇賤而少者則脩告導寛容之義無不愛也

無不敬也，無與人爭也，恢然如天地之苞萬物，如是則賢者貴之，不肖者親之。如是而不服者，則可謂訞怪狡猾之人矣（訞與妖同），雖則子弟之中，刑及之而宜（妖怪狡猾之人，雖在家人子弟之中，亦宜刑戮及之，況公法乎）。詩云：「匪上帝不時，殷不用舊，雖無老成人，尚有典刑，曾是莫聽，大命以傾。」此之謂也（詩大雅蕩之篇。鄭云：老成人，伊尹、伊陟、臣扈之屬也。典刑，常事故法也）。

古之所謂士仕者，厚敦者也，合羣者也（士仕謂士之入仕合謂和合羣衆也樂富貴者也（樂其道也）樂分施者也（施或所宜反）遠罪過者也（遠于願反）務事理者也（務使事有條理）羞獨富者也（使家給人足也）今之所謂士仕者汙漫者也賊亂者也（汙漫已解在榮辱篇）恣睢者也（恣睢已解於上）貪利者也觸抵者也（恃權埶而忤人）無禮義而唯權埶之嗜者也古之所謂處士者德盛者也能靜者也（處士不仕者也易曰或出或處能靜謂安時處順也）脩正者也知命者也箸是者也（明箸其時是之事不使人疑其姦詐也）今之所謂處士者無

能而云能者也[云能自言其能也愼子曰勁而害能則亂也云能而害無能則亂也蓋戰國時以言能爲云能當時之語也]無知而云知者也利心無足而佯無欲者也[好利不知足而詐爲無欲者也]行僞險穢而彊高言謹慤者也以不俗爲俗[以不合俗人自爲其俗也]離縰而跂訾者也[訾讀爲恣離縰謂離於俗而放縰跂恣謂跂足違俗而恣其志意皆違俗自高之貌或曰縰當爲縰傳寫誤耳縰與纚同步也離縰謂離於俗而步去跂訾亦謂跂足自高而訾毀於人離力智反跂丘氏反縰所綺反]士君子之所能不能爲

君子能爲可貴不能使人必貴己[可貴謂道德也]能

爲可信不能使人必信己能爲可用不能使人必用己可用謂才能也故君子恥不脩不恥見汙見汙爲人所汙穢也恥不信不恥不見信恥不能不恥不見用是以不誘於譽不恐於誹虛譽不能誘誹謗不能動率道而行端然正己不爲物傾側夫是之謂誠君子誠實也謂無虛僞也詩云溫溫恭人維德之基此之謂也已解在不苟篇

士君子之容其冠進其衣逢其容良進謂冠在

前也逢大也謂逢掖也良謂樂易也儼然壯然祺然蕼然恢恢然廣廣然昭昭然蕩蕩然是父兄之容也儼然矜莊之貌壯然不可犯之貌或當爲莊祺然蕼然未詳或曰祺祥也吉也謂安泰不憂懼之貌蕼當爲肆肆謂寬舒之貌恢恢廣廣皆容衆貌昭昭明顯之貌蕩蕩恢夷之貌其冠進其衣逢其容愨謹敬儉然恀然輔然端然訾然洞然綴綴然瞀瞀然是子弟之容也儉然自卑謙之貌恀然恃尊長之貌爾雅曰恀恃也郭云江東呼母爲恀音紙輔然相親附之貌端然不傾倚之貌洞然恭敬之貌禮記曰洞洞乎其敬也綴綴然不乖離之貌謂相連綴也瞀瞀然不敢正視之貌吾語汝學者之嵬容說學者爲嵬行之形狀嵬已解於上其冠

絻其纓禁緩其容簡連絻當爲俛謂太向前而低俯也纓冠之繫也禁緩未詳或曰讀爲紟紟帶也言其纓大如帶而緩也簡連傲慢不前之貌紟其禁反連讀如往蹇來連之連塡塡然狄狄然莫莫然瞡瞡然瞿瞿然盡盡然盱盱然塡塡滿足貌狄讀爲趯跳躍之貌莫讀爲貊貊靜也不言之貌或動而跳躍或靜而不言皆謂舉指無恒也瞡瞡未詳或曰瞡與規同規規小見之貌瞿瞿瞪視之貌盡盡極視盡物之貌盱盱張目之貌皆謂視瞻不平或大察也盱許于反酒食聲色之中瞞瞞然瞑瞑然瞞瞞閉目之貌瞑瞑視不審貌謂好悅之甚佯若不視也瞞莫干反瞑毋丁反禮節之中則疾疾然訾訾然謂憎嫉毀呰也勞苦事業之中則儢儢然離離然偷儒

而罔無廉恥而忍謑（音傒）詢是學者之嵬也（事業謂作業也儢儢不勉彊之貌離離不親事之貌陸法言云儢心不力也音吕偷儒謂苟辟事之勞苦也罔謂罔冒不畏人之言也謑詢謂詈辱也此一章皆明視其狀貌而辨善惡也今之所解或取聲韻假借或推傳寫錯誤因隨所見而通之也）弟佗其冠神禫其辭（弟佗其冠未詳神禫當爲沖澹謂其言淡泊也）禹行而舜趨是子張氏之賤儒也（但宗聖人之威儀而已矣）正其衣冠齊其顏色嗛然而終日不言是子夏氏之賤儒也（嗛與慊同快也謂自得之貌終日不言謂務於沈默史記樂毅與燕惠王書曰先王以爲嗛於志也）偷儒憚事無廉恥而耆飲食必曰君子固

不用力是子游氏之賤儒也偷儒已解上耆與嗜同此皆言先儒性有所偏愚者效而慕之故有此敝也彼君子則不然佚而不惰勞而不僈雖逸而不懈惰雖勞而不弛慢宗原應變曲得其宜如是然後聖人也宗原根本也言根本及應變皆曲得其宜也

仲尼篇第七

仲尼之門人五尺之豎子言羞稱乎五伯是何也曰然彼誠可羞稱也齊桓五伯之盛者也言盛者猶如此況其下乎伯讀爲霸或曰伯長也爲諸侯之長春秋傳曰王命内史叔興父策命晉

爲佚伯也前事則殺兄而爭國兄子糾也內行則姑姊妹之不嫁者七人閨門之內般樂奢汏般亦樂也汏侈也音太下同以齊之分奉之而不足分半也用賦稅之半也公羊傳曰師喪分焉外事則詐邾襲莒并國三十五詐邾未聞襲莒謂桓公與管仲謀伐莒未發爲東郭牙先知之是也并國三十五謂滅譚滅遂滅項之類其餘所未盡聞也其事行也若是其險汙淫汏也如彼事險而行汙也行下孟反固曷足稱乎大君子之門哉若是而不亡乃霸何也曰於乎夫齊桓公有天下之大

節焉夫孰能亡之於乎讀爲嗚呼歎美之聲大節謂大節義也倓然見管仲之能足以託國也是天下之大知也倓安也安然不疑也大知謂知人之大也倓他坎反安忘其怒出忘其讎遂立以爲仲父是天下之大決也安猶內也出猶外也言內忘忿恚之怒外忘射鉤之讎仲者夷吾之字父者事之如父故號爲仲父大決謂斷決之大也立以爲仲父而貴戚莫之敢妬也不敢妬其親密與之高國之位而本朝之臣莫之敢惡也高子國子世爲齊上卿今以其位與之本朝之臣謂舊臣也春秋傳管仲曰有天子之二守國高在與之書社三百而富

人莫之敢距也書社謂以社之戶口書於版圖周禮二十五家爲社距與拒同敵也言齊之富人莫有敢敵管仲者也貴賤長少秩秩焉莫不從桓公而貴敬之是天下之大節也秩秩順敘之貌諸侯有一節如是則莫之能亡也桓公兼此數節者而盡有之夫又何可亡也其霸也宜哉非幸也數也其術數可霸非爲幸遇也然而仲尼之門人五尺之豎子言羞稱乎五伯是何也曰然彼非本政教也非致隆高也致至極也非綦文理

也（非極有文章條理也）非服人之心也（非以義服之也）鄉方略審勞佚（鄉讀爲向趣也審勞佚謂審知使人之勞佚也）畜積脩鬬而能顛倒其敵者也（畜積倉廩脩戰鬬之術而能傾覆其敵也）詐心以勝矣彼以讓飾爭依乎仁而蹈利者也（爲讓所以飾爭非眞讓也行仁所以蹈利非眞仁也）小人之傑也彼固曷足稱乎大君子之門哉（前章言五霸救時故褒美之此章明王者之政故言其失孟子曰五霸者三王之罪人也）彼王者則不然致賢能而以救不肖致彊而能以寬弱戰必能殆之而羞與之鬬

必以義服不力服也委然成文以示之天下委然俯就之貌言俯就人使成文理以示天下而暴國安自化矣有災繆者然後誅之有災怪繆戾者然後誅之非顛倒其敵也故聖王之誅也綦省矣省少也所景反文王誅四四謂密也阮也共也崇也詩曰密人不恭敢拒大邦侵阮徂共春秋傳曰文王聞崇德亂而伐之因壘而降史記亦說文王征伐與此小異誅者討伐殺戮之通名武王誅二史記云武王斬紂與妲己尸子曰武王親射惡來之口親斫殷紂之頸手汙於血不溫而食當此之時猶猛獸者也周公卒業周公終王業亦時有小征伐謂三監淮夷商奄也至於成王則安以無誅矣言其化行刑措也故道豈不行矣哉以此言之道豈不行人自不行耳故又以下事明之文王

載百里地而天下一（所載之地不過百里而天下一以有道也）桀紂舍之厚於有天下之勢而不得以匹夫老（桀紂舍道雖有天下厚重之勢而不得如庶人壽終）故善用之則百里之國足以獨立矣不善用之則楚六千里而爲讎人役（善用謂善用道也讎人秦也楚懷王死於秦其子襄王又爲秦所制而役使之也）故人主不務得道而廣有其埶是其所以危也

持寵處位終身不厭之術（論人臣處位可終身行之之術）主尊貴之則恭敬而僔（僔與撙同卑退也）主信愛之

則謹慎而嗛嗛與歉同不足也言不敢自滿也按春秋穀梁傳曰一穀不升謂之嗛主專任之則拘守而詳謹守職事詳明法度主安近之則慎比而不邪謹慎親比於上而不回邪謟佞主疏遠之則全一而不倍不以疏遠而懷離二之心主損絀之則恐懼而不怨貴而不爲夸夸奢侈也信而不忘處謙謙讀爲嫌得信於主不處嫌疑間使人疑其作威福也任重而不敢專財利至則言善而不及也必將盡辭讓之義然後受善而不及而如也言己之善寡如不合當此財利也福事至則和而理禍事至

則靜而理理謂不失其道和而理謂不充屈靜而理謂不隕穫也富則施廣貧則用節可貴可賤也可富可貧也可殺而不可使爲姦也君雖寵榮屈辱之終不可使爲姦也是持寵處身不厭之術也雖在貧窮徒處之埶亦取象於是矣夫是之謂吉人徒處徒行或曰獨處也雖貧賤其所立志亦取法於此也詩曰媚茲一人應侯順德永言孝思昭哉嗣服此之謂也詩大雅下武之篇一人謂君也應當侯維服事也鄭云媚愛茲此也可愛乎武王能當此順德謂能成其祖考之功也服事也明哉武王之嗣行祖考之事謂伐紂定天下引此者明臣事君亦猶

（武王之繼祖考也）求善處大重理任大事（大重謂大位也）擅寵於萬乘之國必無後患之術莫若好同之（好賢人與之同者也）援賢博施除怨而無妨害人（除怨不念舊惡）能耐任之則慎行此道也（耐忍也慎讀爲順言人有賢能者雖不欲用必忍而用之則順已所行之道耐乃代反）能而不耐任（有能者不忍急用之）且恐失寵則莫若早同之推賢讓能而安隨其後如是有寵則必榮失寵則必無罪是事君者

之寶而必無後患之術也或曰荀子非王道之書其言駁雜今此又言以術事君曰不然夫荀卿生於衰世意在濟時故或論王道或論霸道或論彊國在時君所擇同歸於治者也若高言堯舜則道不必合何以拯斯民於塗炭乎故反經合義曲成其道若得行其志治平之後則亦堯舜之道也又荀卿門人多仕於大國故戒其保身推賢之術與大雅既明且哲豈云異哉故知兵者之舉事也滿則慮嗛嗛不足也當其盈滿則思其後不足之時而先防之平則慮險安則慮危曲重其豫猶恐及其旤是以百舉而不陷也委曲重多而備豫之猶恐其及旤旤與禍同孔子曰巧而好度必節勇而好同必勝知而好謙必賢此之謂也

巧者多作淫靡，故好法度者必得其節。勇者多陵物，故好與人同者必勝之也。愚者反是：處重擅權，則好專事而妬賢能，抑有功而擠有罪，志驕盈而輕舊怨。擠，排也。言重傷之也。輕舊怨，謂輕報舊怨。以吝嗇而不行施道乎上，爲重招權於下以妨害人，雖欲無危，得乎哉！施道，施惠之道。欲重其威福，故招權使歸於己。是以位尊則必危，任重則必廢，擅寵則必辱，可立而待也，可炊而僨也。炊與吹同，僨當爲僵。言可以氣吹之而僵仆。僨音竟。是行也，則墮之者衆而持之者寡矣。

墮許規反

天下之行術（可以行於天下之術）以事君則必通以爲仁則必聖立隆而勿貳也（仁謂仁人聖亦通也以事君則必通達以爲仁則必有聖知之名者在於所立敦厚而專一也此謂可行天下之術也）然後恭敬以先之忠信以統之愼謹以行之端慤以守之頓窮則從之疾力以申重之（以敦厚不貳爲本然後輔之以恭敬之屬頓謂困躓也疾力勤力也困戹之時則尤加勤力而不敢怠惰申重猶再三也）君雖不知無怨疾之心功雖甚大無伐德之色省求多

功愛敬不倦如是則常無不順矣省少也少所求即多立功勞省所景反以事君則必通以爲仁則必聖夫是之謂天下之行術

少事長賤事貴不肖事賢是天下之通義也有人也埶不在人上而羞爲人下是姦人之心也志不免乎姦心行不免乎姦道而求有君子聖人之名辟之是猶伏而咶天救經而引其足也辟讀爲譬咶與舐同經縊也伏而舐天愈益遠也救經而

引其足愈益急也經音徑詭必不行矣俞務而俞遠俞讀爲愈故君子時詘則詘時伸則伸也埶在上則爲上在下則爲下必當其分安有埶不在上而羞爲下之心哉

荀子卷第三

荀子卷第四

登仕郎守大理評事楊　倞　注

儒效篇第八效功也

大儒之效武王崩成王幼周公屏成王而及武王以屬天下惡天下之倍周也屏蔽及繼屬續也屬之欲反履天下之籍籍謂天下之圖籍也聽天下之斷偃然如固有之而天下不稱貪焉偃然猶安然固有之謂如固合有此位也殺管叔虛殷國而天下不稱戾焉虛讀

爲墟戾暴也墟殷國謂殺武庚遷殷頑民于洛邑朝歌爲墟也兼制天下立七十一國姬姓獨居五十三人而天下不稱偏焉左氏傳成鱄對魏獻子曰昔武王克商光有天下其兄弟之國者十有五人姬姓之國者四十人皆舉親也與此數略同言四十人蓋舉成數又曰昔周公弔二叔之不咸故封建親戚以蕃周室管蔡郕霍魯衞毛聃郜雍曹滕畢原酆郇文之昭也邘晉應韓武之穆也凡蔣邢茅胙祭周公之胤也餘國名淺學難盡詳究教誨開導成王使諭於道而能揜迹於文武開導謂開通導達揜襲也周公歸周周公所封畿內之國亦名周春秋周公黑肩蓋其後也言周公自歸其國也反籍於成王而天下不輟事周然而周公北

面而朝之〔待其固安之後北面爲臣明攝政非爲已也〕天子也者不可以少當也〔不可少頃當此位也〕不可以假攝爲也〔周公所以少頃假攝天子之位蓋權宜以安周室也〕能則天下歸之不能則天下去之是以周公屏成王而及武王以屬天下惡天下之離周也成王冠成人周公歸周反籍焉明不滅主之義也周公無天下矣鄉有天下今無天下非擅也〔鄉讀爲向下同擅與禪同言非禪讓與成王也〕成王鄉無天下今有天下非奪也變勢

次序節然也節期也權變次序之期如此也故以枝代主而非越也枝枝子周公武王之弟故曰枝主成王也以弟誅兄而非暴也謂殺管叔管叔周公之兄也君臣易位而非不順也時不得不然故易位非爲不順因天下之和遂文武之業明枝主之義抑亦變化矣天下厭然猶一也厭然順從之貌一涉反非聖人莫之能爲夫是謂大儒之效

秦昭王問孫卿子曰儒無益於人之國漢宣帝名詢劉向編録故以荀卿爲孫卿也孫卿子曰儒者法先王隆

禮義謹乎臣子而致貴其上者也謹乎臣子謂使不敢爲非致極也人主用之則勢在本朝而宜言儒者得權勢在本朝則事皆合宜也不用則退編百姓而慤必爲順下矣必不爲勃亂也雖窮困凍餧必不以邪道爲貪無置錐之地而明於持社稷之大義嗚呼而莫之能應然而通乎財萬物養百姓之經紀嗚呼嘆辭也財與裁同雖嘆其莫已知無應之者而亦不怠惰困弃常通於裁萬物養百姓之綱紀也勢在人上則王公之材也在人之上謂爲人君也在人下則

社稷之臣國君之寶也雖隱於窮閻漏屋人莫不貴之道誠存也窮閻窮僻之處閻里門也漏屋敝屋漏雨者也仲尼將爲魯司寇魯司寇也沈猶氏不敢朝飲其羊公慎氏出其妻慎潰氏踰境而徙皆魯人家語曰沈猶氏常朝飲其羊以詐市人公慎氏妻淫不制慎潰氏奢侈踰法魯之粥六畜者飾之以諂賈魯之粥牛馬者不豫賈必蚤正以待之也豫賈定爲高價也粥牛馬者不敢高價言仲尼必先正其身以待物故得從化如此賈讀爲價居於闕黨闕黨之子弟罔不分有親者取多居謂孔子閒居闕黨

之子弟罔不分均有無於分均之中有父母者取其多也孝弟以化之也由孔子以孝弟化之儒者在本朝則美政在下位則美俗儒之爲人下如是矣王曰然則其爲人上何如孫卿曰其爲人上也廣大矣志意定乎内禮節脩乎朝法則度量正乎官忠信愛利形乎下官百官形見也行一不義殺一無罪而得天下不爲也此君子義信乎人矣通於四海則天下應之如讙以君義通於四海故應之如讙讙喧也言聲齊應之也

是何也則貴名白而天下治也 貴名謂儒名可貴白明顯 故近者歌謳而樂之遠者竭蹷而趨之 竭蹷顛倒也遠者顛倒趨之如不及然 四海之内若一家通達之屬莫不從服夫是之謂人師 通達之屬謂舟車所至人力所通之處也師長也言儒者之功如此故可以爲人師長也 詩曰自西自東自南自北無思不服此之謂也 詩大雅文王有聲之篇引此以明天下皆歸之也 夫其爲人下也如彼其爲人上也如此何謂其無益於人之國也昭王曰善

先王之道，仁之隆也，比中而行之。先王之道謂儒學，仁人之所崇高也。以其比類中道而行之，不爲詭異之説，不高不下，使賢不肖皆可及也。曷謂中？曰：禮義是也。道者，非天之道，非地之道，人之所以道也，重説先王之道，非陰陽山川怪異之事，是人所行之道也。君子之所道也。君子之所謂賢者，非能偏能人之所能之謂也；君子之所謂知者，非能偏知人之所知之謂也；君子之所謂辨者，非能偏辨人之所辨之謂也；君子之所謂察者，非能偏察人之所察之謂也有所正矣苟得其正不必偏能或曰正當爲止言止於禮義也相高下視墝肥序五種君子不如農人相視也高下原隰也墝薄田也五種黍稷豆麥麻序謂不失次序各當土宜也通財貨相美惡辨貴賤君子不如賈人視貨物之美惡辨其貴賤也賈與估同設規矩陳繩墨便備用君子不如工人便備用謂精巧便於備用不卹是非然不然之情以相薦撙以相恥怍君子不若惠施鄧析也薦藉也謂相蹈藉撙抑皆謂相陵駕也怍慙也若夫謫德而定次謫與商同古字商度其德而定位次

本或亦多作譎譎與決同謂斷決其德故下亦有決德而定次也量能而授官使賢不肖皆得其位能不能皆得其官任使各當其才萬物得其宜事變得其應慎墨不得進其談惠施鄧析不敢竄其察竄隱匿也言二子之察無所逃匿君子皆識也言必治當事必當務是然後君子之所長也凡事行有益於治者立之行下孟反無益於理者廢之夫是之謂中事凡知說有益於理者爲之無益於理者舍之夫

是之謂中說行事失中謂之姦事知說失中謂之姦道姦事姦道治世之所弃而亂世之所從服也若夫充虛之相施易也充實也施讀曰移易謂使實者虛虛者實堅白同異之分隔也以堅白同異之言相分別隔異同異已解上也是聰耳之所不能聽也明目之所不能見也辯士之所不能言也雖有聖人之知未能僂指也僂疾也言雖聖人亦不可疾速指陳僂力主反公羊傳曰夫人不僂何休曰僂疾也齊人言也不知無害爲君子知之無損爲小人工匠

不知無害爲巧君子不知無害爲治君子卿大夫也王公好之則亂法百姓好之則亂事事謂作業而狂惑戇陋之人乃始率其羣徒辨其談説明其辟稱老身長子不知惡也戇愚也辟音譬稱尺證反身老子長言終身不知惡之也夫是之謂上愚有偏僻之見非昧然無知然亦不免於愚故曰上愚曾不如好相鷄狗之可以爲名也有惠施鄧析之名尚不如相鷄狗之名也詩曰爲鬼爲蜮則不可得有靦面目視人罔極作此好歌以極反側此之謂也

詩小雅何人斯之篇毛云蜮短狐也靦姡也鄭云使汝爲蜮也則汝誠不可得見也姡然有面目女乃人也人相視無有極時終必與女相見也引此以喻狂惑之人也

我欲賤而貴愚而知貧而富可乎曰其唯學乎彼學者行之曰士也彼爲儒學者能行則爲士也士者脩立之稱敦慕焉君子也敦厚慕之知之聖人也知之謂通於學也於事皆通則與聖人無異也上爲聖人下爲士君子孰禁我哉爲學之後則誰能禁我使不爲聖人士君子也鄉也混然涂之人也俄而並乎堯禹豈不賤而貴矣哉混然無所知之貌竝

比也鄉音向涂與途同鄉也效門室之辨混然曾不能決也效白辨別也向者明白門室之別異猶不能決言所知淺也俄而原仁義分是非圖回天下於掌上而辨白黑豈不愚而知矣哉原本也謂知仁義之本圖謀也回轉也言圖謀運轉天下之事如在掌上也鄉也胥靡之人俄而治天下之大器舉在此豈不貧而富矣哉胥靡刑徒人也胥相靡繫也謂鑠相聯相繫漢書所謂鋃鐺者也舉皆也顏師古曰聯繫使相隨而服役之猶今囚徒以鑠連枷也今有人於此屑然藏千溢之寶雖行貣而食人謂之富矣屑然

雜碎衆多之貌行貣行乞也貣士得反彼寶也者衣之不可衣也下衣於既反言以爲衣則不可衣著食之不可食也賣之不可僂售也僂疾然而人謂之富何也豈不大富之器誠在此也喻學者雖未得衣食亦猶藏千金之寶也是杅杅亦當人已豈不貧而富矣哉杅杅即于于也自足之貌莊子曰聽居居視于于也故君子無爵而貴無祿而富不言而信不怒而威窮處而榮獨居而樂豈不至尊至富至重至嚴之情舉積此哉舉皆也此此儒學也其情皆在

此故人尊貴敬之故曰貴名不可以比周爭也不可以夸誕有也不可以勢重脅也必將誠此然後就也貴名人所貴儒學之名此身也爭之則失讓之則至遵道則積夸誕則虛遵道則自委積夸誕則尤益空虛也故君子務脩其內而讓之於外務積德於身而處之以遵道如是則貴名起如日月天下應之如雷霆衆應之聲如雷故曰君子隱而顯微而明辭讓而勝詩曰鶴鳴于九臯聲聞于

天此之謂也詩小雅鶴鳴之篇毛云皋澤也言身隱而名著也鄭云皋澤中水溢出所爲坎自外數至九喻深遠也鄙夫反是比周而譽俞少鄙爭而名俞辱煩勞以求安利其身而俞危俞讀爲愈詩曰民之無良相怨一方受爵不讓至于己斯亡此之謂也詩小雅角弓之篇引此以明不責己而怨人故不能小而事大辟之是猶力之少而任重也舍粹折無適也舍除也粹讀爲碎除碎折之外無所之適言必碎折身不肖而誣賢是猶傴身而好升高也指

其頂者愈衆（傴傴僂也傴身之人而強舁高則頭頂尤低屈故指而笑者愈衆）故明主譎德而序位所以爲不亂也忠臣誠能然後敢受職所以爲不窮也分不亂於上能不窮於下治辨之極也（不亂謂皆當其序不窮謂通於其職列也言儒爲治辨之極也）詩曰平平左右亦是率從是言上下之交不相亂也（詩小雅采菽之篇毛云平平辯治也交謂上下相交接也）以從俗爲善以貨財爲寶以養生爲已至道是民德也（養生爲已至道謂莊生之徒民德言不知禮義也）行法至

堅不以私欲亂所聞如是則可謂勁士矣行法至堅好脩正其所聞以橋飾其情性行法謂行有法度行下孟反橋與矯同其言多當矣而未諭也其行多當矣而未安也其知慮多當矣而未周密也未喻謂未盡曉其義未安謂未得如天性安行之也周密謂盡善也上則能大其所隆下則能開道不已若者如是則可謂篤厚君子矣脩百王之法若辨白黑應當世之變若數一二如數一二之易行禮要節而安

之若生四枝要邀也節節文也言安於禮節若身之生四枝不以造作爲也要一遥反及下要時同要時立功之巧若詔四時邀時立功之巧謂不失機權若天告四時使成萬物也平正和民之善億萬之衆而博若一人如是則可謂聖人矣雖博雜衆多如理一人之少也井井兮其有理也井井兮良易之貌理有條理也嚴嚴兮其能敬己也嚴嚴兮有威重之貌能敬己不可以干非禮也嚴或爲儼分分兮其有終始也事各當其分即無雜亂故能有終始分扶問反猒猒兮其能長久也猒足也亂生於不足故知足然後能長久也樂樂兮其執道不殆也

殆危也炤炤兮其用知之明也炤炤明見之貌炤與照同脩脩兮其用統類之行也脩脩整齊之貌統類綱紀也言事不乖悖也綏綏兮其有文章也綏綏安泰之貌綏或爲葳蕤之貌熙熙兮其樂人之臧也熙熙和樂之貌隱隱兮其恐人之不當也隱隱憂戚貌恐人之行事不當理此以上皆論大儒之德也如是則可謂聖人矣此其道出乎一曷謂一曰執神而固執持精神堅固曷謂神曰盡善挾洽之謂神萬物莫足以傾之之謂固挾讀爲浹浹周洽也神固之謂聖人聖人也者

道之管也，天下之道管是矣，百王之道一是矣。管，樞要也。是，是儒學。故詩書禮樂之歸是矣。詩言是其志也，是儒之志。書言是其事也，禮言是其行也，樂言是其和也，春秋言是其微也。微謂儒之微旨，一字爲褒貶，微其文，隱其義之類是也。故風之所以爲不逐者，取是以節之也。風，國風。逐，流蕩也。國風所以不隨荒暴之君而流蕩者，取聖人之儒道以節之也。詩序曰：變風發乎情，止乎禮義。發乎情，人之性也；止乎禮義，先王之澤也。小雅之所以爲小者，取是而文之也。雅，正也。文，飾也。大雅之所以爲大者取是而光之也（雅正也文飾也）頌之所以爲至者取是而通之也（至謂盛德之極）天下之道畢是矣鄉是者臧倍是者亡鄉是如不臧倍是如不亡者自古及今未甞有也（是皆謂儒也鄉讀曰向）

客有道曰孔子曰周公其盛乎（言其德盛）身貴而愈恭家富而愈儉勝敵而愈戒（戒備也言勝敵而益戒備荀卿之時有客說孔子之言如此）應之曰是殆非周公之行非孔子之言也武王崩成王幼周公屛

成王而及武王履天子之籍負扆而坐戶牖之間謂之扆諸侯趨走堂下當是時也夫又誰爲恭矣哉兼制天下立七十一國姬姓獨居五十三人焉周之子孫苟不狂惑者莫不爲天下之顯諸侯孰謂周公儉哉武王之誅紂也行之日以兵忌武王發兵以兵家所忌之日東面而迎太歲迎謂逆太歲尸子曰武王伐紂魚辛諫曰歲在北方不北征武王不從至汜而汎至懷而壞汜水名懷地名書曰覃懷厎績孔安國曰覃懷近河地名謂至汜而適遇水汎漲而至懷又河水汎

溢也吕氏春秋曰武王伐紂天雨日夜不休汜音至共頭而山隧共河内縣名共頭蓋共縣之山
名隧謂山石崩摧也隧讀爲墜共音恭霍叔懼曰出三日而五災至無
乃不可乎霍叔武王弟也出行也周居豐鎬軍出三日未當至共蓋文王三分天下有其二境土已
近於洛矣或曰至汜之後三日也周公曰刳比干而囚箕子飛廉惡
來知政夫又惡有不可焉比干紂賢臣箕子紂諸父箕國名子爵也飛廉
惡來皆紂之嬖臣飛廉善走惡來有力也遂選馬而進選簡擇也朝食於戚
暮宿乎百泉杜元凱云戚衞邑在頓丘衞縣西百泉蓋近朝歌地名左氏傳曰晉人敗范氏于百
泉厭且於牧之野厭掩也夜掩於且謂未明已前也厭於申反鼓之而

紂卒易鄉倒戈而攻後也鄉讀曰向遂乘殷人而誅紂乘乘其倒戈之勢蓋殺者非周人因殷人也非周人殺之因殷倒戈之勢自殺之故無首虜之獲無蹈難之賞周人無立功受賞者反而定三革偃五兵定息偃仆也皆不用之義三革犀也兕也牛也考功記曰函人爲甲犀甲七屬兕甲六屬合甲五屬穀梁傳曰天子救日置五麾陳五兵范甯云五兵矛戟鉞楯弓矢國語說齊桓定三革偃五刃韋昭云三革甲冑楯也五刃刀劒矛戟矢也合天下立聲樂合天下謂合會天下諸侯歸一統也於是武象起而韶護廢矣武象周武王克殷之後樂名武亦周頌篇名詩序曰武奏大武也禮記曰下管象朱干玉戚以冕而舞大武韶護殷樂名左氏傳曰吳季札見舞韶護者蓋殷時兼用舜樂武

王廢之也四海之内莫不變心易慮以化順之故
外閨不閉閨門扇也跨天下而無蔪跨越也蔪求也越天下而無求言自
足也亦人皆與之不待求也當是時也夫又誰爲戒矣哉太平
如此復誰備戒
造父者天下之善御者也無輿馬則無所
見其能造父周穆王之御者羿者天下之善射者也無
弧矢則無所見其巧羿有窮之君逐夏太康而遂簒位者大儒
者善調一天下者也無百里之地則無所

見其功輿固馬選矣而不能以至遠一日而千里則非造父也弓調矢直矣而不能以射遠中微則非羿也（善射者既能及遠又中微細之物也）用百里之地而不能以調一天下制强暴則非大儒也彼大儒者雖隱於窮閻漏屋無置錐之地而王公不能與之爭名在一大夫之位則一君不能獨畜一國不能獨容成名況乎諸侯莫不願得以爲臣（已解非十二子篇）用

百里之地而千里之國莫能與之爭勝笞捶暴國齊一天下而莫能傾也是大儒之徵也傾危也徵驗也其言有類其行有禮類善也謂比類於善不爲狂妄之言其舉事無悔其持險應變曲當險危也其持危應變皆曲得其宜當丁浪反與時遷徙與世偃仰隨時設教千舉萬變其道一也是大儒之稽也其道一謂皆歸於治也故禹湯文武事跡不同其於爲治一也稽考也考成也其窮也俗儒笑之其通也英傑化之嵬瑣逃之倍千人曰英倍萬人曰傑言英傑之士則

慕而化之狂怪之人則畏而逃去之也邪說畏之衆人愧之衆人初皆非其所爲成功之後故自媿也媿或爲貴通則一天下窮則獨立貴名儒名天不能死地不能埋桀跖之世不能汙非大儒莫之能立仲尼子弓是也故有俗人者有俗儒者有雅儒者有大儒者辨儒者之異也有不學問無正義以富利爲隆是俗人者也逢衣淺帶解果其冠逢大也淺帶博帶也韓詩外傳作逢衣博帶言帶博則約束衣服者淺故曰淺帶解果未詳或曰解果陿隘也左思魏都賦曰風俗以韰倮爲嫿韰音下

介反倮音果𪏭音獲靜好也或曰説苑淳于髡謂齊王曰臣笑鄰國之祠田以一壺酒三鮒魚祝曰蟹螺者宜禾汙邪者百車蟹螺蓋高地也今冠蓋亦比之謂強爲儒服而無其實也略法先王而足亂世術略粗也粗法先王之遺言不知大體故足以亂世法韓詩外傳作略法先王而不足於亂世繆學雜舉不知法後王而一制度不知隆禮義而殺詩書後王後世之王夫隨當時之政而立制度是一也若妄引上古不合於時制度亂矣故仲尼脩春秋盡用周法韓詩外傳作不知法先王也其衣冠行僞已同於世俗矣然而不知惡者衣冠即上所云逢衣淺帶之比行僞謂行僞而堅行下孟反其言議談説已無所以異於墨

子矣然而明不能分别呼先王以欺愚者而求衣食焉呼謂稱舉得委積足以揜其口則揚揚如也揚揚得意之貌隨其長子事其便辟舉其上客僡然若終身之虜而不敢有他志是俗儒者也長子謂君之世子也便辟謂左右小臣親信者也便婢延反辟讀曰嬖舉其上客謂褒美其上客冀得其助也僡字書無所見蓋環繞囚拘之貌莊子曰睆然在纆之中法後王一制度隆禮義而殺詩書其言行已有大法矣然而明不能齊雖有大體其所見之明猶未能齊言行使無纖介之差法敎之所

不及聞見之所未至則知不能類也（有所未知則不能取比類而通之也禮記雖先王未之有可以義起是能類者矣）知之曰知之不知曰不知内不自以誣外外不自以欺内（不自欺人）以是尊賢畏法而不敢怠傲是雅儒者也（有雅德之儒也）法先王統禮義一制度以淺持博以古持今以一持萬（以淺持博謂見其淺則可以執持博也先王當爲後王以古持今當爲以今持古皆傳寫誤也）苟仁義之類也雖在鳥獸之中若別白黑（善類在鳥獸之中猶別況在人矣）倚物怪變所未嘗

聞也所未嘗見也卒然起一方則舉統類而應之無所儗㤜倚奇也韓詩外傳作奇物怪變卒千忽反儗讀爲疑㤜與怍同奇物怪變卒然而起人所難處者大儒知其統類故舉以應之無所疑滯慙怍也張法而度之則晻然若合符節是大儒者也既無所疑怍故開張其法以測度之則晻然如合符節言不差錯也度大各反晻與暗同符節相合之物也周禮門關用符節蓋以全竹爲之剖之爲兩各執其一合之爲驗也故人主用俗人則萬乘之國亡不義而好利故亡也用俗儒則萬乘之國存僅存用雅儒則千乘之國安用大儒則百里之地久小國多患

難用大儒然後可以長久也而後三年天下爲一諸侯爲臣長久之業既成又三年脩德化則可以一天下臣諸侯蓋房湯周文皆化行之後三年而王也用萬乘之國則舉錯而定一朝而伯錯讀爲措伯讀爲霸言一朝而霸也不聞不若聞之聞之不若見之見之不若知之知之不若行之學至於行之而止矣行之明也行之則通明於事也明之爲聖人通明於事則爲聖人聖人也者本仁義當是非齊言行不失豪氂無他道焉已乎行之矣當丁浪反已止也言聖人無他在止於行其所學者也故聞

之而不見，雖博必謬；雖博聞必有謬誤也。見之而不知，雖識必妄；見而不知，雖能記識，必昧於指意，謂若制氏然也。知之而不行，雖敦必困。苟不能行，雖所知多厚，必至困躓也。不聞不見，則雖當，非仁也，雖偶有所當，非仁人君子之通明者也。其道百舉而百陷也。言偶中之道，百舉而百陷，無一可免也。故人無師無法而知則必爲盜，勇則必爲賊，云能則必爲亂，云能，自言其能。察則必爲怪，惠施、鄧析之比。辨則必爲誕。人有師有法而知則速通，勇則速威，云能則速成，察則速盡辨則速論（察則速盡謂有聰察之性則能速盡物理速論謂能速論是非也）故有師法者人之大寶也無師法者人之大殃也人無師法則隆情矣有師法則隆性矣（隆厚也厚於情謂恣其情之所欲厚於性謂本於善也）而師法者所得乎情非所受乎性不足以獨立而治（情謂喜怒愛惡外物所感者也言師法之於人得於外情非天性所受故性不足獨立而治必在因外情而化之或曰情當爲積所得乎積習非受於天性既非天性則不可獨立而治必在化之也）性也者吾所不能爲也然而可化也（言天性非吾自能爲也必在化而爲之也）情也者

非吾所有也然而可爲乎言情非吾天性所有然可以外物誘而爲之或曰情亦當爲積積習與天然有殊故曰非吾所有雖非所有然而可爲之也注錯習俗所以化性也注錯猶措置也錯千故反并一而不二所以成積也并讀爲併一謂師法二謂異端習俗移志安久移質習以爲俗則移其志安之既久則移本質并一而不二則通於神明參於天地矣故積土而爲山積水而爲海旦暮積謂之歲至高謂之天至下謂之地宇中六指謂之極六指上下四方也盡六指之遠則爲六極言積近以成遠涂之人百姓

積善而全盡謂之聖人彼求之而後得爲之而後成積之而後高盡之而後聖故聖人也者人之所積也（言其德行委積）人積耨耕而爲農夫積斲削而爲工匠積反貨而爲商賈（反讀爲販）積禮義而爲君子工匠之子莫不繼事而都國之民安習其服（安習其土風之衣服）居楚而楚居越而越居夏而夏（夏中夏）是非天性也積靡使然也（靡順也順其積習故能然）故人知謹注錯愼

習俗大積靡則爲君子矣大積靡謂以順積習爲也縱情性而不足問學則爲小人矣爲君子則常安榮矣爲小人則常危辱矣凡人莫不欲安榮而惡危辱故唯君子爲能得其所好小人則日徼其所惡徼與邀同招也一堯反詩曰維此良人弗求弗迪維彼忍心是顧是復民之貪亂寧爲荼毒此之謂也詩大雅桑柔之篇迪進也言厲王有此善人不求而進用之忍害爲惡之人反顧念而重復之故天下之民貪亂安然爲荼毒之行由王使之然也

人論論人之善惡論盧困反志不免於曲私而冀人之以己爲公也行不免於汙漫而冀人之以己爲脩也汙穢也漫欺誑也漫莫叛反甚愚陋溝瞀而冀人之以己爲知也是衆人也溝音寇愚也溝瞀無知也衆人謂衆庶人也志忍私然後能公行忍情性然後能脩忍謂矯其性行下孟反知而好問然後能才其智慮不及常好問然後能有才藝公脩而才可謂小儒矣皆矯其不及故爲小儒也志安公行安脩知通統類如是則可謂大儒矣大

儒者天子三公也其才堪王者之佐也小儒者諸侯大夫士也衆人者工農商賈也禮者人主之所以爲羣臣寸尺尋丈檢式也人倫盡矣檢束也式法也度也尺寸尋丈所以知長短也檢束所以制放佚大儒可爲天子三公小儒可爲諸侯大夫禮可以總統羣臣人主之柄也倫當爲論或曰倫等也言人道差盡於禮也

君子言有壇宇行有防表道有一隆累土爲壇宇屋邊也防隄防表標也言有壇宇謂有所尊高也行有防表謂有標准也一隆謂厚於一不以異端亂之也言道德之求不下於安存此道德或當爲政治以下有道德之求故誤重寫耳故下

云諸侯問政不及安存則不告也謂人以政治來求則以安存國家已上之事語之也言志意之求不下於士以脩其志意來求則語爲士已上之事言道德之求不二後王道德教化也人以教化來求則言當時之切所宜施行之事不二後王師告而不以遠古也舍後王而言遠古是二也道過三代謂之蕩道過三代已前事已久遠則爲浩蕩難信也法二後王謂之不雅雅正也其治法不論當時之事而廣説遠古則爲不正也高之下之小之臣之不外是矣臣當爲巨巨雖高下小大不出此壇宇防表也是君子之所以騁志意於壇宇宮庭也宮謂之室庭門屏之内也君子雖騁志意論説不出此壇宇宮庭之内也是時百家異説

故諸侯問政不及安存則多妄引前古以亂當世故荀卿屢有此言也不告也匹夫問學不及爲士則不教也百家之說不及先王則不聽也百家雜說不及先王之道妄起異端則君子不聽之也夫是之謂君子言有壇宇行有防表也

荀子卷第四

荀子卷第五

登仕郎守大理評事楊倞注

王制篇第九

請問爲政曰賢能不待次而舉（不以官之次序若傅說起於板築爲相也）罷不能不待頃而廢（頃須臾也）元惡不待教而誅（不教而殺謂之虐唯元惡不待教而誅之也）中庸雜民不待政而化（中庸民易與爲善故教則化之不待政成之後也）分未定也則有昭繆也（繆讀爲穆父昭子穆言爲政當分未定之時則爲之分別使賢者居上不肖者居下如昭穆之分別然不問其世族）

也雖王公士大夫之子孫也不能屬於禮義則歸之庶人雖庶人之子孫也積文學正身行能屬於禮義則歸之卿相士大夫（屬繫也之欲反）姦言姦說姦事姦能遁逃反側之民職而敎之須而待之（反側不安之民也職而敎之謂使各當敎其本事也須而待之謂須暇之而待其遷善也）勉之以慶賞懲之以刑罰安職則畜不安職則棄（畜養也棄謂投四裔之比也）五疾上收而養之材而事之（五疾瘖聾跛躄斷者侏儒各當其材使之謂若矇瞽脩聲聾聵司火之屬也）官施而衣

食之兼覆無遺官爲之施設所職而與之衣食也才行反時者死無赦夫是之謂天德王者之政也天德天覆之德聽政之大分以善至者待之以禮以不善至者待之以刑兩者分别則賢不肖不雜是非不亂賢不肖不雜則英傑至是非不亂則國家治若是名聲日聞天下願令行禁止則王者之事畢矣願謂人人皆願矣凡聽論聽政也威嚴猛厲而不好假導人厲剛烈也假導謂以寛和假借導引人也則

下畏恐而不親周閉而不竭隱閉其情而不竭盡也若是則大事殆乎弛小事殆乎遂弛廢也遂因循也春秋傳曰遂繼事也下既隱情不敢論說則大事近於弛廢小事近於因循言不肯革敝矣和解調通好假導人而無所凝止之和解調通謂寬和不拒下也凝定也凝止謂定止其不可也則姦言並至嘗試之說鋒起嘗試之說謂假借以事試爲之也莊子曰嘗試論之鋒起謂如鋒刃齊起言銳而難拒也若是則聽大事煩是又傷之也聽大謂所聽之事多也傷傷政也故法而不議則法之所不至者必廢議謂講論也雖有法度而不能講論則不周洽故法所不至者必廢也職

而不通則職之所不及者必隊雖舉當其職而不能通明其類則職所不及者必隊隊與墜同故法而議職而通無隱謀無遺善而百事無過非君子莫能故公平者職之衡也中和者聽之繩也聽聽政也衡所以知輕重繩所以辨曲直言君子用公平中和之道故能百事無過中和謂寬猛得中也其有法者以法行無法者以類舉聽之盡也類謂比類偏黨而無經聽之辟也無經謂無常法也辟讀曰僻故有良法而亂者有之矣有君子而亂者自古及今未嘗聞也

傳曰治生乎君子亂生乎小人此之謂也（其人存其政舉其人亡其政息）分均則不偏（分均謂貴賤敵也分扶問反）埶齊則不壹衆齊則不使（此皆名無差等則不可相制也）有天有地而上下有差明王始立而處國有制（制亦謂差等也）夫兩貴之不能相事兩賤之不能相使是天數也（天之數也）埶位齊而欲惡同物不能澹則必爭（澹讀爲贍既無等級則皆不知紀極故物不能足也）爭則必亂亂則窮矣

物窮竭也 先王惡其亂也故制禮義以分之使有貧富貴賤之等足以相兼臨者是養天下之本也 使物有餘而不窮竭 書曰維齊非齊此之謂也 書呂刑言維齊一者乃在不齊以諭有差等然後可以爲治也

馬駭輿則君子不安輿 馬駭於車中也 庶人駭政則君子不安位 駭政不安上之政也 馬駭輿則莫若靜之庶人駭政則莫若惠之 惠恩惠也 選賢良舉篤敬興孝悌收孤寡補貧窮如是則庶人安

政矣庶人安政然后君子安位傳曰君者舟也庶人者水也水則載舟水則覆舟此之謂也故君人者欲安則莫若平政愛民矣欲榮則莫若隆禮敬士矣欲立功名則莫若尚賢使能矣是君人者之大節也三節者當則其餘莫不當矣三節者不當則其餘雖曲當猶將無益也曲當謂委曲皆當當丁浪反孔子曰大節是也小節是也上君也大節是

也小節非也一出焉一入焉中君也謂一得一失也大節非也小節雖是也吾無觀其餘矣成侯嗣公聚斂計數之君也成侯嗣公皆衛君也史記衛聲公卒子成侯立成侯卒子平侯立平侯卒子嗣君立韓子曰衛嗣公重如耳愛泄姬而恐其皆因其愛重以雍己也乃貴薄疑以敵如耳尊魏妃以耦泄姬曰以是相參也又使過客關市賂之以金後召關市問其有客過與汝金汝回遣之關市大恐以嗣公爲明察此皆計數之類也未及取民也未及謂其才未及取也民謂得民心鄭子產取民者也未及爲政者也禮記曰子產猶衆人之母能食之不能教之也管仲爲政者也未及脩禮者也言未及教化也

故脩禮者王爲政者彊取民者安聚斂者亡故王者富民霸者富士（士卒伍也）僅存之國富大夫亡國富筐篋實府庫筐篋已富府庫已實而百姓貧夫是之謂上溢而下漏（如器之上溢下漏空虛可立而待也）入不可以守出不可以戰則傾覆滅亡可立而待也故我聚之以亡敵得之以彊聚斂者召寇肥敵亡國危身之道也故明君不蹈也

王奪之人霸奪之與彊奪之地人謂賢人與與國也彊國之術則奪人地也奪之人者臣諸侯奪之與者友諸侯奪之地者敵諸侯臣諸侯者王友諸侯者霸敵諸侯者危用彊者用彊力勝人非知彊道者人之城守人之出戰而我以力勝之也則傷人之民必甚矣傷人之民甚則人之民惡我必甚矣人之民惡我甚則日欲與我鬬人之城守人之出戰而我以力勝之則傷吾民

必甚矣傷吾民甚則吾民之惡我必甚矣吾民之惡我甚則日不欲爲我鬬人之民日欲與我鬬吾民日不欲爲我鬬是彊者之所以反弱也地來而民去累多而功少累憂累也雖守者益所以守者損是以大者之所以反削也守者謂地也守國以地爲本故曰守者所以守者謂所以守地之人也諸侯莫不懷交接怨而不忘其敵交接連結也既以力勝而不義故諸侯皆欲相連結怨國而不忘與之爲敵本多作壞交接言壞其與己交接之道也伺彊大之

閒承彊大之敝也知彊大之敝此彊大之殆時也（殆危也）知彊大者不務彊也（知彊大之術者不務以力勝也）慮以王命全其力凝其德（慮計也以用也其計慮常用王命謂不敢擅侵暴也凝定也定其德謂不輕舉也）力全則諸侯不能弱也德凝則諸侯不能削也天下無王霸主則常勝矣是知彊道者也（無王霸之主則彊國常勝主或衍字）彼霸者不然辟田野實倉廩便備用（備用足用也左傳曰無重器備）案謹募選閱材技之士（案發聲謹嚴也募招也謹募猶重募也選閱揀擇也材技武藝

過人者猶漢之材官也然後漸慶賞以先之漸進也言進勉以慶賞也嚴刑罰以糾之存亡繼絶衛弱禁暴而無兼并之心則諸侯親之矣并讀曰併下同脩友敵之道以敬接諸侯則諸侯說之矣說讀爲悅下同所以親之者以不并也并之見則諸侯䟽之矣見賢遍反所以說之者以友敵也臣之見則諸侯離矣故明其不并之行信其友敵之道行下孟反信謂使人不疑天下無王霸主則常勝矣是知霸道

者也（無王者則霸主常勝也）閔王毀於五國（史記齊閔王四十年樂毅以燕趙楚魏秦破齊閔王出奔莒也）桓公劫於魯莊（公羊傳柯之盟齊桓公爲魯莊公之臣曹劌所劫也）無它故焉非其道而慮之以王也（不行其道而以計慮爲王所以危亡也）彼王者不然仁眇天下義眇天下威眇天下（眇盡也盡天下皆懷其仁感其義畏其威也）仁眇天下故天下莫不親也義眇天下故天下莫不貴也威眇天下故天下莫敢敵也以不敵之威輔服人之道（其道可以服人）故不戰而勝不攻而得甲兵不勞

而天下服是知王道者也知此三具者欲王而王欲霸而霸欲彊而彊矣

王者之人（王者之佐）飾動以禮義（所脩飾及舉動必以禮義）聽斷以類（所聽斷之事皆得其善類謂輕重得中也）明振毫末（振舉也言細微必見）舉錯應變而不窮夫是之謂有原是王者之人也（原本也知爲政之本）

王者之制（說王者制度也）道不過三代法不貳後王（論王道不過夏殷周之事過則久遠難信法不貳後王言以當世之王爲法不離貳而遠取之）道過三代

謂之蕩法貳後王謂之不雅（並已解上）衣服有制宫室有度人徒有數（人徒謂士卒胥徒也）喪祭械用皆有等宜（械器也皆有等級各當其宜也）聲則凡非雅聲者舉廢（舉皆）色則凡非舊文者舉息（謂淥采畫繢之事也）械用則凡非舊器者舉毀（舊謂三代故事）夫是之謂復古是王者之制也（復三代故事則是復古不必遠舉也）

王者之論（論謂論說賞罰也盧困反）無德不貴無能不官無功不賞無罪不罰朝無幸位民無幸生

幸僥幸也尚賢使能而等位不遺不遺言各當其材等位等級之位也析愿禁悍而刑罰不過析分異也分其愿慤之民使與凶悍者異也悍凶暴也刑罰不過言但禁之而已不刻深也百姓曉然皆知夫爲善於家而取賞於朝也爲不善於幽而蒙刑於顯也夫是之謂定論是王者之論也定論不易之論論不易則人知沮勸也

王者之等賦政事財萬物所以養萬民也等賦賦稅有等所以爲等賦及政事裁制萬物皆爲養人非貪利也財與裁同田野什一什稅一也關

市幾而不征（幾，呵察也，但呵察姦人而不征稅也。禮記幾作譏。）山林澤梁以時禁發而不稅（石絕水爲梁，所以取魚也。非時則禁，及時則發。禮記曰：獺祭魚，然後漁人入澤梁；草木零落，然後入山林也。）相地而衰政（相，視也。衰，差也。政爲之輕重。政或讀爲征。衰，初危反。）理道之遠近而致貢（理，條理也。貢，任土所貢也。謂若百里賦納總，二百里納銍之類也。）通流財物粟米無有滯留（貿遷有無化居，不使有滯積也。）使相歸移也四海之內若一家（歸讀爲饋。移，轉也。言通商及轉輸相救，無不豐足，雖四海之廣，若一家也。）故近者不隱其能遠者不疾其勞（不隱其能，謂竭其才力也。不疾苦其勞，謂奔走來王也。）無幽閒隱僻之國莫不趨使而安樂之幽深也閒隔也言無有深隔之國不爲王者趨使而安樂政教也夫是之謂人師是王者之法也師長也言爲政如此乃可以長久也師者亦使人法效之者也北海則有走馬吠犬焉然而中國得而畜使之海謂荒晦絕遠之地不必至海水也走馬吠犬今北地之大犬也南海則有羽翮齒革曾青丹干焉然而中國得而財之翮大鳥羽齒象齒革犀兕之革曾青銅之精可績畫及化黃金者出蜀山越巂丹干丹砂也蓋一名丹干干讀爲矸胡旦反或曰丹丹砂也干當爲玕尚書禹貢雍州球琳琅玕孔云石而似珠者爾雅亦云西北方之美者有球琳琅玕焉皆出西方此云南方者蓋南方亦有也東海則有紫紶魚

鹽焉然而中國得而衣食之紫紫貝也紶未詳字書亦無紶字當爲蜐郭璞江賦曰石蜐應節而揚葩注云石蜐龜形春則生花蓋亦蚌蛤之屬今案本草謂之石決明陶云俗傳是紫貝定小異附石生大者如手明耀五色内亦含珠古以龜貝爲貨故曰衣食之蜐居業反西海則有皮革文旄焉然而中國得而用之禹貢梁州貢熊羆織皮孔云貢四獸之皮織皮今之罽也旄旄牛尾文旄謂染之爲文綵也故澤人足乎木山人足乎魚農夫不斲削不陶冶而足械用工賈不耕田而足菽粟故虎豹爲猛矣然而君子剥而用之故天之所覆地之所載莫不

盡其美致其用物皆盡其美而來爲人用也上以飾賢良下以養百姓而安樂之飾謂車服養謂衣食夫是之謂大神能變通裁制萬物故曰大神也詩曰天作高山大王荒之彼作矣文王康之此之謂也詩周頌天作之篇荒大也康安也言天作此高山使興雲雨大王自豳遷焉則能尊大之彼大王作此都文王又能安之也以類行雜得其統類則不患於雜也以一行萬行於一人則萬人可治也皆謂得其樞要也始則終終則始若環之無端也舍是而天下以衰矣始謂類與一也終謂雜與萬也言以此道爲治終始不窮無休息則

天下得其次序舍此則亂也衰初危反天地者生之始也禮義者治之始也君子者禮義之始也始猶本也言禮義本於君子也爲之貫之積重之致好之者君子之始也言禮義以君子爲本君子以習學爲本貫習也積重之謂學使委積重多也致極也好之言不倦也故天地生君子君子理天地君子者天地之參也萬物之總也民之父母也參謂與之相參共成化育也總領也無君子則天地不理禮義無統上無君師下無父子夫婦是之謂至亂君臣父子兄弟

夫婦始則終終則始與天地同理與萬世同久夫是之謂大本始則終終則始謂一世始言上下尊卑人之大本有君子然後可以長久也故喪祭朝聘師旅一也此已下明君子禮義之始爲之制喪祭朝聘之禮所以齊一民各當其道不使淫放也下一之義皆同貴賤殺生與奪一也使民一於沮勸君君臣臣父父子子兄兄弟弟一也使人一於恩義農農士士工工商商一也使人一於職業水火有氣而無生草木有生而無知生謂滋長知謂性識禽獸有知而無義人有氣有生有知亦且有

義故最爲天下貴也亦且者言其中亦有無義者也力不若牛走不若馬而牛馬爲用何也曰人能羣彼不能羣也人何以能羣曰分無分則爭爭則不能羣也分何以能行曰以義故義以分則和言分義相須也義謂裁斷也和則一一則多力多力則彊彊則勝物故宮室可得而居也物不能害所以安居故序四時裁萬物兼利天下無它故焉得之分義也以有分義故能治天下也故人生不能無羣羣而無分則爭爭

則亂亂則離離則弱弱則不能勝物故宮室不可得而居也不可少頃舍禮義之謂也能以事親謂之孝能以事兄謂之弟能以事上謂之順能以使下謂之君能以皆謂能以禮義也君者善羣也善能使人爲羣也羣道當則萬物皆得其宜六畜皆得其長羣生皆得其命安其性命故養長時則六畜育殺生時則草木殖殺生斬伐政令時則百姓一賢良服聖主之制也

時謂有常服謂爲之任使草木榮華滋碩之時則斧斤不入山林不夭其生不絕其長也黿鼉魚鱉鰌鱣孕別之時別謂生育與母分別也國語里革諫魯宣公曰魚方別孕韋昭曰自別於雄而懷子也罔罟毒藥不入澤不夭其生不絕其長也毒藥毒魚之藥周禮雍氏禁澤之沈者也春耕夏耘秋收冬藏四者不失時故五穀不絕而百姓有餘食也汙池淵沼川澤謹其時禁汙渟水之處謹嚴也故魚鱉優多而百姓有餘用也用謂食足之外可用貿易斬伐

養長不失其時故山林不童而百姓有餘材也山無草木曰童聖王之用也用財用也上察於天下錯於地順天時以養地財也錯千故反塞備天地之閒加施萬物之上言聖王之用使天地萬物皆得其所微而明短而長狹而廣言用禮義故所守者近所及者遠也神明博大以至約言用禮義治化雖神明博大原其本至簡約也故曰一與一是爲人者謂之聖人也一與一動皆一也是此也以此爲人者則謂之聖人也

序官謂王者序官之法也宰爵知賔客祭祀饗食犧

牲之牢數 宰膳宰爵主掌也饗食饗宴也周禮膳夫之屬有庖人獸人皆掌犧牲一曰爵官爵也言膳宰之官爵掌犧牲之事者也 司徒知百宗城郭立器之數 百宗百族也城郭謂其小大也立器所立之器用也周禮大司徒之職掌建邦土地之圖與其人民之數立器言五方器械異制皆知其數不使作奇伎奇器也 司馬知師旅甲兵乘白之數 周禮二千五百人爲師五百人爲旅四井爲邑四邑爲丘四丘爲甸亦謂之乘以其治田則謂之甸出長轂一乘則謂之乘每乘又有甲士三人步卒七十二人白謂甸徒猶今之白丁也或曰白當爲百百人也 脩憲命 脩憲法之命所以表示人也謂若以樂德教國子中和祗庸孝友之類也 審詩商 詩商當爲誅賞字體及聲之誤故樂論篇曰其在序官也脩憲命審誅賞其徒屬之功過者或曰詩謂四方之歌謡商謂商聲哀思之音 如甯戚之悲歌

也禁淫聲周禮大司樂禁其淫聲慢聲鄭云淫聲鄭衛之音也以時順脩謂不失其時而順之脩之使夷俗邪音不敢亂雅大師之事也夷俗謂蠻夷之樂雅正聲也大師樂官之長大讀曰太脩隄梁隄所以防水梁橋也通溝澮溝澮皆所以通水周禮十夫之田有溝溝上有畛千夫有澮澮上有道鄭云溝廣深各四尺澮廣二尋深二仞也行水潦行巡行也下孟反安水臧使水歸其壑安謂不使漏溢臧才浪反以時決塞旱則決之水則塞之不使失時也歲雖凶敗水旱使民有所耘艾司空之事也艾讀爲刈相高下視肥墝序五種高下原隰也五穀黍稷豆麻麥觀其地所宜而種之墝苦交反省農

功省觀也觀其勤惰而勸之謹蓄藏謹嚴以時順脩使農夫樸力而寡能治田之事也使農夫敦朴於力穡禁其佗能也治田田畯也脩火憲不使非時焚山澤月令二月無焚山林鄭注周禮憲表也主表其刑禁也養山林藪澤草木魚鼈百索百索上所索百物也以時禁發禁謂爲之厲禁發謂許民采取使國家足用而財物不屈虞師之事也屈竭也虞虞師周禮山虞澤虞也順州里使之和順定廛宅廛謂市内百姓之居宅謂邑内居也定其分界不使相侵奪也養六畜勸人養之也閒樹藝樹藝種樹及桑柘也閒之使疏密得宜也勸教化趨孝弟勸之使從教化趨之使敦

孝弟 趨讀爲促 以時順脩使百姓順命安樂處鄉鄉師之事也 鄉師公卿也周禮鄉老二鄉公一人鄉大夫每鄉卿一人 論百工 論其巧拙月令曰物勒工名以考其誠工有不當必行其罪也 審時事 考工記曰天有時地有氣材有美工有巧合此四者然後可以爲良月令曰監工日號無悖于時皆審其時之事也 辨功苦 功謂器之精好者苦謂濫惡者韋昭曰功堅苦脆也 尚完利 完堅也利謂便於用若車之利轉之類也 便備用使彫琢文采不敢專造於家工師之事也 專造私造也 相陰陽 相視也陰陽謂數也 占祲兆 占占候也祲陰陽相侵之氣赤黑之祲是其類也兆謂龜兆或曰兆萌兆謂望其雲物知歲之吉凶也 鑽龜陳卦 鑽龜謂以火爇荊菙

灼之也陳卦謂揲蓍布卦也主攘擇五卜攘擇攘除不祥擇取吉事也五卜洪範所謂曰雨曰霽曰蒙曰驛曰剋言兆之形也知其吉凶妖祥傴巫跛擊之事也擊讀爲覡男巫也古者以廢疾之人主卜筮巫祝之事故曰傴巫跛覡胡狄反脩採清脩其採清之事採謂採去其穢清謂使之清潔皆謂除道路穢惡也周禮蜡氏掌除骴凡國之大祭祀令州里除不蠲也易道路脩而平之謹盜賊謹嚴禁也周禮野廬氏職曰有相翔者誅平室律平均布也室逆旅之室平其室之法皆不使容姦人若今五家爲保也以時順脩使賓旅安而貨財通治市之事也此於周禮野廬氏之職今云治市蓋七國時設官不同治市之官兼掌道路不必全依周禮制據當時職事言之也抃急禁悍抃當爲析急當爲愿巳解上也防淫

除邪戮之以五刑使暴悍以變姦邪不作司寇之事也本政教正法則兼聽而時稽之稽計也考也周禮太宰歲終則令百官府各正其治受其會而詔王廢置三歲則大計也度其功勞論其慶賞以時順脩使百吏免盡而衆庶不偷冢宰之事也論禮樂正身行廣教化美風俗兼覆而調一之辟公之事也全道德致隆高綦文理一天下振毫末使天下莫不順比從服天王之事也故政事亂

則家宰之罪也國家失俗則辟公之過也天下不一諸侯俗反則天王非其人也具具而王具具而霸具具而存具具而亡用萬乘之國者威彊之所以立也名聲之所以美也敵人之所以屈也國之所以安危臧否也制與在此亡乎人王霸安存危殆滅亡制與在我亡乎人夫威彊未足以殆鄰敵也名聲未足以懸天下也則是國

未能獨立也豈渠得免夫累乎天下脅於暴國而黨爲吾所不欲於是者日與桀同事同行無害爲堯是非功名之所就也非存亡安危之所墮也功名之所就存亡安危之所墮必將於愉殷赤心之所誠以其國爲王者之所亦王以其國爲危殆滅亡之所亦危殆滅亡殷之日案以中立無有所偏而爲縱橫之事偃然案兵無動以觀

夫暴國之相卒也案平政教審節奏砥礪百姓爲是之日而兵剸天下勁矣案然脩仁義伉隆高正法則選賢良養百姓爲是之日而名聲剸天下之美矣權者重之兵者勁之名聲者美之夫堯舜者一天下也不能加毫末於是矣故權謀傾覆之人退則賢良知聖之士案自進矣刑政平百姓和國俗節則兵勁城固敵國案自詘矣務

本事積財物而勿忘棲遲薛越也是使羣臣百姓皆以制度行則財物積國家案自富矣三者體此而天下服暴國之君案自不能用其兵矣何則彼無與至也彼其所與至者必其民也其民之親我也歡若父母好我芳若芝蘭反顧其上則若灼黥若仇讎彼人之情性也雖桀跖豈有肯爲其所惡賊其所好者哉彼以奪矣故古之人

有以一國取天下者非往行之也脩政其所莫不願如是而可以誅暴禁悍矣故周公南征而北國怨曰何獨不來也東征而西國怨曰何獨後我也孰能有與是鬭者與安以其國爲是者王殷之日安以靜兵息民慈愛百姓辟田野實倉廩便備用安謹募選閱材技之士然後漸賞慶以先之嚴刑罰以防之擇士之知事者使相率貫

也以是厭然畜積脩飾而物用之足也兵革器械者彼將日日暴露毀折之中原我今將脩飾之拊循之掩蓋之於府庫貨財粟米者彼將日日捿遲薛越之中野我今將畜積并聚之於倉廩材技股肱健勇爪牙之士彼將日日挫頓竭之於仇敵我今將來致之并閱之砥礪之於朝廷如是則彼日積敝我日積完彼日積貧我日積富

彼日積勞我日積佚君臣上下之閒者彼將厲厲焉日日相離疾也我今將頓頓焉日日相親愛也以是待其敝安以其國爲是者霸立身則從傭俗事行則遵傭故進退貴賤則舉傭士之所以接下之百姓者則庸寬惠如是者則安存立身則輕楛事行則蠲疑進退貴賤則舉佞侻之所以接下之人百姓者則好取侵奪如是者危殆

立身則憍暴事行則傾覆進退貴賤則舉幽險詐故人之所以接下之人百姓者則好用其死力矣而慢其功勞好用其籍斂矣而忘其本務如是者滅亡此五等者不可不善擇也王霸安存危殆滅亡之具也善擇者制人不善擇者人制之善擇之者王不善擇者亡夫王者之與亡者制人之與人制之也是其爲相懸也亦

遠矣

荀子卷第五

荀子卷第六

登仕郎守大理評事楊 倞 注

富國篇第十

萬物同宇而異體 同生宇内形體有異 無宜而有用 雖於人無常定之宜皆有可用人之理必在理得其道使之不爭然後可以富國也 爲人數也人倫竝處同求而異道同欲而異知 倫類也竝處羣居也其在人之法數則以類羣居也同求異道謂或求爲善或求爲惡此人之性也 生也皆有可也知愚同所可異也知愚分 可者遂其意之謂也 埶

同而知異行私而無禍縱欲而不窮則民心奮而不可說也禍患也窮極也奮謂起而爭競也說讀爲悅若縱其情性而無分則民心奮起爭競而不可悅服也如是則知者未得治也知者未得治則功名未成也功名之立由於任智功名未成則羣衆未縣也有功名者居上無功名者居下然後羣衆懸隔若未有功名則羣衆齊等也羣衆未縣則君臣未立也既無懸隔則未有君臣之位也無君以制臣無上以制下天下害生縱欲無上下相制則天下之害生於各縱其欲也欲惡同物欲多而

物寡寡則必爭矣同物謂飲食男女人之大欲存焉死亡貧苦人之大惡存焉是賢愚同有此情也無君上之制各恣其欲則物不能贍故必爭之也故百技所成所以養一人也技工也一人君上也言百工所成之衆物以養一人是物多而所奉者寡故能治也而能不能兼技雖能者亦不兼其技功使有分也謂梓匠輪輿各安其業則治雜之則亂也人不能兼官皆使專一於分不二事也謂若夔典樂稷播種之類也離居不相待則窮羣而無分則爭不相待遺弃也窮謂爲物所困也此言不羣則不可羣而無分亦不可也窮者患也爭者禍也救患除禍則莫若明分使羣矣此已上皆明有分則能羣然後可以富國

強脅弱也知懼愚也民下違上少陵長不以德爲政德謂教化使知分義也如是則老弱有失養之憂而壯者有分爭之禍矣老弱不能自存故憂失養壯者以力相勝故有分爭也事業所惡也功利所好也職業無分事業勞役之事人之所惡職業謂官職及四人之業也必使各供其職各從所務若無分則莫不惡勞而好逸也如是則人有樹事之患而有爭功之禍矣樹立也若無分則人人患於樹立己事而爭人之功以此爲禍也男女之合夫婦之分合配也分謂人各有偶也婚姻娉內送逆無禮婦之父爲婚壻

之父爲姻言婚姻者明皆以二人之命也聘問名也內讀曰納納幣也送致女逆親迎也如是則人有失合之憂而有爭色之禍矣失合謂喪其配偶也故知者爲之分也知如字知者謂知治道者又讀爲智皆通足國之道明富國之術也節用裕民而善臧其餘裕謂優饒也善臧其餘謂雖有餘不秏損而善藏之節用以禮裕民以政以禮謂用不過度以政謂取之有道也彼裕民故多餘人得優饒務於力作故多餘也裕民則民富民富則田肥以易易謂耕墾平易田肥以易則出實百倍所出穀實多也上以法取焉而下以禮節用之法取謂什一也

以禮節用謂不妄耗費也餘若丘山不時焚燒無所臧之以言多之極也夫君子奚患乎無餘以墨子憂不足故知節用裕民則必有仁義聖良之名而且有富厚丘山之積矣名實皆美此無佗故焉生於節用裕民也不知節用裕民則民貧民貧則田瘠以穢貧則力不足耕耨失時也田瘠以穢則出實不半不得其半上雖好取侵奪猶將寡獲也而或以無禮節用之則必有貪利糾譑之名而且有空

虚窮乏之實矣糾察也譑發人罪也譑音矯此無佗故焉不知節用裕民也康誥曰弘覆乎天若德裕乃身不廢在王庭此之謂也弘覆如天又順於德是乃所以寬裕汝身言百姓足君孰與不足也禮者貴賤有等長幼有差貧富輕重皆有稱者也稱尺證反故天子袾裷衣冕袾古朱字裷與袞同畫龍於衣謂之袞朱袞以朱爲質也衣冕猶服冕也諸侯玄裷衣冕謂上公也周禮公之服自袞冕而下如王之服也大夫裨冕衣裨衣而服冕謂祭服也天子六服大裘爲上其餘爲裨裨之言埤也以事尊埤服之諸侯以下亦服焉鷩冕絺冕皆是也士皮弁服

皮弁謂以白鹿皮爲冠象上古也素積爲裳用十五升布爲之積猶辟也辟蹙其要中故謂之素積也德必稱位位必稱祿祿必稱用用由士以上則必以禮樂節之衆庶百姓則必以法數制之君子用德小人用刑量地而立國謂若王制天子之縣内九十三國也計利而畜民謂若周制計一鄉地利所出畜萬二千五百家度人力而授事謂若一夫受田百畝使民必勝事事必出利利足以生民皆使衣食百用出入相揜百用雜用養生送死之類出出財也入入利也揜覆蓋也出入相揜謂量入爲出使覆蓋不乏絕也必時臧餘謂之稱數足用有餘則以

時臧之此之謂有稱之術數也故自天子通於庶人事無大小多少由是推之故曰朝無幸位民無幸生此之謂也上下所爲之事皆以稱數推之故無徼幸之徒無德而禄謂之幸位惰游而食謂之幸生也輕田野之稅平關市之征平猶除也謂幾而不征也省商賈之數省減也謂使農夫衆也罕興力役無奪農時如是則國富矣夫是之謂以政裕民此以政優饒民之術也人之生不能無羣羣而無分則爭爭則亂亂則窮矣窮困故無分者人之大害也有

分者天下之本利也（本當爲大）而人君者所以管分之樞要也（樞戶樞也）故美之者是美天下之本也（美謂美其有分）安之者是安天下之本也貴之者是貴天下之本也古者先王分割而等異之也（以分割制之以等差異也）故使或美或惡或厚或薄或佚或樂或劬或勞（美謂褒寵惡謂刑戮厚薄貴賤也在位則佚樂百姓則劬勞也）非特以爲淫泰夸麗之聲將以明仁之文通仁之順也（仁謂人也言爲此上事不唯使人瞻望自爲夸大之聲將以明仁人

乃得此文飾言至貴也通仁人乃得此順從言不違其志也故爲之雕琢刻鏤黼黻文章玉謂之雕亦謂之琢木謂之刻金謂之鏤白與黑謂之黼黑與青謂之黻青與赤謂之文赤與白謂之章使足以辨貴賤而已不求其觀不求使人觀望也古亂反爲之鍾鼓管磬琴瑟竽笙使足以辨吉凶合歡定和而已不求其餘和謂和氣餘謂過度而作鄭衛者也爲之宮室臺榭使足以避燥溼養德辨輕重而已不求其外德謂君上之德輕重尊卑也外謂峻宇雕牆之類也詩曰雕琢其章金玉其相

亹亹我王綱紀四方此之謂也〔詩大雅棫樸之篇相質也亹亹勸勉之貌言雕琢爲文章又以金王爲質勉力爲善所以綱紀四方也與詩義小異也〕若夫重色而衣之重味而食之重財物而制之合天下而君之〔重多也直用及〕非特以爲淫泰也固以爲王天下治萬變材萬物〔材與裁同〕養萬民兼制天下者爲莫若仁人之善也夫故其知慮足以治之其仁厚足以安之其德音足以化之得之則治失之則亂百姓誠賴其

知也故相率而爲之勞苦以務佚之以養其知也知讀爲智誠美其厚也故爲之出死斷亡以覆救之以養其厚也厚恩厚也出死謂出身致死斷猶判也言判其死亡也覆蓋蔽也斷丁亂反誠美其德也故爲之雕琢刻鏤黼黻文章以藩飾之以養其德也有德者宜備藩衛文飾也故仁人在上百姓貴之如帝天帝也親之如父母爲之出死斷亡而愉者愉歡無它故焉其所是焉誠美其所得焉誠大其所

利焉誠多（是謂可其意也言百姓所得者多故親愛之也）詩曰我任我輦我車我牛我行既集蓋云歸哉此之謂也（詩小雅黍苗之篇引此以明百姓不憚勤勞以奉上也鄭云集猶成也蓋猶皆也轉餫之役有負任者有輓輦者有將車者有牽傍牛者事既成召伯則皆告之云可歸哉）故曰君子以德小人以力（君子以德撫下故百姓以力事上也）力者德之役也（力爲德所使役）百姓之力待之而後功（百姓雖有力待君上所使然後有功也）百姓之羣待之而後和百姓之財待之而後聚百姓之埶待之而後安百姓之壽

待之而後長皆明待君上之德化然後後無爭奪相殺也父子不得不親兄弟不得不順男女不得不歡少者以長老者以養故曰天地生之聖人成之此之謂也古者有此語引以明之也今之世而不然厚刀布之斂以奪之財重田野之稅以奪之食苛關市之征以難其事苛暴也征亦稅也苛關市之征出入賣買皆有稅也使貨財不得通流故曰難其事不然而已矣不唯如此而已有掎挈伺詐權謀傾覆以相顛倒以靡敝之有讀爲又掎摭其事挈舉

其過伺候其罪詐僞其辭顛倒反覆也靡盡也敝敗也或曰靡讀爲糜糜散也敝盡也百姓曉然皆知其汙漫暴亂而將大危亡也汙漫皆穢行也漫莫半反是以臣或弑其君下或殺其上粥其城倍其節而不死其事者無它故焉人主自取之粥其城謂以城降人以爲已利節忠節也此皆由上無恩德故下亦傾覆之詩曰無言不讎無德不報此之謂也詩大雅抑之篇

兼足天下之道在明分掩地表畝掩地謂耕田使土相掩表明也謂明其經界使有畔也刺屮殖穀刺絕也屮古草字多糞肥田

是農夫衆庶之事也守時力民守時敬授人時力民使之疾力進事長功進其事業長其功利和齊百姓使人不偷是將率之事也將率猶主領也若今宰守高者不旱下者不水寒暑和節而五穀以時孰是天下之事也是天下豐穰之事非由人力也若夫兼而覆之兼而愛之兼而制之歲雖凶敗水旱使百姓無凍餒之患則是聖君賢相之事也

墨子之言昭昭然爲天下憂不足夫不足

非天下之公患也非公共之患也特墨子之私憂過計也今是土之生五穀也人善治之則畝數盆一歲而再獲之蓋當時以盆爲量考工記曰盆實二鬴墨子曰子墨子弟子仕於衛而反子曰何故反曰與我言而不當曰待汝以千盆授我五百盆故去之獲讀爲穫然後瓜桃棗李一本數以盆鼓一本一株也鼓量也禮記曰獻米者操量鼓數以盆鼓謂數度以盆量之也言然後者謂除五穀之外更有此果實然後葷菜百疏以澤量葷辛菜也疏與蔬同以澤量言滿澤也猶谷量牛馬然後義與上同然後六畜禽獸一而剸車剸與專同言一獸滿一車黿鼉魚鱉鰌鱣

以時別一而成羣別謂生育與毋分別也以時別謂不夭其生使得成遂也一而成羣言每一類皆得成羣然後飛鳥鳧鴈若煙海遠望如煙之覆海皆言多然後昆蟲萬物生其閒昆蟲蚳蠪蜩范之屬也除天物之外其閒又有昆蟲萬物鄭云昆明也得陽而出得陰而藏之蟲也可以相食養者不可勝數也夫天地之生萬物也固有餘足以食人矣麻葛繭絲鳥獸之羽毛齒革也固有餘足以衣人矣衣去聲夫有餘不足非天下之公患也特墨子之私憂過計也天下之公患亂

傷之也胡不嘗試相與求亂之者誰也我以墨子之非樂也則使天下亂墨子之節用也則使天下貧非將隨之也說不免焉非將墮毀墨子論說不免如此墨子大有天下小有一國天子諸侯將蹷然衣麤食惡憂戚而非樂墨子言樂無益於人故作非樂篇無樂則人情憂戚故曰憂戚而非樂也若是則瘠瘠瘠奉養薄也奉養既薄則則不足欲不足欲則賞不行不能足其欲欲既不足則賞何能行乎言皆由不顧賞也夫賞以富厚故人勸勉有功勞者而與之麤衣惡食

是賞道發也莊子說墨子曰其生也勤其死也薄其道也大觳郭云觳無潤也義與瘠同觳苦角反墨子大有天下小有一國將少人徒省官職省所景反上功勞苦與百姓均事業齊功勞謂君臣並耕而食饔飧而治也若是則不威不威則賞罰不行上下懸隔故得以法臨馭若君臣齊等則威不立矣賞不行則賢者不可得而進也罰不行則不肖者不可得而退也賞罰所以進賢而退不肖賢者不可得而進不肖不可得而退則能不能不可得而官也不可置於列位

而廢置也若是則萬物失宜事變失應上失天時下失地利中失人和賞罰不行賢愚一貫故有斯敝也天下敖然若燒若焦敖讀爲熬若燒若焦言萬物寡少如被焚燒然墨子雖爲之衣褐帶索嚽菽飲水惡能足之乎嚽與啜同惡音烏既以伐其本竭其原而焦天下矣故先王聖人爲之不然知夫爲人主上者不美不飾之不足以一民也不富不厚之不足以管下也管猶包也不威不強之不足以禁

暴勝悍也故必將撞大鐘擊鳴鼓吹竽笙彈琴瑟以塞其耳必將錭琢刻鏤黼黻文章以塞其目錭與雕同必將芻豢稻粱五味芬芳以塞其口塞猶充也然後衆人徒備官職漸慶賞漸進嚴刑罰以戒其心使天下生民之屬皆知己之所願欲之舉在于是也故其賞行舉皆也于是猶言是于言生民所願欲皆在是于也說苑亦作是于也皆知己之所畏恐之舉在于是也故其罰威其罰可畏賞行

罰威則賢者可得而進也不肖者可得而退也能不能可得而官也若是則萬物得其宜事變得其應上得天時下得地利中得人和財貨渾渾如泉源渾渾水流貌如泉源言不絕也渾戶本反汸汸如河海汸讀爲滂水多貌也暴暴如丘山暴暴卒起之貌言物多委積高大如丘山也不時焚燒無所臧之夫天下何患乎不足也故儒術誠行則天下大而富使而功大讀爲泰優泰也使謂爲上之使也可使則有功也撞鐘擊鼓

而和詩曰鐘鼓喤喤管磬瑲瑲降福穰穰降福簡簡威儀反反既醉既飽福祿來反此之謂也詩周頌執競之篇毛云喤喤瑲瑲皆聲和貌穰穰衆也簡簡大也鄭云反反順習之貌反復也故墨術誠行則天下尚儉而彌貧非鬬而日爭墨子有非政篇非政即非鬬也既上失天時下失地利則物出必寡雖尚儉而民彌貧物不能贍雖以鬬爲非而日日爭競也勞苦頓萃而愈無功愀然憂戚非樂而日不和說文云頓下首也萃與顇同上下不能相制雖勞苦頓顇猶將無益也鄭注禮記云愀然變動貌也詩曰天方薦瘥喪亂弘多民

言無嘉憯莫懲嗟此之謂也詩小雅節南山篇薦重也瘥病也憯曾也懲止也嗟柰何薦或爲存垂事養民垂下也以上所操持之事下就於民而養之謂施小惠也拊循之呴嘔之拊與撫同撫循慰恱之也呴嘔嬰兒語聲也呴於佳反嘔與謳同冬日則爲之饘粥夏日則與之爪麩麩煑麥飯也丘與反以偷取少頃之譽焉是偷道也可以少頃得姦民之譽然而非長久之道也事必不就功必不立是姦治者也姦人爲治偷取名譽僨然要時務民僨然盡人力貌說文云僨終也要時趨時也務勉強也謂以勞役強民也僨子

牢反要一饒反進事長功益上之功利也輕非譽而恬失民恬安也言不顧下之毀譽而安然忘於失民也事進矣而百姓疾之事雖長進而百姓怨是又不可偷偏者也言亦不可苟且偏爲此勞民之事也徒壞墮落必反無功雖苟求功利旋即毀壞墮落必反無成功也故垂事養譽不可以遂功而忘民亦不可皆姦道也以用故古之人爲之不然使民夏不宛暍使民謂役使民也宛讀爲蘊暑氣也詩曰蘊隆蟲蟲暍傷暑也或曰宛當爲奥篆文宛字與奥字略相似遂誤耳奥於六反熱也冬不凍寒急不傷力緩不後時

皆謂量民之力不使有所傷害事成功立上下俱富而百姓皆愛其上人歸之如流氷親之歡如父母爲之出死斷亡而愉者無它故焉忠信調和均辨之至也均平均辨明察也故君國長民者欲趨時遂功則和調累解速乎急疾忠信均辨說乎賞慶矣必先脩正其在我者然後徐責其在人者威乎刑罰自故君國長人已下其義未詳亦恐脫誤或曰累解嬰累解釋也言君長人欲趨時遂功者若和調而使嬰累解釋則民速乎急疾言效上之急不後時也若

忠信均辨則民悅乎慶賞若先責已而後責人則民畏乎刑罰累音類解佳買反說讀爲悅三德者誠乎上則下應之如影響三德謂調和累解忠信均辨正已而後責人也誠乎上謂上誠意行之也嚮讀爲響或曰三德即忠信調和均辨也雖欲無明達得乎哉書曰乃大明服維民其力懋和而有疾此之謂也書康誥懋勉也言君大明以服下則民勉力爲和調而疾速以明效上之急也故不教而誅則刑繁而邪不勝教而不誅則姦民不懲誅而不賞則勤屬之民不勸屬也者謂箸於事業也屬之欲反屬或爲厲誅賞而不類則下疑俗

儉而百姓不一不類不以其類謂賞不當功罰不當罪儉當爲險險謂徼幸免罪苟且求賞也故先王明禮義以壹之致忠信以愛之尚賢使能以次之爵服慶賞以申重之申亦重也再令曰申時其事輕其任以調齊之時其事、謂使人趨時不奪之也輕其任謂量力而使也潢然兼覆之養長之如保赤子潢與滉同潢然水大至之貌也若是故姦邪不作盜賊不起而化善者勸勉矣化善化而爲善者也是何邪則其道易平易可行其塞固其政令一其所充塞民心者固其防表明隄防標表明白易識故曰上一則下一矣上二則下二矣辟之若屮木枝葉必類本此之謂也辟讀爲譬屮古草字不利而利之不如利而後利之之利也不愛而用之不如愛而後用之之功也利而後利之不如利而不利者之利也愛而後用之不如愛而不用者之功也利而不利也愛而不用也者取天下矣利而後利之愛而後用之者保社稷矣不利而利之不

愛而用之者危國家也

觀國之治亂藏否至於疆易而端已見矣易與場同端首也見賢遍反其候徼支繚候斥候徼巡也支繚支分繚繞言委曲巡警也其竟關之政盡察竟與境同盡察極察言無不察也是亂國已亂國多盜賊姦人故用苛察之政也入其境其田疇穢都邑露是貪主已露謂無城郭墻垣主貪財民貧力不足故露也觀其朝廷則其貴者不賢觀其官職則其治者不能觀其便嬖則其信者不慤是闇王已便嬖左右小臣寵幸者也

信者不慤所親信者不愿慤也主闇故姦人多容也凡主相臣下百吏之俗其於貨財取與計數也須孰盡察俗謂風俗取謂賦斂與謂賜與計數計筭也須待也孰精孰也盡察極察也其於計數貨財必待精孰極察然後行言不簡易急於貪利者也其禮義節奏也芒軔僈楛是辱國已禮義節奏謂行禮義之節文芒昧也或讀爲荒言不習孰也軔柔也亦怠惰之義僈與慢同楛不堅固也辱國言必見陵辱也其耕者樂田其戰士安難其百吏好法其朝廷隆禮其卿相調議是治國已安難不逃難也觀其朝廷則其貴者賢觀其

官職則其治者能觀其便變則其信者愨是明主已凡主相臣下百吏之屬其於貨財取與計數也寬饒簡易 不汲汲於貨財也 其於禮義節奏也陵謹盡察是榮國已 陵侵陵言深於禮義也謹嚴也言不敢慢易也 賢齊則其親者先貴能齊則其故者先官 雖舉在至公而必先親故所謂故舊不遺則民不偷 其臣下百吏汙者皆化而脩悍者皆化而愿躁者皆化而愨是明主之功已 躁暴急之人也 觀國之強弱貧

富有徵（徵驗言其驗先見也）上不隆禮則兵弱，上不愛民則兵弱，已諾不信則兵弱，慶賞不漸則兵弱（漸進），將率不能則兵弱（率與帥同）。上好攻取功則國貧（民不得安業也），上好利則國貧（賦斂重也），士大夫衆則國貧（所謂三百赤芾），工商衆則國貧（農桑者少），無制數度量則國貧（不爲限量則物耗費）。下貧則上貧，下富則上富（百姓與足君孰不足）。故田野縣鄙者，財之本也；垣窌倉廩者，財之末也（垣築墻四周以藏穀也窌窖也掘地藏穀也穀藏曰倉米藏曰廩窌匹敎反百姓時和事業得叙者貨之源也等賦府庫者貨之流也時和得天之和氣謂歲豐也事業得叙耕稼得其次序上不奪農時也等賦以差等制賦貨財皆錢穀通名別而言之則粟米布帛曰財錢布龜貝曰貨也故明主必謹養其和節其流開其源而時斟酌焉節謂薄斂開謂勸課時斟酌謂賦斂賑卹豐荒有制也潢然使天下必有餘而上不憂不足如是則上下俱富交無所藏之是知國計之極也交無所藏言上下不相隱故禹十年水湯七年旱而天下無菜色者十年之

後年穀復孰而陳積有餘無食菜之色也是無它故焉知本末源流之謂也故田野荒而倉廩實百姓虛而府庫滿夫是之謂國蹷蹷傾倒也伐其本竭其源而幷之其末然而主相不知惡也則其傾覆滅亡則可立而待也以國持之而不足以容其身夫是之謂至貪是愚王之極也以一國扶持之至堅固也而無所容其身者貪也將以求富而喪其國將以求利而危其身古有萬

國今有十數焉是無它故焉其所以夫之一也皆以貪失之矣君人者亦可以覺矣以此自覺悟也百里之國足以獨立矣此言無道則雖大必至滅亡有道則雖小足以獨立凡攻人者非以爲名則案以爲利也不然則忿之也凡攻伐者不求討亂征暴之名則求貨財土地之利不然則以忿怒不出此三事也爲干僞反仁人之用國將脩志意正身行用爲也行下孟反伉隆高伉舉也舉崇高遠大之事致忠信期文理期當爲綦綦極文理謂其有條貫也布衣紃屨之士誠是則雖在窮閻漏屋

而王公不能與之爭名紃條也謂編麻爲之麤繩之屨也或讀爲穿王公不能與之爭名言名過王公也以國載之則天下莫之能隱匿也載猶任也以國委任賢士則天下莫能隱匿言其國聲光大也若是則爲名者不攻也伐有道祇成惡名故不攻將辟田野實倉廩便備用上下一心三軍同力與之遠舉極戰則不可遠舉縣軍於遠也極戰苦戰也彼暴國欲與我如此則不可也境內之聚也保固視可其境內屯聚則保其險固視其可進謂觀釁而動也午其軍取其將若撥麷午讀曰迕遇也周禮籩人職云朝事之籩其實麷蕡鄭云麷熬麥今

河間已北煑種麥賣之名曰䴸據鄭之說䴸麥之牙糵也至脆弱故以喻之若撥䴸如以手撥䴸也音豊同彼得之不足以藥傷補敗藥猶醫也彼縱有所得不足以藥其所傷補其所敗言所獲不如所亡也彼愛其爪牙畏其仇敵若是則爲利者不攻也愛己之爪牙畏與我爲仇敵爲于僞反將脩小大強弱之義以持愼之愼讀曰順脩小事大弱事強之義守持此道以順大國也禮節將甚文珪璧將甚碩貨賂將甚厚文謂敬事之威儀也珪璧所用聘好之物碩大也所以說之者必將雅文辨慧之君子也所使行人往說之者則用文雅禮讓之士說音稅彼苟有人意

焉夫誰能忿之若是則忿之者不攻也爲名者否爲利者否爲忿者否否不攻也爲于僞反則國安于盤石壽於旗翼盤石盤薄大石也旗讀爲箕箕翼二十八宿名言壽比於星也莊子曰傳說得之乘東維騎箕尾而比於列宿亦其類也或曰禮記百年曰期頤鄭云期要也頤養也人皆亂我獨治人皆危我獨安人皆失喪之我按起而制之或曰按然後也故仁人之用國非特將持其有而已矣又將兼人不唯持其所有而已詩曰淑人君子其儀不忒其儀不忒正是四

國此之謂也曹風尸鳩之篇持國之難易論守國難易之法也事強暴之國難使強暴之國事我易事之以貨寶則貨寶單而交不結約信盟誓則約定而畔無日約巳定隨即畔之無日言不過一日文子作約定而反無日也割國之錙銖以賂之則割定而欲無猒十黍之重爲銖八兩爲錙此謂以地賂強國割地必不多與故以錙銖言之猒一占反韓詩外傳作割國之疆垂以賂之也事之彌煩其侵人愈甚必至於資單國舉然後已單盡也國舉謂盡舉其國與人

也雖左堯而右舜未有能以此道得免焉者也辟之是猶使處女嬰寶珠佩寶玉嬰繫於頸也寶謂珠玉中可寶者負戴黃金而遇中山之盜也雖爲之逢蒙視詘要橈膕君盧屋妾由將不足以免也逢蒙古之善射者詘與屈同要讀爲䙅橈曲也膕曲脚中古獲反盧當爲廬由與猶同言處女如善射者之視物謂微眇不敢正視也既微視又屈䙅橈膕言俯伏畏懼之甚也君盧屋妾謂處女自稱是君盧屋之妾猶言箕箒妾卑下之辭也雖畏懼卑辭如此猶不免劫奪之也故非有一人之道也謂不能齊一其人同力以拒大國也直將巧繁拜請

而畏事之巧爲繁多拜請以畏事之也則不足以爲持國安身故明君不道也恥辱如此雖得免禍亦不足以爲持國安身之術故明君不言也必將脩禮以齊朝正法以齊官平政以齊民然後節奏齊於朝齊整也節奏禮之節文也謂上下皆有禮也百事齊於官百事皆有法度衆庶齊於下上政平均故民齊一如是則近者競親遠方致願致極也極願來附也上下一心三軍同力名聲足以暴炙之名聲如日暴火炙炎赫也威強足以捶笞之拱揖指麾而強

暴之國莫不趨使譬之是猶烏獲與焦僥搏也烏獲秦之力人舉千鈞者焦僥短人長三尺者搏鬬也故曰事強暴之國難使強暴之國事我易此之謂也

荀子卷第六

荀子卷第七

登仕郎守大理評事楊　倞　注

王霸篇第十一

國者天下之制利用也（天下用之利者無過於國制衍字耳）人主者天下之利勢也（勢之最利者也）得道以持之則大安也大榮也積美之原也不得道以持之則大危也大累也有之不如無之（有國不如無國）及其綦也索爲匹夫不可得也（綦謂窮極之時）齊湣

宋獻是也湣與閔同齊閔王爲淖齒所殺宋獻宋君偃也爲齊閔王所滅呂氏春秋云宋康王此云獻國滅之後其臣子各私爲謚故與此不同故人主天下之利勢也然而不能自安也安之者必將道也必將以道守之故用國者義立而王信立而霸權謀立而亡三者明主之所謹擇也所宜謹慎擇之仁人之所務白也白明白也挈國以呼禮義而無以害之挈提舉也言提挈一國之人皆使呼召禮義言所務皆禮義也無以害之謂不以他事害禮義也行一不義殺一無罪而得天下仁者不爲也擽

然扶持心國且若是其固也擽讀爲落石貌也其所持心持國不行不義不殺無罪落然如石之固也所與爲之者之人則舉義士也舉皆也所與爲政之人則皆用義士謂若伊呂之比者所以爲布陳於國家刑法者則舉義法也謂若周穆王訓夏贖刑之類也主之所極然帥羣臣而首鄉之者則舉義志也志意也主所極信率羣臣歸向之者則皆義之志謂不懷不義之意也一曰志記也舊典之有義者謂若六經也如是則下仰上以義矣是綦定也綦當爲基基本也言以義爲本仰魚亮反綦定而國定國定而天下定仲尼無置錐之

地誠義乎志意加義乎身行仲尼誠能義乎志意又加之以義乎身行言志意及立身立行皆以義行下孟反著之言語以義著於言語謂所論說皆明義也濟之日不隱乎天下名垂乎後世以義得濟之日成功之後也言仲尼行義既成之後不隱乎天下謂極昭明天下莫能隱匿之今亦以天下之顯諸侯誠義乎志意加義乎法則度量著之以政事案申重之以貴賤殺生使襲然終始猶一也申亦重也既爲政皆以義又申重以賞罰使相掩襲無閒隙終始如一也如是則夫名聲之部發於天地之閒也豈不如日

月雷霆然矣哉部當爲剖謂開發也仲尼匹夫但箸空言猶得不隱乎天下今若以顯諸侯行義必如日月雷霆也故曰以國齊義一日而白湯武是也齊當爲濟以一國皆取濟於義一朝而名聲明白湯武是也湯以亳武王以鄗皆百里之地也亳湯國都鄗與鎬同武王所都京也詩曰考卜維王宅是鎬京維龜正之武王成之天下爲一諸侯爲臣通達之屬莫不從服無它故焉以濟義矣是所謂義立而王也非有它故但取濟於義也德雖未至也義雖未濟也霸者亦有德義但未能至極盡濟也然而天下之理略奏矣天下之謂條理者略有節奏也刑

賞已諾信乎天下矣〔諾許也已不許也禮記曰與其有諾責寧有已怨信乎天下謂若齊桓不背柯盟之比也〕臣下曉然皆知其可要也〔要約也皆知其可與要約不欺也要一堯反〕政令已陳雖覩利敗不欺其民〔謂若伐原命三日之糧不降而退之比也〕約結已定雖覩利敗不欺其與〔與相親與之國謂若齊桓許赦魯衞不遂滅之爲己利之比也〕如是則兵勁城固敵國畏之國一綦明與國信之〔綦亦當爲基也〕雖未在僻陋之國威動天下五伯是也〔伯讀曰霸又如字爲諸侯之長曰伯春秋左氏傳曰策命晉侯爲伯也〕非本政教也〔雖有政教未盡脩其本也〕非

致隆高也（致極也不如堯舜禹湯之極崇高也）非綦文理也（言其駮雜未極條貫）非服人之心也（未得天下歸心如文王此皆言雖未能備行王道以略信之故猶能致霸也）鄉方略（所向唯在方略不在用仁義也）審勞佚（審以佚待勞之術也）謹畜積（謹嚴畜積不妄耗費）脩戰備齺然上下相信而天下莫之敢當也（齺齒相迎也齺然上下相向之貌齺士角反）故齊桓晉文楚莊吳闔閭越句踐是皆僻陋之國也威動天下彊殆中國（其彊能危中國）無它故焉略信也是所謂信立而霸也（雖未能濟義略取信而行）

之故能致霸也挈國以呼功利此論權謀者也提挈一國之人以呼召功利言所務唯功利也功役使利貪求之也不務張其義齊其信唯利之求張開內則不憚詐其民而求小利焉謂若梁伯好土功詐其民曰寇將至之比外則不憚詐其與而求大利焉謂若楚靈王以義討陳蔡因遂滅之之比也內不脩正其所以有然常欲人之有有土地貨財也如是則臣下百姓莫不以詐心待其上矣上詐其下下詐其上則是上下析也離析如是則敵國輕之不得人心故輕之也與國

疑之權謀日行而國不免危削綦之而亡其極者則滅亡齊閔薛公是也薛公孟嘗君田文齊閔王之相也齊閔王爲五國所伐皆薛公使然故同言之也故用彊齊非以脩禮義也非以本政教也非以一天下也緜緜常以結引馳外爲務緜緜不絕貌引讀爲靷靷引軸之物結引謂繫於軸所以引車也齊閔薛公不脩德政但使說客引軸馳騖於他國以權詐爲務也故彊南足以破楚史記齊閔王二十三年與秦敗楚於重丘南割楚之淮北也西足以詘秦北足以敗燕史記閔王三十六年與韓魏共攻秦至函谷軍焉中足以舉宋閔王三十八年伐宋宋王死於溫舉謂舉其國而滅之也

及以燕趙起而攻之若振槁然閔王四十年燕秦楚三晉敗我於濟西振擊也槁枯葉也言當權謀彊盛之時雖破敵滅國及樂毅以諸國攻之若擊枯葉之易也而身死國亡爲天下大戮爲天下大戮辱也春秋傳曰古者明王伐不敬取其鯨鯢而封之以爲大戮也後世言惡則必稽焉後世稽考閔王爲龜鏡也是無它故焉唯其不由禮義而由權謀也三者明主之所以謹擇也而仁人之所以務白也善擇者制人不善擇者人制之善擇者用霸王不善擇者用權謀也國者天下之大器也重任也不可不善爲

擇所而後錯之錯之險則危所處也錯讀爲措不可不善爲擇道然後道之涂薉則塞不可不善爲擇道路而導達之薉與穢同塞謂行不通也危塞則亡所以爲之善擇彼國錯者非封焉之謂也非受之茅土然後爲安一曰脩封疆立城郭之謂也何法之道誰子之與也設問之辭既非封焉之謂問以何法導達之求誰人付與之誰子猶誰人也愼子曰弃道術舍度量以求一人之識識天下誰子之識能足焉也故道王者之法與王者之人爲之則亦王道霸者之法與霸者之人爲之則亦霸道亡國之法與亡國之人

爲之則亦亡荅辭也道皆與導同三者明主之所以謹擇也而仁人之所以務白也荀子多重敘前語者丁寧之也故國者重任也不以積持之則不立不以積久之法持之則傾覆也故國者世所以新者也是惲惲非變也惲與坦同言國者但繼世之主自新耳此積久之法坦坦然無變也隨巢子曰有陰而遠者有坦明而功者杜伯射宣王於畝田是坦明而功者據古惲與坦通改王改行也自是改一王則改其所行之事非法變也或曰國語襄王謂晉文公曰先民有言曰改玉改行玉佩玉行步也故一朝之日也一日之人也然而厭焉有千歲之固何也設問之辭一朝之日謂

今日之事明朝不同言易變也一日之人謂今日之生未保明日言壽促也厭讀爲黶禮記曰見君子而後厭然揜其不善鄭注云閉藏貌言事之易變人之壽促如此何故有黶然深藏千歲不變改之法乎曰援夫千歲之信法以持之也安與夫千歲之信士爲之也謂使百世不易可信之士爲政人無百歲之壽而有千歲之信士何也又問之曰以夫千歲之法自持者是乃千歲之信士矣以禮義自持者則是千歲之士不必壽千歲也能自持則能持固也故與積禮義之君子爲之則王與端誠信全之士爲之則霸與權謀傾覆之人爲之

則亡三者明主之所以謹擇也而仁人之所以務白也善擇之者制人不善擇之者人制之彼持國者必不可以獨也君不可獨治也然則彊固榮辱在於取相矣身能相能如是者王謂若湯伊尹文王太公也身不能知恐懼而求能者如是者彊若燕昭樂毅也身不能不知恐懼而求能者安唯便僻左右親比己者之用如是者危削謂若楚襄王左州侯右夏侯之比也綦之而亡宋獻之比國

者巨用之則大，小用之則小（巨者大之極也），綦大而王，綦小而亡，小巨分流者存（小巨各半，如水之分流也）。巨用之者，先義而後利，安不卹親疏，不卹貴賤，唯誠能之求，夫是之謂巨用之。小用之者，先利而後義，安不卹是非，不治曲直，唯便辟親比已者之用，夫是之謂小用之。巨用之者若彼，小用之者若此，小巨分流者亦一若彼，一若此也（或誠能之求，或親比已者之用）。故曰：粹而王駮而霸無一焉而亡此之謂也粹全也若舜舉皐陶不仁者遠即巨用之綦大而王者也駮雜也若齊桓外任管仲内任豎貂即小巨分流者無一焉而亡無一賢人若厲王專任皇甫尹氏即綦小而亡者也國無禮則不正禮之所以正國也譬之猶衡之於輕重也猶繩墨之於曲直也猶規矩之於方圓也禮能正國譬衡所以辨輕重繩墨所以辨曲直規矩所以定方圓也既錯之而人莫之能誣也錯置也禮記曰衡誠懸不可欺以輕重繩墨誠陳不可欺以曲直規矩誠設不可欺以方圓也詩曰如霜雪之將將如

日月之光明（逸詩）爲之則存不爲則亡此之謂也（爲爲禮也）國危則無樂君國安則無憂民亂則國危治則國安今君人者急逐樂而緩治國豈不過甚矣哉譬之是由好聲色而恬無耳目也豈不哀哉（恬安也安然無耳目雖好聲色將何用哉）夫人之情目欲綦色耳欲綦聲口欲綦味鼻欲綦臭心欲綦佚（臭氣也凡氣香亦謂之臭禮記曰佩容臭綦極也綦或爲甚傳寫誤耳佚安樂也）

此五綦者人情之所必不免也養五綦者有具（具謂廣大富厚治辨彊固之道也）無其具則五綦者不可得而致也萬乘之國可謂廣大富厚矣加有治辨彊固之道焉（有讀爲又辨分別事）若是則怡愉無患難矣然後養五綦之具具也故百樂者生於治國者也憂患者生於亂國者也急逐樂而緩治國者非知樂者也故明君者必將先治其國然後百樂得其中（得於治國）

（之中。樂並音落。）闇君者必將急逐樂而緩治國，故憂患不可勝校也，（計校。）必至於身死國亡然後止也，豈不哀哉！將以爲樂，乃得憂焉；將以爲安，乃得危焉；將以爲福，乃得死亡焉，豈不哀哉！於乎！君人者亦可以察若言矣。（於乎讀爲嗚呼。若言，如此之言，謂以上之說。）故治國有道，人主有職。（在知其道，守其職也。）若夫貫日而治詳，一日而曲列之，（貫日，積日也。積日而使條理詳備，一日而委曲列之，無差錯也。）是所使夫百吏官人爲也不足以是傷游玩安燕之樂煩碎之事既使百吏官人爲之則不足以此害人君游燕之樂也若夫論一相以兼率之使臣下百吏莫不宿道鄉方而務論謂討論選擇之也率領也宿道止於道也向方不迷亂也臣下皆以宿道向方爲務不敢姦詐也是夫人主之職也論相乃是人主之職不在躬親小事也若是則一天下名配堯禹人主者守至約而詳事至佚而功事任垂衣裳不下簟席之上而海内之人莫不願得以爲帝王夫是之謂至約樂莫大焉人

主者以官人爲能者也匹夫者以自能爲能者也人主得使人爲之匹夫則無所移之百畝一守事業窮無所移之也百畝一夫之守事業耕稼也耕稼窮於此無所移於人若人主必躬治小事則與匹夫何異也今以一人兼聽天下日有餘而治不足者使人爲之也今以一人兼聽天下之大自稱日有餘言兼聽之日有餘也而治不足謂所治之事少而不足言不足治也使人爲之故得如此尸子曰堯南撫交阯北懷幽都東西至日之所出入有餘日而不足於治者恕也韓子曰夫爲人主而身察百官則日不足力不給也故先王舍己能而因法數審賞罰故治不足而日有餘上之任勢使然也日而實反大有天下小

有一國天子諸侯必自爲之然後可則勞苦秏顇莫甚焉秏謂精神竭悴顦顇也如是則雖臧獲不肯與天子易埶業臧獲奴婢也方言云荆淮海岱之閒罵奴曰臧罵婢曰獲燕齊亡奴謂之臧亡婢謂之獲或曰取貨謂之臧擒得謂之獲皆謂有罪爲奴婢者故周禮其奴婢男子入于罪隸女子入于舂藁埶業權埶事業也以是縣天下一四海何故必自爲之以是一人之寡懸天下之重一四海之大何故必自爲之言力不任之也爲之者役夫之道也墨子之說也墨子之說必自勞苦矣論德使能而官施之者聖王之道也儒之所謹守也官施謂建百官施布職事傳

曰農分田而耕，賈分貨而販，百工分事而勸，士大夫分職而聽，聽其政治。建國諸侯之君分土而守，三公總方而議，總領也。議其所統之政，自陝以東周公主之，自陝以西邵公主之，一相處於內，是總方而議之也。則天子共己而矣。共讀爲恭，或讀爲拱，垂拱而已也。出若入若，天下莫不平均，莫不治辨，若，如此也。出若入若，謂內外皆如此也。謂如論德使能官施之事。或曰：若，順也。是百王之所同也，而禮法之大分也。禮法大分在任人，各使當其職分也。百里之地可以取天下，是不虛，其難者在於人主之知之也所患人主不知小國可以取天下之道也取天下者非負其土地而從之之謂也非謂他國負荷其土地來而從我之謂也道足以壹人而已矣其道足以齊壹人故天下歸之也彼其人苟壹則其土地且奚去我而適它彼國之人苟一於我則其土地奚往哉故百里之地其等位爵服足以容天下之賢士矣此論百里國取天下之道賢士有道德者也其官職事業足以容天下之能士矣能士者才藝也循其舊法擇其善者而明用之足以順服好利之

人矣擇舊法之善者而明用之謂擇務本厚生之法而用之則民衣食足而好利之人順服也賢士一焉能士官焉好利之人服焉三者具而天下盡無有是其外矣具謂俱爲用也故百里之地足以竭埶矣竭盡也有等位爵服官職事業是天下之人埶盡於此矣致忠信箸仁義足以竭人矣致極也箸明也言極忠信明仁義足以盡天下之人謂皆來歸也兩者合而天下取諸侯後同者先危兩者合謂能盡埶盡人也詩曰自西自東自南自北無思不服一人之謂也其道足以齊一人故四方皆歸之

羿蠭門者善服射者也（蠭門即蠭蒙學射於羿羿蠭蒙善射故射者服之蠭音逢）王良造父者善服馭者也（王良趙簡子之御韓子曰字伯樂造父周穆王之御皆善御者馭與御同也）聰明君子者善服人者也人服而勢從之人不服而勢去之故王者已於服人矣（王者之功盡此也）故人主欲得善射射遠中微則莫若羿蠭門矣（射及遠中細微之物）欲得善馭及速致遠則莫若使王良造父矣欲得調壹天下制秦楚則莫若聰明君子矣

荀卿在齊楚秦天下彊國故制之者也

其用知甚簡用智慮至少也其爲事不勞而功名致大甚易處而綦可樂也故明君以爲寶而愚者以爲難明君以任賢爲寶愚者以任賢爲難也

夫貴爲天子富有天下名爲聖王兼制人人莫得而制也是人情之所同欲也而王者兼而有是者也重色而衣之重味而食之重財物而制之重多也直用反合天下而君之飲食甚厚聲樂甚大臺謝甚高謝與榭同園

囿甚廣臣使諸侯一天下是又人情之所同欲也而天子之禮制如是者也 禮之所與制如此其盛言盡人情之所欲也 制度以陳政令以挾 挾讀爲浹洽也 官人失要則死公侯失禮則幽 要政令之要約也禮記曰各揚其職百官廢職服大刑幽四也春秋傳曰晉侯執衞侯歸之于京師寘諸深室也 四方之國有侈離之德則必滅 侈奢侈離乖離皆謂不遵法度 名聲若日月功績如天地天下之人應之如影響是又人情之所同欲也而王者兼而有是者也故

人之情，口好味而臭味莫美焉，耳好聲而聲樂莫大焉，目好色而文章致繁婦女莫衆焉，形體好佚而安重閒靜莫愉焉，閒，隙也。或讀爲閑。愉，樂也。心好利而穀祿莫厚焉。合天下之所同願兼而有之，睪牢天下而制之若制子孫，睪牢未詳。睪或作皐，言盡牢籠天下也。新序作宰牢。戰國策燕太子丹謂荆軻曰：秦有貪功之心，非盡天下之地，牢海内之王，其意不厭。或曰：睪讀如以薅荼蓼之薅，牢與漢書丘嫂轑釜之轑義同，皆脩理斡運之意也。人苟不狂惑戇陋者，其誰能睹是而不樂也哉！欲是之主並肩而存能建是之士不世絶千歲而不合何也曰人主不公人臣不忠也人主則外賢而偏舉人臣則爭職而妒賢是其所以不合之故也外賢疏賢也偏舉偏黨而舉所愛也人主胡不廣焉無邮親疏無偏貴賤唯誠能之求廣焉開泰貌或曰讀爲曠誠能實能也若是則人臣輕職業讓賢而安隨其後如是則禹舜還至王業還起還復功壹天下名配舜禹物由有可樂如

是其美焉者乎嗚呼君人者亦可以察若言矣可以察如此之言也揚朱哭衢涂曰此夫過舉蹞步而覺跌千里者夫哀哭之揚朱戰國時人後於墨子與墨子弟子禽滑釐辨論其說在愛已不拔一毛以利天下與墨子相反衢涂歧路也秦俗以兩爲衢或曰四達謂之衢覺知也半步曰蹞跌差也言此歧路第過舉半步則知差而哭況跌千里者乎故甚哀而哭之易曰差以毫釐謬以千里也此亦榮辱安危存亡之衢已此其爲可哀甚於衢涂此謂求誠能之士也不求則滅亡故可哀甚於衢涂也嗚呼哀哉君人者千歲而不覺也嘆君人者千歲而不知求誠能之士無國而不

有治法無國而不有亂法無國而不有賢士無國而不有罷士（國語曰罷士無伍罷女無家韋昭曰病也無行而罷周禮以嘉石平罷民謂平之使善者也）無國而不有愿民無國而不有悍民無國而不有美俗無國而不有惡俗兩者並行而國在上偏而國安在下偏而國危（上偏偏行上事也謂治法多亂法少賢士多罷士少愿民多悍民少之類下偏反是）上一而王下一而亡（一謂令行也）故其法治其佐賢其民愿其俗美而四者齊夫是之謂上一如是

則不戰而勝，不攻而得，甲兵不勞而天下服。故湯以亳，武王以鄗（鄗與鎬同），皆百里之地也，天下爲一，諸侯爲臣，通達之屬莫不從服，無它故焉，四者齊也（齊謂無所闕也）。桀紂即序於有天下之勢，索爲匹夫而不可得也（即序於有天下之埶，謂就王者之次序爲天子也），是無它故焉，四者並亡也。故百王之法不同若是，所歸者一也。上莫不致愛其下而制之以禮，上之於下如保赤子政令制度所以接下之人百姓有不理者如豪末則雖孤獨鰥寡必不加焉不以豪末不理加於孤獨鰥寡也四者人所輕賤故聖王尤愛之孝經曰不敢侮於鰥寡而況於士民乎故下之親上歡如父母可殺而不可使不順君臣上下貴賤長幼至于庶人莫不以是爲隆正是謂親上也皆以親上爲隆正也然後皆內自省以謹於分愛敬其上故不敢踰越也是百王之所以同也而禮法之樞要也是百王之同用愛民之道而得民也然後農分田而耕賈分貨

而販，百工分事而勸，士大夫分職而聽，建國諸侯之君分土而守，三公總方而議，則天子共已而止矣。出若入若，天下莫不平均，莫不治辨，是百王之所同，而禮法之大分也。（亦謂致愛其下，故皆勸勉。餘並已解上也。）若夫貫日而治平，權物而稱用，（貫日，積日也。使條理平正，權制物使稱於用。稱，尺證反。）使衣服有制，宮室有度，人徒有數，喪祭械用皆有等宜，以是用挾於萬物，（人徒，謂胥徒給徭役者也。械用，器用也。皆有等宜，言等差皆得其宜也。挾讀爲浹尺寸尋丈莫得不循乎制度數量然後行則是官人使吏之事也不足數於大君子之前（官人列官之人使吏所使役之吏數閱數也大君子謂人君也）故君人者立隆政本朝而當（隆政所隆之政也當丁浪反）所使要百事者誠仁人也（主百事之要約綱紀者謂相也）則身佚而國治功大而名美上可以王下可以霸立隆政本朝而不當所使要百事者非仁人也則身勞而國亂功廢而名辱社稷必危是人

君者之樞機也樞機在得賢相人君當爲君人也故能當一人而天下取失當一人而社稷危不能當一人而能當千人百人者說無之有也說論之中既能當一人則身有何無此事能當謂能用人之當也當皆丁浪反勞而爲而爲皆語助也垂衣裳而天下定故湯用伊尹文王用呂尚武王用召公成王用周公且卑者五伯卑言功業卑於王者伯讀爲霸齊桓公閨門之内懸樂奢泰游抏之脩懸㔶簴也泰與汰同抏與玩同言齊桓唯

此是脩也於天下不見謂脩天下不謂之脩飾也然九合諸侯一匡天下爲五伯長是亦無它故焉知一政於管仲也是君人者之要守也要守在任賢也知者易爲之興力而功名綦大智者知任賢之君也舍是而孰足爲也舍是任賢之事何足爲之言其餘皆不足爲也故古之人有大功名者必道是者也道行也必行此任賢之事喪其國危其身者必反是者也故孔子曰知者之知固以多矣有以守少能無察乎上知音智

下如字有讀爲又下同守少謂任賢恭已而已也愚者之知固以少矣有以守多能無狂乎此之謂也守多謂自任主百事者也事煩則狂亂也治國者分已定則主相臣下百吏各謹其所聞不務聽其所不聞謹謂守行無越思各謹其所見不務視其所不見所聞所見誠以齊矣齊謂各當其事不侵越也則雖幽閒隱辟百姓莫敢不敬分安制以禮化其上是治國之徵也閒讀爲閑辟讀爲僻安制謂安於國之制度不敢踰分徵驗也治國之徵驗在分定主道治近

不治遠（人主之道如此）治明不治幽治一不治二主能治近則遠者理主能治明則幽者化主能當一則百事正夫兼聽天下日有餘而治不足者如此也是治之極也既能治近又務治遠既能治明又務見幽既能當一又務正百（當丁浪反）是過者也猶不及也辟之是猶立直木而求其影之枉也不能治近又務治遠不能察明又務見幽不能當一

又務正百是悖者也【悖惑】辟之是猶立枉木而求其影之直也故明主好要而闇主好詳【任一相而委之是好要不委人而自治百事是好詳也】主好要則百事詳主好詳則百事荒【力不及故荒也】君者論一相陳一法明一指以兼覆之兼炤之以觀其盛者也【論選擇也指指歸也一法一指皆謂紀綱也盛讀爲成觀其成功也】相者論列百官之長要百事之聽【列置於列位也聽治也要取百事之治考其得失也要一堯反】以飾朝廷臣下百吏之分【脩飾使各當分】度

其功勞論其慶賞歲終奉其成功以效於君當則可不當則廢效致也周禮大宰歲終則令百官府各正其治受其會聽其政事而詔王廢置也故君人勞於索之而休於使之索求也休息也用國者得百姓之力者富得百姓之死者彊得百姓之譽者榮三德者具而天下歸之三德者亡而天下去之天下歸之之謂王天下去之之謂亡湯武者循其道行其

義興天下同利除天下同害天下歸之故厚德音以先之明禮義以道之致忠信以愛之賞賢使能以次之賞讀爲尚爵服賞慶以申重之時其事經其任以調齊之潢然兼覆之養長之如保赤子潢與滉同大水貌也生民則致寬生民生活民謂衣食也使民則綦理辨政令制度所以接天下之人百姓有非理者如豪末則雖孤獨鰥寡必不加焉是故百姓貴之如

帝親之如父母爲之出死斷亡而不愉者無它故焉（不愉不字剩耳）道德誠明利澤誠厚也亂世不然汙漫突盜以先之（突陵突觸盜竊也）權謀傾覆以示之俳優侏儒婦女之請謁以悖之（俳優倡優侏儒短人可戲弄者悖亂也）使愚詔知使不肖臨賢生民則致貧隘使民則綦勞苦是故百姓賤之如佢惡之如鬼（字書無佢字蓋當爲尫病人也禮記曰吾欲暴尫而奚若新序作賤之如尫豕）日欲司閒而相與投藉之去逐

之司閒伺其閒隙投擿也藉踐也一作投錯之卒有寇難之事又望百姓之爲已死不可得也說無以取之焉論說之中無以此事爲得也卒千忽反孔子曰審吾所以適人適人之所以來我也此之謂也適人往與人也審慎其與人之道爲其復來報我也

傷國者何也曰以小人尚民而威尚上也使小人在上位而作威也以非所取於民而巧若兵甲田賦之類也是傷國之大災也大國之主也而好見小利是傷

國其於聲色臺榭園囿也愈厭而好新是傷國（厭足也一占反）不好循正其所以有啖啖常欲人之有是傷國（啖啖幷吞之貌）三邪者在匈中而又好以權謀傾覆之人斷事其外（事任也謂斷決任事於外也）若是則權輕名辱社稷必危是傷國者也大國之主也不隆本行不敬舊法而好詐故（故事變也）若是則夫朝廷羣臣亦從而成俗於不隆禮義而好傾覆也（以不隆禮義爲成俗）朝廷

羣臣之俗若是則夫衆庶百姓亦從而成俗於不隆禮義而好貪利矣君臣上下之俗莫不若是則地雖廣權必輕人雖衆兵必弱刑罰雖繁令不下通夫是之謂危國是傷國者也儒者爲之不然必將曲辨辨理也委曲使歸於理也朝廷必將隆禮義而審貴賤若是則士大夫莫不敬節死制者矣節忠義制職分百官則將齊其制度重其官秩若是則百

吏莫不畏法而遵繩矣秩祿也其制馭百官必將齊一其制度使有守也厚重其秩祿使不貪也關市幾而不征質律禁止而不偏質律質劑也可以爲法故言質律也禁止而不偏謂禁止姦人不偏聽也周禮小宰聽賣買以質劑鄭司農云質劑平市價今之月平是也鄭康成云兩書一札同而別之長曰質短曰劑皆今之券書也左氏傳曰趙盾爲政董逋逃由質要或曰質正也如是則商賈莫不敦慤而無詐矣百工將時斬伐佻其期日而利其巧任如是則百工莫不忠信而不楛矣時斬伐即周禮仲冬斬陽木仲夏斬陰木是也佻與傜同緩也謂不迫促也巧任巧者之任不迫促則百工自利矣楛謂器惡不牢固也晏子春秋曰景公之時晏

（子請發粟公不許當爲路寢之臺令史重其績遠其涂佻其日而不趨三年臺成而民振欲上悦乎君游民足乎食彼佻亦與此同也）縣鄙將輕田野之稅省刀布之斂罕舉力役無奪農時如是則農夫莫不朴力而寡能矣（但質朴而力作不務他能也）士大夫務節死制然而兵勁（然而當爲然後）百吏畏法循繩然後國常不亂商賈敦愨無詐則商旅安貨通財而國求給矣（所求之物皆給足也）百工忠信而不楛則器用巧便而財不匱矣農夫朴力而寡能則上

不失天時下不失地利中得人和而百事
不廢是之謂政令行風俗美以守則固以
征則彊居則有名動則有功此儒之所謂
曲辨也

荀子卷第七

荀子卷第八

登仕郎守大理評事揚　倞　注

君道篇第十二

有亂君無亂國有治人無治法羿之法非亡也而羿不世中禹之法猶存而夏不世王故法不能獨立類不能自行得其人則存失其人則亡法者治之端也君子者法之原也故有君子則法雖省足以徧矣無

君子則法雖具失先後之施不能應事之變足以亂矣不知法之義而正法之數者雖慱傅臨事必亂故明主急得其人而闇主急得其埶急得其人則身佚而國治功大而名美上可以王下可以霸不急得其人而急得其埶則身勞而國亂功廢而名辱社稷必危故君人者勞於索之而休於使之書曰唯文王敬忌一人以擇此之謂也

合符節別契券者所以爲信也上好權謀則臣下百吏誕詐之人乘是而後欺探籌投鉤者所以爲公也上好曲私則臣下百吏乘是而後偏衡石稱縣者所以爲平也上好傾覆則臣下百吏乘是而後險斗斛敦槩者所以爲嘖也上好貪利則臣下百吏乘是而後豐取刻與以無度取於民故械數者治之流也非治之原也君子者治

之原也官人守數君子養原源清則流清源濁則流濁故上好禮義尚賢使能無貪利之心則下亦將綦辭讓致忠信而謹於臣子矣如是則雖在小民不待合符節別契券而信不待探籌投鉤而公不待衡石稱縣而平不待斗斛敦槩而嘖故賞不用而民勸罰不用而民服有司不勞而事治政令不煩而俗美百姓莫敢不順上之法

象上之志而勸上之事而安樂之矣故藉斂忘費事業忘勞寇難忘死城郭不待飾而固兵刃不待陵而勁敵國不待服而詘四海之民不待令而一夫是之謂至平詩曰王猶允塞徐方既來此之謂也

請問爲人君曰以禮分施均徧而不偏請問爲人臣曰以禮待君忠順而不懈請問爲人父曰寛惠而有禮請問爲人子曰敬

愛而致文請問爲人兄曰慈愛而見友請問爲人弟曰敬詘而不苟請問爲人夫曰致功而不流致臨而有辨請問爲人妻曰夫有禮則柔從聽待夫無禮則恐懼而自竦也此道也偏立而亂俱立而治其足以稽矣請問兼能之奈何曰審之禮也古者先王審禮以方皇周浹於天下動無不當也故君子恭而不難敬而不鞏貧窮而不

約富貴而不驕並遇變應而不窮審之禮也故君子之於禮敬而安之其於事也徑而不失其於人也寡怨寬裕而無阿其所爲身也謹脩飾而不危其應變故也齊給便捷而不惑其於天地萬物也不務說其所以然而致善用其材其於百官之事技藝之人也不與之爭能而致善用其功其待上也忠順而不懈其使下也均徧而不

偏其交游也緣義而有類其居鄉里也容而不亂是故窮則必有名達則必有功仁厚兼覆天下而不閔明達用天地理萬變而不疑血氣和平志意廣大行義塞於天地之閒仁智之極也夫是之謂聖人審之禮也

請問爲國曰聞脩身未甞聞爲國也君者儀也儀正而景正君者槃也民者水也槃

圓而水圓君者盂也盂方而水方君射則臣決楚莊王好細要故朝有餓人故曰聞脩身未嘗聞爲國也君者民之原也源清則流清源濁則流濁故有社稷者而不能愛民不能利民而求民之親愛己不可得也民之不親不愛而求其爲己用爲己死不可得也民不爲己用不爲己死而求兵之勁城之固不可得也兵不勁城不固而

求敵之不至不可得也敵至而求無危削不滅亡不可得也危削滅亡之情舉積此矣而求安樂是狂生者也狂生者不胥時而樂故人主欲彊固安樂則莫若反之民欲附下一民則莫若反之政欲脩政美國則莫若求其人彼或蓄積而得之者不世絕彼其人者生乎今之世而志乎古之道以天下之王公莫好之也然而于是獨好

之以天下之民莫欲之也然而于是獨爲之好之者貧爲之者窮然而于是獨猶將爲之也不爲少頃輟焉曉然獨明於先王之所以得之所以失之知國之安危臧否若别白黑是其人者也大用之則天下爲一諸侯爲臣小用之則威行鄰敵縱不能用使無去其疆域則國終身無故故君人者愛民而安好士而榮兩者無一焉而亡

詩曰价人維藩太師維垣此之謂也

道者何也曰君道也君者何也曰能羣也能羣也者何也曰善生養人者也善班治人者也善顯設人者也善藩飾人者也善生養人者人親之善班治人者人安之善顯設人者人樂之善藩飾人者人榮之四統者俱而天下歸之夫是之謂能羣不能生養人者人不親也不能班治人者人不

安也不能顯設人者人不樂也不能藩飾人者人不榮也四統者亡而天下去之夫是之謂匹夫故曰道存則國存道亡則國亡省工賈衆農夫禁盜賊除姦邪是所以生養之也天子三公諸侯一相大夫擅官士保職莫不法度而公是所以班治之也論德而定次量能而授官皆使其人載其事而各得其所宜上賢使之爲三公次賢

使之爲諸侯下賢使之爲士大夫是所以顯設之也脩冠弁衣裳黼黻文章琱琢刻鏤皆有等差是所以藩飾之也故由天子至於庶人也莫不騁其能得其志安樂其事是所同也衣煖而食充居安而游樂事時制明而用足是又所同也若夫重色而成文章重味而成珍備是所衍也聖王財衍以明辨異上以飾賢良而明貴賤下以

飾長幼而明親疏上在王公之朝下在百姓之家天下曉然皆知其所非以爲異也將以明分達治而保萬世也故天子諸侯無靡費之用士大夫無流淫之行百吏官人無怠慢之事衆庶百姓無姦怪之俗無盜賊之罪其能以稱義徧矣故曰治則衍及百姓亂則不足及王公此之謂也

至道大形隆禮至法則國有常尚賢使能

則民知方纂論公察則民不疑賞克罰偷
則民不怠兼聽齊明則天下歸之然後明
分職序事業材技官能莫不治理則公道
達而私門塞矣公義明而私事息矣如是
則德厚者進而佞説者止貪利者退而廉
節者起書曰先時者殺無赦不逮時者殺
無赦人習其事而固人之百事如耳目鼻
口之不可以相借官也故職分而民不探

次定而序不亂兼聽齊明而百事不留如是則臣下百吏至于庶人莫不脩己而後敢安正誠能而後敢受職百姓易俗小人變心姦怪之屬莫不反慤夫是之謂政教之極故天子不視而見不聽而聰不慮而知不動而功塊然獨坐而天下從之如一體如四支之從心夫是之謂大形詩曰温温恭人維德之基此之謂也

爲人主者莫不欲彊而惡弱欲安而惡危欲榮而惡辱是禹桀之所同也要此三欲辟此三惡果何道而便曰在愼取相道莫徑是矣故知而不仁不可仁而不知不可既知且仁是人主之寶也而王霸之佐也不急得不智得而不用不仁無其人而幸有其功愚莫大焉今人主有六患使賢者爲之則與不肖者規之使智者慮之則與

愚者論之使脩士行之則與汙邪之人疑之雖欲成功得乎哉譬之是猶立直木而恐其景之枉也惑莫大焉語曰好女之色惡者之孽也公正之士衆人之痤也循乎道之人汙邪之賊也今使汙邪之人論其怨賊而求其無偏得乎哉譬之是猶立枉木而求其景之直也亂莫大焉故古之人爲之不然其取人有道其用人有法取人

之道參之以禮用人之法禁之以等行義動靜度之以禮知慮取舍稽之以成日月積久校之以功故卑不得以臨尊輕不得以縣重愚不得以謀知是以萬舉不過也故校之以禮而觀其能安敬也與之舉錯遷移而觀其能應變也與之安燕而觀其能無流慆也接之以聲色權利忿怒患險而觀其能無離守也彼誠有之者與誠無

之者若白黑然可詘邪哉故伯樂不可欺以馬而君子不可欺以人此明王之道也人主欲得善射遠中微者縣貴爵重賞以招致之内不可以阿子弟外不可以隱遠人能中是者取之是豈不必得之之道也哉雖聖人不能易也欲得善馭速致遠者一日而千里縣貴爵重賞以招致之内不可以阿子弟外不可以隱遠人能致是者

取之是豈不必得之之道也哉雖聖人不能易也欲治國馭民調一上下將內以固誠外以拒難治則制人人不能制也亂則危辱滅亡可立而待也然而求卿相輔佐則獨不若是其公也案唯便嬖親比己者之用也豈不過甚矣哉故有社稷者莫不欲彊俄則弱矣莫不欲安俄則危矣莫不欲存俄則亡矣古有萬國今有數千焉是

無它故莫不失之是也故明主有私人以金石珠玉無私人以官職事業是何也曰本不利於所私也彼不能而主使之則是主闇也臣不能而誣能則是臣詐也主闇於上臣詐於下滅亡無日俱害之道也夫文王非無貴戚也非無子弟也非無便嬖也倜然乃舉太公於州人而用之豈私之也哉以爲親邪則周姬姓也而彼姜姓也

以爲故也則未嘗相識也以爲好麗邪則夫人行年七十有二齫然兩齒墮矣然而用之者夫文王欲立貴道欲白貴名以惠天下而不可以獨也非于是莫足以舉之故舉于是而用之於是乎貴道果立貴名果明兼制天下立七十一國姬姓獨居五十三人周之子孫苟不狂惑者莫不爲天下之顯諸侯如是者能愛人也故舉天下

之大道立天下之大功然後隱其所憐所愛其下猶足以爲天下之顯諸侯故曰唯明主爲能愛其所愛闇主則必危其所愛此之謂也

牆之外目不見也里之前耳不聞也而人主之守司遠者天下近者境内不可不略知也天下之變境内之事有弛易齵差者矣而人主無由知之則是拘脅蔽塞之端也耳

目之明如是其狹也人主之守司如是其廣也其中不可以不知也如是其危也然則人主將何以知之曰便嬖左右者人主之所以窺遠收衆之門戶牖嚮也不可不早具也故人主必將有便嬖左右足信者然後可其知慧足使規物其端誠足使定物然後可夫是之謂國具人主不能不有游觀安燕之時則不得不有疾病物故之

變焉如是國者事物之至也如泉原一物不應亂之端也故曰人主不可以獨也卿相輔佐人主之基杖也不可不早具也人主必將有卿相輔佐足任者然後可其德音足以塡撫百姓其知慮足以應待萬變然後可夫是之謂國具四鄰諸侯之相與不可以不相接也然而不必相親也故人主必將有足使喻志決疑於遠方者然後

可其辨說足以解煩其智慮足以决疑其齊斷足以拒難不還秩不反君然而應薄扞患足以持社稷然後可夫是之謂國具故人主無便嬖左右足信者之謂闇無卿相輔佐足任者之謂獨所使於四鄰諸侯者非人之謂孤孤獨而晻謂之危國雖若存古之人曰亡矣詩曰濟濟多士文王以寍此之謂也

材人愿慤拘録計數纖嗇而無敢遺喪是官人史吏之材也脩飭端正尊法敬分而無傾側之心守職循業不敢損益可傳世也而不可使侵奪是士大夫官師之材也知隆禮義之爲尊君也知好士之爲美名也知愛民之爲安國也知有常法之爲一俗也知尚賢使能之爲長功也知務本禁末之爲多材也知無與下爭小利之爲便

於事也知明制度權物稱用之爲不泥也是卿相輔佐之材也未及君道也能論官此三材者而無失其次是謂人主之道也若是則身佚而國治功大而名美上可以王下可以霸是人主之要守也人主不能論此三材者不知道此道安值將卑埶出勞併耳目之樂而親自貫日而治詳一內而曲辨之慮與臣下爭小察而綦偏能自

古及今未有如此而不亂者也是所謂視乎不可見聽乎不可聞爲乎不可成此之謂也

荀子卷第八

荀子卷第九

登仕郎守大理評事楊倞注

臣道篇第十三

人臣之論（論人臣之善惡）有態臣者有篡臣者有功臣者有聖臣者（解並在下）内不足使一民外不足使拒難百姓不親諸侯不信然而巧敏佞說（音悅或作侻）善取寵乎上是態臣者也（以佞媚爲容態）上不忠乎君下善取譽乎民不卹公

道通義朋黨比周以環主圖私爲務是篡臣者也環主環繞其主不使賢者得用圖謀也篡臣者篡奪君政也内足使以一民外足使以拒難民親之士信之上忠乎君下愛百姓而不倦是功臣者也民親士信然後立功也上則能尊君下則能愛民政令教化刑下如景刑制也言施政令教化以制其下如影之隨形動而輒隨不使違越也應卒遇變齊給如響齊疾也給供給也應事而至謂之給夫卒變人所遑疑今聖臣應之疾速如響之應聲卒蒼忽反推類接譽以待無方曲成制象是聖

臣者也此明應卒遇變之意無方無常也推其比類接其聲譽言見其本而知其末也待之無常謂不滯於一隅也委曲皆成制度法象言物至而應無非曲法不苟而行之也聖者無所不通之謂也故用聖臣者王，用功臣者彊，用篡臣者危，用態臣者亡。態臣用則必死，篡臣用則必危，此言態臣甚於篡臣者蓋當時之多用佞媚變詐之人深欲戒之故極言也功臣用則必榮，聖臣用則必尊。故齊之蘇秦，蘇秦初相趙後仕燕終死於齊故曰齊之蘇秦楚之州侯，楚襄王佞臣也戰國策莊辛諫襄王曰君王左州侯右夏侯輦從鄢陵君與壽陵君載方府之金與之馳騁乎雲夢之中不知穰侯方受令乎秦王塡黽塞之內而投已乎黽塞之外韓子曰州侯相荆貴而荆王疑之因問左右對曰無有如出一口也**秦之張儀可謂態臣者也**皆變態佞媚之臣儀或作祿**韓之張去疾**蓋張良之祖漢書良其先韓人大父開地相韓昭侯宣惠王父平相釐王悼惠王五世事韓戰國策韓有張翠納賂於宣太后**趙之奉陽**後語蘇秦說趙肅侯肅侯之弟奉陽君爲相不悅蘇秦蘇秦乃去之又戰國策蘇秦說趙王曰天下之卿相人君及至布衣之士莫不高大王之行義皆願奉教陳忠於前之日久矣雖然奉陽君妒大王不得任事是以外賓客游談之士無敢盡忠於前盧藏用云奉陽君名成又按後語奉陽君卒蘇秦乃從燕而來說肅侯合從之事而公子成武靈王時猶不肯胡服即公子成非奉陽君也**齊之孟甞可謂篡臣也**史記曰齊閔王既滅宋益驕欲盡滅孟甞孟甞君恐乃如魏魏昭王以爲相西合於秦趙與燕共伐破齊後齊襄王立孟甞中立爲諸侯無所屬襄王新立畏孟甞而與連和是篡臣也

齊之管仲、晉之咎犯（咎與舅同，晉文公之舅孤偃，咎犯其字也），楚之孫叔敖，可謂功臣矣。殷之伊尹、周之太公，可謂聖臣矣。是人臣之論也，吉凶賢不肖之極也（國之吉凶，人君賢不肖，極於論臣也）。必謹志之而愼自爲擇取焉，足以稽矣（志，記也。言必謹記此四臣之安危，而愼自擇取，則足以稽考用臣也）。

從命而利君謂之順，從命而不利君謂之諂，逆命而利君謂之忠，逆命而不利君謂之篡，不卹君之榮辱，不卹國之臧否，偷合苟容以持祿養交而已耳謂之國賊養交謂養其與君交接之不忤犯使怒也一曰養其外交若蘇秦張儀孟嘗君所至爲相也君有過謀過事將危國家殞社稷之懼也大臣父子兄弟有能進言於君用則可不用則去謂之諫有能進言於君用則可不用則死謂之爭有能比知同力比合也知讀爲智率羣臣百吏而相與彊君橋君彊其丈反橋與矯同屈也君雖不安不能不聽遂以解國之大患除國之大害成

於尊君安國謂之輔事見平原君傳有能抗君之命竊君之重反君之事以安國之危除君之辱功伐足以成國之大利謂之拂抗拒也戰功曰伐左傳郤至驟稱其伐拂讀爲弼弼所以輔正弓弩者也或讀爲佛違君之意也謂若信陵君違魏王之命竊其兵符殺晉鄙反軍不救趙之事遂破秦而存趙夫輔車相依今趙存則魏安故曰安國之危除君之辱也故諫爭輔拂之人社稷之臣也國君之寶也明君之所尊所厚也而闇主惑之以爲己賊也故明君之所賞闇君之所罰也闇君之所

賞明君之所殺也伊尹箕子可謂諫矣（伊尹諫太甲箕子諫紂）比干子胥可謂爭矣平原君之於趙也可謂輔矣信陵君之於魏也可謂拂矣傳曰從道不從君此之謂也故正義之臣設則朝廷不頗（設謂置於列位也頗邪也）諫爭輔拂之人信則君過不遠（信謂見信於君或曰信讀爲伸謂道行也）爪牙之士施則仇讎不作（爪牙之士勇力之臣也施謂展其材也）邊境之臣處則疆垂不喪（垂與陲同）故明主好同而闇

王好獨獨謂自任其智明主尚賢使能而饗其盛盛謂大業言饗其臣之功業也闇主妬賢畏能而滅其功滅掩沒也罰其忠賞其賊夫是之謂至闇桀紂所以滅也

事聖君者有聽從無諫爭聖君無失事中君者有諫爭無謟諛中君可上可下若齊桓公者也謟諛則遂成闇君也事暴君者有補削無橋拂補謂彌縫其闕削謂除去其惡言不敢顯諫闇匡救之也橋謂屈其性也拂違也橋拂則身見害使君有殺賢之名故不爲也拂音佛迫脅於亂

時窮居於暴國而無所避之則崇其美揚其善違其惡隱其敗言其所長不稱其所短以爲成俗（謂危行言遜以避害也以爲成俗言如此而不變若舊俗然也）詩曰國有大命不可以告人防其躬身此之謂也（逸詩）

恭敬而遜聽從而敏不敢有以私決擇也（敏謂承命而速行不敢更私自決斷選擇也）不敢有以私取與也以順上爲志是事聖君之義也（但稟命而已）忠信而

不諛諫諍而不諂橋然剛折端志而無傾側之心橋彊貌禮記曰和而不流彊哉矯剛折剛直面折也端志不邪曲也是案曰是非案曰非是事中君之義也調而不流柔而不屈寬容而不亂雖調和而不至流湎雖柔從而不屈曲雖寬容而不與爲亂也曉然以至道而無不調和也曉然明喻之貌至道無爲不爭之道以至道則暴君不能加怒無不調和言皆不違拂也而能化易時關內之是事暴君之義也關當爲開傳寫誤耳內與納同言旣以沖和事之則能化易其暴戾之性時以善道開納之也或曰以道關通於君之心中也若馭其樸馬樸馬未調習之馬不

可遽牽制必縱緩之事暴君之難故重明之也若養赤子（赤子嬰兒也未有所知必在順適其性不驚懼也）若食餧人（使飢渴於至道如餧人之欲食一曰餧人併與之食則必死今以善道節量與之不使狂惑也莊子曰人惑則死）故因其懼也而改其過（懼則思德故因使其改過）因其憂也而辨其故（辨其致憂之端則遷善也）因其喜也而入其道（欣喜之時多所聽納故因以道入之）因其怒也而除其怨（怨惡之人因君怒除去之也）曲得所謂焉（雖憂懼喜怒之殊委曲皆得所謂所謂即化易君性也）書曰從命而不拂微諫而不倦爲上則明爲下則遜此之謂也（書伊訓也）

事人而不順者不疾者也不順上意也疾速也不疾言怠慢也疾而不順者不敬者也敬而不順者不忠者也忠而不順者無功者也有功而不順者無德者也故無德之爲道也傷疾墮功滅苦故君子不爲也傷疾墮功滅苦未詳或恐錯誤耳爲或爲違

有大忠者有次忠者有下忠者有國賊者以德復君而化之大忠也復報也以德行之事報白於君使自化於善周禮宰夫掌諸臣之復萬民之逆也以德調君而補之次忠也

謂匡救其惡也以是諫非而怒之下忠也使君有害賢之名故爲下忠也不卹君之榮辱不卹國之臧否偷合苟容以之持禄養交而巳耳國賊也若周公之於成王也可謂大忠矣若管仲之於桓公可謂次忠矣若子胥之於夫差可謂下忠矣若曹觸龍之於紂者可謂國賊矣説苑曰桀貴爲天子富有天下其左師觸龍者諂諛不正此云紂未知孰是仁者必敬人凡人非賢則案不肖也人賢

而不敬則是禽獸也禽獸不知敬賢人不肖而不敬則是狎虎也狎輕侮也言必見害禽獸則亂狎虎則危災及其身矣詩曰不敢暴虎不敢馮河人知其一莫知其它戰戰兢兢如臨深淵如履薄冰此之謂也詩小雅小旻之篇暴虎徒搏馮河徒涉人知其一莫知其它言人皆知暴虎馮河立至於害而不知小人爲害有甚於此也故仁者必敬人敬人有道賢者則貴而敬之不肖者則畏而敬之賢者則親而敬之

不肖者則疏而敬之其敬一也其情二也若夫忠信端慤而不害傷則無接而不然是仁人之質也 其敬雖異至於忠信端慤不傷害則凡所接物皆然言嘉善而矜不能不以人之不肖逆詐待之而欲傷害之也質體也 忠信以爲質端慤以爲統 統綱紀也言以端慤自處而待物者也 禮義以爲文 用爲文飾 倫類以爲理 倫人倫類物之種類言推近以知遠以此爲條理也 喘而言臑而動而一可以爲法則 臑與勸學篇蝡同喘微言也蠕微動也一皆也言一動一息之間皆可以爲法則也臑人允反 詩曰不僭不賊鮮不爲則此之謂

也詩大雅抑之篇言不僭差賊害則少不爲人法則矣恭敬禮也調和樂也調和不爭競也謹慎利也鬭怒害也故君子安禮樂利謹慎而無鬭怒是以百舉不過也小人反是

通忠之順忠有所雍塞故通之然而終歸於順也權險之平權用危險之事使至於平也或曰權變也既不可扶持則變其危險使治平也禍亂之從聲君雖禍亂應聲而從之也三者非明主莫之能知也闇君不知所以殺害忠賢而身死國亡也

爭然後善戾然後功出死無私致忠而公

夫是之謂通忠之順信陵君似之矣

諫爭君然後能善違戾君然後立功出身死戰不爲私事而歸於至忠至公信陵君諫魏王請救趙不從遂矯君命破秦而魏國以安故似之

奪然後義殺然後仁上下易位然後貞

奪者不義之名殺者不仁之稱上下易位則非貞也而湯武惡桀紂之亂天下而奪之是義也不忍蒼生之涂炭而殺之是仁也雖上下易位而使賢愚當分歸於正道是貞也

功參天地澤被生民夫是之謂權險之平湯武是也過而通情和而無經

經常也但和順上意而無常守

不卹是非不治曲直偷合苟容迷亂狂生

迷亂其君使生狂也

夫是之謂禍亂

之從聲飛廉惡來是也傳曰斬而齊枉而順不同而壹此言反經合道如信陵湯武者也所以斬之取其齊也以枉曲之取其順也所以不同取其一也初雖似乖戾然終歸於理者也詩曰受小球大球爲下國綴旒此之謂也詩商頌長發之篇球玉也鄭玄云綴猶結也旒旌旗之垂者言湯既爲天所命則受小玉謂尺二寸圭也受大玉謂珽也長三尺執圭搢珽以與諸侯會同結定其心如旌旗之旒縿著焉引此以明湯武取天下權險之平爲救下國者也

致士篇第十四明致賢士之義

衡聽顯幽重明退姦進良之術衡平也謂不偏聽也顯幽

謂使幽人明顯不雍蔽也重明謂既明又使明也書曰德明惟明能顯幽則重明矣能退姦則良進矣朋黨比周之譽君子不聽殘賊加累之譖君子不用殘賊謂賊害人加累以罪惡加累誣人也隱忌雍蔽之人君子不近隱亦蔽也忌謂妬賢雍讀曰擁貨財禽犢之請君子不許行賂請謁者也凡流言流說流事流謀流譽流愬不官而衡至者君子愼之流者無根源之謂愬譖也不官謂無主首也衡讀爲横横至横逆而至也聞聽而明譽之君子聞聽流言流說則明白稱譽謂顯露其事不爲隱蔽如此則姦人不敢獻其謀也定其當而當然後士其刑

賞而還與之（士當爲事行也言定其當否既當之後乃行其刑賞反與之也謂其言當於善則事之以賞當於惡則事之以刑當丁浪反）如是則姦言姦說姦事姦謀姦譽姦愬莫之試也忠言忠說忠事忠謀忠譽忠愬莫不明通方起以尚盡矣（明通謂明白通達其意方起並起尚與上同上盡謂盡忠於上也）夫是之謂衡聽顯幽重明退姦進良之術川淵深而魚鼈歸之山林茂而禽獸歸之刑政平而百姓歸之禮義備而君子歸之故禮及身而行脩義及

國而政明能以禮挾而貴名白天下願令行禁止王者之事畢矣挾讀爲浹能以禮浹洽者則貴名明白天下皆願從之也詩曰惠此中國以綏四方此之謂也詩大雅民勞之篇中國京師也四方諸夏也引此以明自近及遠也川淵者龍魚之居也山林者鳥獸之居也國家者士民之居也川淵枯則龍魚去之山林險則鳥獸去之國家失政則士民去之無土則人不安居無人則土不守無道法則人不至無君子則

道不舉故土之與人也道之與法也者國家之本作也本作猶本務也君子也者道法之摠要也不可少頃曠也得之則治失之則亂得之則安失之則危得之則存失之則亡故有良法而亂者有之矣有君子而亂者自古及今未甞聞也傳曰治生乎君子亂生乎小人此之謂也

得衆動天得衆則可以動天言人之所欲天必從之美意延年美意樂意也無

憂患則延年也誠信如神誠信則如神明言物不能欺也夸誕逐魂逐魂逐去其精魂猶喪精也矜夸妄誕作僞心勞故喪其精魂此四者皆言善惡之應也人主之患不在乎言用賢而在乎誠必用賢夫言用賢者口也却賢者行也無善行則賢不至也口行相反而欲賢者之至不肖者之退也不亦難乎夫爗蟬者務在明其火振其樹而已火不明雖振其樹無益也南方人照蟬取而食之禮記有蜩范是也今人主有能明其德則天下歸之若蟬之歸明火也

臨事接民而以義變應寬裕而多容恭敬以先之政之始也多容廣納也然後中和察斷以輔之政之隆也政之崇高在輔以中和察斷斷丁亂反然後進退誅賞之政之終也故一年與之始三年與之終夫不教而殺謂之虐故爲政之始寬裕多容三年政成然後進退誅賞也用其終爲始則政令不行而上下怨疾亂所以自作也先賞罰後德化則亂書曰義刑義殺勿庸以即汝惟曰未有順事言先教也書康誥言雖義刑義殺亦

勿用即行之當先教後刑也雖先後不失尚謙曰我未有順事故使民犯法躬自厚而薄責於人也

程者物之準也程者度量之揔名也禮者節之準也節謂君臣之差等也程以立數禮以定倫言有程則可以立一二之數有禮則可以定君臣父子之倫也德以敘位能以授官度其德以序上下之位考其能以授所任之官若夔典樂伯夷典禮之比也凡節奏欲陵而生民欲寬節奏謂禮節奏陵峻也侵陵亦嚴峻之義生民謂以德教生養民也言人君自守禮之節奏則欲嚴峻不弛慢養民則欲寬容不迫切之也節奏陵而文生民寬而安節奏雖峻亦有文飾不至於刻急上文下安功名之極也不可以加矣

君者國之隆也，父者家之隆也，（隆猶尊也。）隆一而治，二而亂，自古及今，未有二隆爭重而能長久者。

師術有四，而博習不與焉。（術，法也。言有四德則可以爲人師。師法不在博習也。與音豫。）尊嚴而憚，可以爲師；耆艾而信，可以爲師；（五十曰艾，六十曰耆。）誦說而不陵不犯，可以爲師；（誦謂誦經，說謂解說。謂守其誦說，不自陵突觸犯，言行其所學。）知微而論，可以爲師。（知精微之理而能講論。論，盧困切。）故師術有四，而博習不與焉水深而回（回流旋也水深不湍峻則多旋流也）樹落則糞本（謂木葉落糞其根也）弟子通利則思師（思其厚於己也）詩曰無言不讎無德不報此之謂也（此言爲善則物必報之也）

賞不欲僭刑不欲濫賞僭則利及小人刑濫則害及君子若不幸而過寧僭無濫與其害善不若利淫

荀子卷第九

荀子卷第十

登仕郎守大理評事楊　倞　注

議兵篇第十五

臨武君與孫卿子議兵於趙孝成王前臨武君蓋楚將未知姓名戰國策曰天下合從趙使魏加見楚春申君曰君有將乎春申君曰有矣僕欲將臨武君魏加曰臣少之時好射臣願以射譬可乎春申君曰可魏加曰異曰者更羸與王處京臺之下更羸曰臣能爲王引弓虛發而下鳥有閒鳴鴈從東方來更羸以虛發而下之王曰射之精乃至於此乎更羸曰此孽也王曰先生何以知之對曰其飛徐者其創痛也其鳴悲者久失羣也故創痛未息而驚心未去聞弦音烈而高飛故隕也今臨武君嘗爲秦孽不可以爲距秦

之將趙孝成王晉大夫趙夙之後簡子十世孫或曰劉向敘云孫卿至趙與孫臏議兵趙孝成王前臨武君即孫臏也今校史記年表齊宣王二年孫臏爲軍師則敗魏於馬陵至趙孝成王元年已七十餘年年代相遠疑臨武君非此孫臏也王曰請問兵要臨武君對曰上得天時若順太歲亥孤虛之類也下得地利若右背山陵前左水澤之比也觀敵之變動後之發先之至此用兵之要術也孫卿子曰不然臣所聞古之道凡用兵攻戰之本在乎壹民弓矢不調則羿不能以中微六馬不和則造父不能以致遠士民不親附

則湯武不能以必勝也故善附民者是乃善用兵者也故兵要在乎善附民而已臨武君曰不然兵之所貴者埶利也乘埶爭利所行者變詐也奇計善用兵者感忽悠闇莫知其所從出感忽悠闇皆謂倏忽之間也感忽怳忽也悠闇遠視不分辨之貌莫知所從出謂若九天之上九地之下使敵人不測魯連子曰棄感忽之恥累世之功也孫吳用之無敵於天下豈必待附民哉孫謂吳王闔閭將孫武吳謂魏武侯將吳起也孫卿子曰不然臣之所道仁人之兵王者之志也帝王之志

意如此也君之所貴權謀埶利也所行攻奪變詐者諸侯之事也仁人之兵不可詐也彼可詐者怠慢者也路亶者也路暴露也亶讀爲袒露袒謂上下不相覆蓋新叙作落单君臣上下之閒滑然有離德者也滑亂也音骨言彼可欺詐者皆如此之國也故以桀詐桀猶巧拙有幸焉以桀詐堯譬之若以卵投石以指撓沸撓攪也以指撓沸言必爛也新序作以指繞沸若赴水火入焉焦沒耳故仁人上下說仁人上下相愛之意百將一心三軍同力臣之於

君也下之於上也若子之事父弟之事兄若手臂之扞頭目而覆胷腹也詐而襲之與先驚而後擊之一也（先驚頭目使知之而後擊之豈手臂有不捄也）且仁人之用十里之國則將有百里之聽（聽猶耳目也言遠人自爲其耳目或曰謂閒諜者）用百里之國則將有千里之聽用千里之國則將有四海之聽必將聰明警戒和傳而一（耳目明而警戒相傳以和無有二心也一云傳或爲博博衆也而一如一也言和衆如一也）故仁人之兵聚則成卒散則

成列（卒卒伍列行列言動皆有備也）延則若莫邪之長刃嬰之者斷（兊猶聚也與隊同謂聚之使短潰壞散也新序作鋭則若莫邪之利鋒也）圜居而方正則若盤石然觸之者角摧（圜居方正謂不動時也則如大石之不可移動也）案角鹿埵隴種東籠而退耳（其義未詳蓋皆摧敗披靡之貌或曰鹿埵下之貌如禾實垂下然埵丁果反隴種遺失貌如隴之種物然或曰即鍾也東籠與涷隴同沾溼貌如衣服之沾溼然於新序作隴鍾而退無鹿埵字）且夫暴國之君將誰與至哉彼其所與至者必其民也而其民之親

我歡若父母，其好我芬若椒蘭。彼反顧其上，則若灼黥，如畏灼黥。若仇讎。人之情，雖桀跖，豈又肯爲其所惡賊其所好者哉！是猶使人之子孫自賊其父母也。彼必將來告之，夫又何可詐也！不可得詐襲也。故仁人用國日明。日益明察。諸侯先順者安，後順者危，慮敵之者削，反之者亡。謀慮與之爲敵者，土地必見侵削；反，謂不服從也。詩曰：「武王載發，有虔秉鉞，如火烈烈，則莫我敢遏。」此之謂也詩殷頌武王湯也發讀爲旆虔敬遏止也湯建旆興師本由仁義雖用武持鉞而猶以敬爲先故得如火之盛無能止之也孝成王臨武君曰善請問王者之兵設何道何行而可設謂制置道謂論說教令也行動用也孫卿子曰凡在大王將率末事也臣請遂道王者諸侯強弱存亡之效安危之埶率與帥同所類反道說也效驗也孝成王見荀卿論兵謂王者以兵爲急故遂問用兵之術荀卿欲陳王道因不荅其問故言凡在大王之所務將帥乃其末事耳所急教化也遂廣說湯武五霸及戰國諸侯之事君賢者其國治君不能者其國亂隆禮貴義者其國治

簡禮賤義者，其國亂。治者強，亂者弱，是強弱之本也。上足卬則下可用也，上不足卬則下不可用也。卬古仰字。不仰，不足仰也。下託上曰仰。宜向反。能敎且化長養之，是足仰。下可用則強，下不可用則弱，是強弱之常也。隆禮效功，上也；重祿貴節，次也；上功賤節，下也。是強弱之凡也。效，驗也。功，戰功也。效功，謂不使賞僭也。重祿，重難其祿，不使素餐也。節，忠義也。君能隆禮驗功則強，上戰功輕忠義則弱，大凡如此也。好士者強，不好士者弱，士，賢士也。愛民者強，不愛民者弱，政令信者強，政令不信者弱。信謂使下可信。民齊者強，不齊者弱。齊謂同力。賞重者強，賞輕者弱。重難其賞，使必賞有功，則強；輕易其賞，則弱也。刑威者強，刑侮者弱。刑當罪，使人可畏，則強；不當罪，則人侮慢，故弱也。械用兵革攻完便利者強。攻當爲功。功，精好加功者也。器械牢固便利於用，則強也。械用兵革窳楛不便利者弱。窳，器病也，音庾。楛，濫惡，謂不堅固也。重用兵者強，輕用兵者弱。重難用兵者強。權出一者強，權出二者弱。政多門則弱也。是強弱之常也。齊人隆技擊。技，材力也。齊人以勇力擊斬敵者，號爲技擊。孟康曰：兵家之技巧技巧者習手足便器械積機關以立攻守之勝其技也得一首者則賜贖錙金無本賞矣八兩曰錙本賞謂有功同受賞也其技擊之術斬得一首則官賜錙金贖之斬首雖戰敗亦賞不斬首雖勝亦不賞是無本賞也是事小敵毳則偷可用也可偷竊用之也毳讀爲脆史記聶政謂嚴仲子曰屠可以旦夕得甘脆以養親也事大敵堅則渙然離耳易說卦曰渙者離也若飛鳥然傾側反覆無日若飛鳥言無憑而易也無日言傾側反覆之速不得一日也是亡國之兵也兵莫弱是矣是其出賃市傭而戰之幾矣此與賃市中傭作之人而使之戰相去幾何也魏氏之武卒以度

取之武卒選擇武勇之卒號爲武卒度取之謂取其長短材力中度者衣三屬之甲如淳曰上身一髀褌一脛繳一凡三屬也衣於氣反屬之欲反操十二石之弩負服矢五十个置戈其上置戈於身之上謂荷戈也冠軸帶劒軸與胄同漢書作胄帶劒顏師古曰軸兜鍪而又帶劒也贏三日之糧日中而趨百里贏負擔也日中一日之中也中試則復其戶利其田宅復其戶不傜役也利其田宅不征衆也顏師古曰利謂給其便利之處中丁仲反復方目反是數年而衰而未可奪也改造則不易周也此中試者筋力數年而衰亦未可遽奪其優奪其優復使皆怨也改造更選擇也則又如前是故地

雖大其稅必寡，是危國之兵也。優復既多則稅寡資用貧乏故國危

秦人其生民也陿阸，其使民也酷烈，生民所生之地陿阸謂秦地險固也酷烈嚴刑罰也地險固則寇不能害嚴刑罰則人皆致死也劫之以埶，謂以威埶劫迫之使出戰隱之以阸，謂隱蔽以險阸使敵不能害鄭氏曰秦地多阸藏隱其民於阸中忸之以慶賞，忸與狃同串習也戰勝則與之賞慶使習以爲常忸女九反鰌之以刑罰，鰌藉也不勝則以刑罰陵藉之莊子風謂蛇曰鰌我亦勝我音秩或作蹴七六反使天下之民所以要利於上者，非鬭無由也。阸而用之，得而後功之，守險阸而用之既得勝乃賞其功所以人自爲戰而立功者衆也功

賞相長也五甲首而隷五家有功而賞之使相長獲得五甲首則役隷鄉里之五家也是最爲衆強長久多地以正故四世有勝非幸也數也爲之有根本不邀一時之利故能衆強長久也不復其戶利其田宅故多地也以正言比齊魏之苟且爲正言秦亦非天幸有術數然也四世孝公惠王武王昭王也故齊之技擊不可以遇魏氏之武卒魏氏之武卒不可以遇秦之鋭士秦之鋭士不可以當桓文之節制桓文之節制不可以敵湯武之仁義有遇之者若以焦熬投石焉

以魏遇秦猶以焦熬之物投石也熬五刀反兼是數國者皆干賞蹈利之兵也傭徒鬻賣之道也未有貴上安制綦節之理也干求也言秦魏雖足以相勝皆求賞蹈利之兵與傭徒之人鬻賣其力作無異未有愛貴其上爲之致死安於制度自不踰越極於忠義心不爲非之理者也諸侯有能微妙之以節則作而兼殆之耳微妙精盡也節仁義也作起也殆危也諸侯有能精盡仁義則能起而無危也兼此數國謂擒滅之故招近募選隆埶詐尚功利是漸之也近當爲延傳寫誤耳招延謂引致之也募選謂以財召之而選擇可者此論齊之技擊也隆埶詐謂以威埶變詐爲尚此論秦也尚功利謂有功則利其田宅論魏也漸

進也言漸進而近於法未爲理也或曰漸浸漬也謂其賞罰纔可漸染於外中心未悅服漸子廉反禮義教化是齊之也服其心是齊壹人之術也故以詐遇詐猶有巧拙焉猶齊之技擊不可以當魏之武卒也以詐遇齊辟之猶以錐刀墮大山也辟音譬墮毀也許唯反非天下之愚人莫敢試故王者之兵不試一舉而定不必試也湯武之誅桀紂也拱揖指麾而強暴之國莫不趨使誅其元惡其餘獷悍者皆化而來臣役也誅桀紂若誅獨夫故泰誓曰獨夫紂此之謂也

故兵大齊則制天下，小齊則治鄰敵。以禮義教化，大齊之謂湯武也。小謂未能大備，若五霸者也。治鄰敵，言鄰敵受其治化耳。若夫招近募選，隆埶詐，尚功利之兵，則勝不勝無常，代翕代張，代存代亡，相爲雌雄耳矣。翕，斂也。代翕代張，代存代亡，猶言代強代弱也。夫是之謂盜兵，君子不由也。由，用也。以詐力相勝，是盜賊之兵也。故齊之田單，楚之莊蹻，秦之衛鞅，燕之繆蟣，是皆世俗之所謂善用兵者也。田單，齊襄王臣安平君也。史記：莊蹻者，楚莊王苗裔。楚威王使爲將，將兵循江而上，略蜀黔中以西。蹻至滇池方三百里地肥饒數千里以兵滅定屬楚欲歸報會秦擊奪楚巴黔中郡道塞不通因還以其衆至滇變服從其俗焉衛鞅秦孝公臣封爲商君者也繆蟣未聞也是其巧拙強弱則未有以相君也若其道一也雖術不同皆出於變詐故曰其道一也未及和齊也數子之術未能及於和齊人心也掎契司詐權謀傾覆未免盜兵也契讀爲挈持也掎挈猶言掎撫也司讀爲伺詐欺誑也皆謂因其危弱即掩襲之也齊桓晉文楚莊吳闔閭越句踐是皆和齊之兵也可謂入其域矣入禮義教化之域孟康曰入王兵之域也然而未有本統也本統謂前行素脩若湯武也故可以霸

而不可以王是強弱之效也湯武王而桓文霸齊魏則代存代亡是其效也孝成王臨武君曰善請問爲將孫卿子曰知莫大乎棄疑不用疑謀是智之大行莫大乎無過事莫大乎無悔事至無悔而止矣成不可必也不得必謂成功忘其警備莊子曰聖人以必不必故无兵衆人以不必必之故多兵故制號政令欲嚴以威慶賞刑罰欲必以信處舍收藏欲周以固處舍營壘也收藏財物也周密牢固則敵不能陵奪矣徙舉進退欲安以重欲疾以速靜則安重而不爲輕舉動

則疾速而不失機權竊敵觀變欲潛以深欲伍以參謂使間諜觀敵欲潛隱深入之也伍參猶錯雜也使間諜或叅之或伍之於敵之間而盡知其事韓子曰省同異之言以知朋黨之分偶參伍之驗以責陳言之實又曰參之以比物伍之以合參也遇敵決戰必道吾所明無道吾所疑道言也行也夫是之謂六術自制號政令巳下有六也無欲將而惡廢無急勝而忘敗無威內而輕外無見其利而不顧其害強使人出戰而輕敵凡慮事欲孰而用財欲泰孰謂精審泰謂不吝賞也夫是之謂五權五者爲將之機權也所以不受命於

主有三可殺而不可使處不完可殺而不可使擊不勝可殺而不可使欺百姓夫是之謂三至至謂一守而不變凡受命於主而行三軍三軍既定百官得序羣物皆正百官軍之百吏得序各當其任則主不能喜敵不能怒不苟徇上意故主不能喜不爲變詐故敵不能怒也夫是之謂至臣爲臣之至當也慮必先事而申之以敬謀慮必在事先重之以敬常戒懼而有備也慎終如始終始如一夫是之謂大吉言必無覆敗之禍也凡百事之成也必

在敬之其敗也必在慢之故敬勝怠則吉怠勝敬則滅計勝欲則從欲勝計則凶戰如守不務越逐也書曰不愆于五步六步乃止齊焉行如戰有功如幸不務驕矜敬謀無壙無壙言不敢須臾不敬也壙與曠同敬事無壙敬終無壙敬衆無壙敬敵無壙夫是之謂五無壙愼行此六術五權三至而處之以恭敬無壙夫是之謂天下之將則通於神明矣天下莫及之將臨武君曰善請問王者之軍制孫卿子

曰將死鼓（死謂不棄之而奔亡也左傳曰師之耳目在吾旗鼓）御死轡百吏死職士大夫死行列聞鼓聲而進聞金聲而退順命爲上有功次之（軍之所重在順命故有功次之）令不進而進猶令不退而退也其罪惟均（令教令也言使之不進而進猶令不退而退其罪同也）不殺老弱不獵禾稼（獵與躐同踐也）服者不禽格者不舍犇命者不獲（服謂不戰而退者不追禽之格謂相拒捍者奔命謂奔走來歸其命者不獲之爲囚俘也犇與奔同）凡誅非誅其百姓也誅其亂百姓者也百姓有扞其

賊則是亦賊也扞其賊謂爲賊之扞蔽也以故順刃者生蘇刃者死犇命者貢順刃謂不戰偝之而走者蘇讀爲傃傃向也謂相向格鬭者貢謂取歸命者獻於上將也微子開封於宋紂之庶兄名啓歸周後封於宋此云開者蓋漢景帝諱劉向改之也曹觸龍斷於軍說苑曰桀貴爲天子富有四海有臣有左師觸龍者諂諛不正此云紂臣當是說苑誤又戰國策趙有左師觸龍說大后請長安君質秦豈復與古人同官名乎殷之服民所以養生之者也無異周人故近者歌謳而樂之遠者竭蹷而趨之竭蹷顛仆猶言匍匐也新序作竭走而趨之無幽閒辟陋之國莫不趨使

而安樂之四海之内若一家通達之屬莫不從服夫是之謂人師（師長）詩曰自西自東自南自北無思不服此之謂也（詩大雅文王有聲之篇）王者有誅而無戰城守不攻兵格不擊（德義未加所以敵人不服故不攻擊也且恐傷我之士卒也）上下相喜則慶之（敵人上下相愛悦則慶賀之豈況侵伐乎）不屠城（屠謂毀其城殺其民若屠者然也）不潛軍不留衆（不久留暴露於外也）師不越時（古者行役不踰時也）故亂者樂其政不安其上欲其至也（東征西怨之比）臨武君

曰善

陳囂問孫卿子曰先生議兵常以仁義爲本陳囂荀卿弟子言先生之議常言兵以仁義爲本也仁者愛人義者循理然則又何以兵爲愛人則懼其殺傷循理則不欲爭奪焉肯抗兵相加乎凡所爲有兵者爲爭奪也非爲愛人循理

孫卿子曰非女所知也彼仁者愛人愛人故惡人之害之也義者循理循理故惡人之亂之也彼兵者所以禁暴除害也非爭奪

也故仁人之兵所存者神所過者化所存止之處畏之如神所過往之國無不從化若時雨之降莫不説喜是以堯伐驩兜伐亦誅也書曰放驩兜于崇山也舜伐有苗命禹伐之書曰帝曰咨禹惟時有苗不率汝徂征之禹伐共工書曰流共工于幽州皆堯之事此云禹伐共工未詳也湯伐有夏文王伐崇武王伐紂此四帝兩王夏殷或稱王或稱帝曲禮曰措之廟立之主曰帝蓋亦論夏殷也至周自貶損全稱王故以文武爲兩王也皆以仁義之兵行於天下也故近者親其善遠方慕其德兵不血刃遠邇來服德

盛於此施及四極詩曰淑人君子其儀不忒此之謂也謂曹風尸鳩之篇

李斯問孫卿子曰李斯孫卿弟子後爲秦相秦四世有勝兵強海內威行諸侯非以仁義爲之也以便從事而已便其所從之事而已謂若劫之以埶隱之以阸狃之以慶賞鰌之以刑罰之比孫卿子曰非女所知也女所謂便者不便之便也汝以不便人爲便之也吾所謂仁義者大便之便也吾以大便人爲便也彼仁義者所以脩政者也政脩則

民親其上，樂其君而輕爲之死。故曰凡在於軍將率末事也（荀卿前對趙孝成王有此言語，弟子所知，故引以荅之也）。秦四世有勝，諰諰然常恐天下之一合而軋己也（漢書諰作鰓。蘇林曰：讀如慎而無禮則葸之葸。鰓，懼貌也。先禮反。張晏曰：軋，踐轢也）。此所謂末世之兵，未有本統也（本統，前行素脩）。故湯之放桀也，非其逐之鳴條之時也；武王之誅紂也，非以甲子之朝而後勝之也，皆前行素脩也。此所謂仁義之兵也（前行素脩，謂前已行之，素已修之。行，讀如字）。今女不求之於本而索之於末此世之所以亂也（本謂仁義末謂變詐世所以亂亦由不求於本而索於末如李斯之說也）禮者治辨之極也強國之本也威行之道也功名之揔也（辨別也揔要也強國謂強其國也）王公由之所以得夫下也不由所以隕社稷也故堅甲利兵不足以爲勝高城深池不足以爲固嚴令繁刑不足以爲威由其道則行不由其道則廢（由用也道即禮也用禮即行不用禮雖堅甲嚴刑皆不足恃也）楚人鮫革犀兕以爲甲鞈

如金石鞈堅貌以鮫魚皮及犀兕爲甲堅如金石之不可入史記作堅如金石鞈古洽反管子曰制重罪入以兵甲犀脅二戟輕罪入蘭盾鞈革二戟犀兕堅如金石之狀也宛鉅鐵鉇慘如蠭蠆宛地名屬南陽徐廣曰大剛曰鉅鉇與鍦同矛也方言云自關而西謂之矛吳揚之間謂之鉇言宛地出此剛鐵爲矛慘如蜂蠆言其中人之慘毒也鉇音啻輕利僄遫卒如飄風言楚人之趫捷也僄亦輕也匹妙反或當爲嫖姚之嫖嫖驍勇也遫與速同然而兵殆於垂沙唐蔑死殆謂危亡也垂沙地名未詳所在漢地志沛郡有垂鄉豈垂沙乎史記楚懷王二十八年秦與齊韓魏共攻楚殺楚將唐昧取我重丘而去昧與蔑同莊蹻起楚分而爲三四司馬貞史記索隱曰莊蹻楚將言其起爲亂後楚遂分爲四韓子曰楚王欲伐越莊子曰臣患目能見百

步而不見其睫主之兵敗於齊晉莊蹻爲盜境内吏不能禁而欲伐越此智之如目也蹻初爲盜後爲楚將是豈無堅甲利兵也哉其所以統之者非其道故也汝潁以爲險江漢以爲池限之以鄧林緣之以方城鄧林北界鄧地之山林緣繞也方城楚北界山名也然而秦師至而鄢郢舉若振槁然舉謂舉而取之鄢郢楚都振擊也槁枯葉也謂白起伐楚一戰舉鄢郢也是豈無固塞隘阻也哉其所以統之者非其道故也紂刳比干囚箕子爲炮烙刑列女傳曰炮烙謂膏銅柱加之炭上令有罪者行焉輙墮火中紂與姐已大笑烙古責反

殺戮無時，臣下懔然莫必其命，懔然悚栗之貌莫自謂必全其命也然而周師至而令不行乎下，不能用其民，是豈令不嚴、刑不繁也哉？其所以統之者非其道故也。古之兵，戈矛弓矢而已矣，然而敵國不待試而詘，試用也詘服也城郭不辨，辨治也或音辨溝池不抇，抇古掘字史記作城郭不集溝池不掘文子曰無伐樹木無抇墳墓抇亦音掘或曰抇當爲扣篆文扣字與抇字相近遂誤耳固塞不樹，機變不張，固塞謂使邊境險固若今之邊城也樹立也塞先代反機變謂器械變動攻敵也然而國晏然不畏外而明內者無它故焉（內當爲固史記作晏然不畏外而固也）明道而分鈞之時使而誠愛之下之和上也如影響（和胡臥反）有不由令者然后誅之以刑故刑一人而天下服罪人不郵其上知罪之在已也是故刑罰省而威流（郵怨也流行也言通流也）無它故焉由其道故也古者帝堯之治天下也蓋殺一人刑二人而天下治（殺一人謂殛鯀于羽山刑二人謂流共工于幽州放驩兠于崇山）傳曰威厲而不試刑

錯而不用此之謂也厲謂抗舉使人畏之凡人之動也爲賞慶爲之則見害傷焉止矣故賞慶刑罰埶詐不足以盡人之力致人之死爲人主上者也其所以接下之百姓者無禮義忠信焉慮率用賞慶刑罰埶詐除阸其下獲其功用而已矣焉慮無慮猶言大凡也除謂驅逐阸謂迫蹙若秦劫之以埶隱之以阸狃之以慶賞之類阸或爲險也大寇則至使之持危城則必畔遇敵處戰則必北北敗走也北者乖背

之名故以敗走爲北也勞苦煩辱則必犇（犇與奔同）霍焉離耳下反制其上（霍焉猶渙焉也離散之後則上下易位若秦項然）故賞慶刑罰埶詐之爲道者傭徒粥賣之道也不足以合大衆美國家故古之人羞而不道也故厚德音以先之明禮義以道之致忠信以愛之尚賢使能以次之爵服慶賞以申之時其事輕其任（事作業任力役）以調齊之長養之如保赤子政令以定風俗以一有離俗不

順其上則百姓莫不敦惡莫不毒孽若袚不祥敦厚也毒害也孽謂妖孽袚除之也然後刑於是起矣是大刑之所加也辱孰大焉將以爲利耶則大刑加焉身苟不狂惑戇陋誰睹是而不改也哉然後百姓曉然皆知脩上之法像上之志而安樂之於是有能化善脩身正行積禮義尊道德於是像之中更有能自脩德者也百姓莫不貴敬莫不親譽然後賞於是起矣是高爵豐

禄之所加也榮孰大焉將以爲害邪則高爵豐禄以持養之（持此以養之也）生民之屬孰不願也雕雕焉縣貴爵重賞於其前（雕雕章明之貌）縣明刑大辱於其後雖欲無化能乎哉故民歸之如流水所存者神所爲者化（存至也言所至之處畏之如神凡所施爲民皆從化也）而順暴悍勇力之屬爲之化而愿（順從也謂好從暴悍勇力之人皆化而愿慤也）旁辟曲私之屬爲之化而公（旁偏頗也辟讀爲僻）矜紇收繚之屬爲之化而

調矜謂夸汰紇謂好發摘人過者也收謂掠美者也繚謂繚繞言委曲也四者皆鄙陋之人今被化則調和也夫是之謂大化至一大化者皆化也至一極一也詩曰王猶允塞徐方既來此之謂也

凡兼人者有三術有以德兼人者有以力兼人者有以富兼人者彼貴我名聲美我德行欲爲我民故辟門除涂以迎吾入辟與闢同開也除涂治其道涂也因其民襲其處而百姓皆安因其民之愛悅襲取其處皆安言不驚擾也立法施令莫不順比比親附也施令則民親比之

是故得地而權彌重兼人而兵俞強是以德兼人者也（俞讀爲愈下同）非貴我名聲也非美我德行也彼畏我威劫我埶（爲我埶所劫也）故民雖有離心不敢有畔慮若是則戎甲俞衆奉養必費（奉養戎甲必煩費也）是故得地而權彌輕兼人而兵俞弱是以力兼人者也非貴我名聲也非美我德行也用貧求富用飢求飽虛腹張口來歸我食若是則必發夫掌窌之粟

以食之（地藏曰窌掌窌主倉廩之官窌音匹孝反）委之財貨以富之立良有司以接之（立溫良之有司以慰接之懼其畔去也）已朞三年然後民可信也（已過也過一朞之後至於三年然後新歸之民可信本非慕化故也）是故得地而權彌輕兼人而國俞貧是以富兼人者也故曰以德兼人者王以力兼人者弱以富兼人者貧古今一也兼并易能也唯堅凝之難焉（凝定也堅固定有地爲難）齊能并宋而不能凝也故魏奪之燕能并齊而不能凝也故田

單奪之韓之上地方數百里宇全富足而趨趙趙不能凝也故秦奪之上地上黨之地宇全言城邑也富具言府庫也趨歸也七朱反史記秦攻上黨韓不能救其守馮亭以上黨降趙趙使馬服子將兵拒秦秦使白起大破馬服於長平阬四十餘萬而奪其地殺戮蕩盡故能并之而不能凝則必奪不能并之又不能凝其有則必亡能凝之則必能并之矣得之則凝兼兵無強得其地則能定之則無有強而不可兼并者也古者湯以薄武王以鄗薄與亳同鄗與鎬同皆百里之地也天下爲一諸侯爲臣無

宅故焉能凝之也故凝士以禮凝民以政禮脩而士服政平而民安士服民安夫是之謂大凝以守則固以征則強令行禁止王者之事畢矣

荀子卷第十

古逸叢書

荀子　二

华东师范大学出版社

荀子卷第十一

登仕郎守大理評事楊倞注

彊國篇第十六

形范正，金錫美，工冶巧，火齊得，火齊得，謂生孰齊和得宜。考工記云：金有六齊。齊，才細反。剖刑而莫邪已。刑與形同。范，法也。形范，鑄劒規模之器也。剖，開也。莫邪，古之良劒。然而不剥脱，不砥厲，則不可以斷繩；剥脱，謂刮去其生澀。砥厲，謂磨淬也。剥脱之，砥厲之，則劙盤盂、刎牛馬忽然耳。劙，割也，音戾。劙盤盂，刎牛馬，蓋古用試劒者也。戰國策趙奢謂田單曰：吴干將之劒肉試則斷牛馬金試則截槃盂皆銅器猶刜鍾無聲及斬牛馬者也忽然言易也彼國者亦彊國之剖刑已如彊國之初開此也然而不教不誨不調不一則入不可以守出不可以戰教誨之調一之則兵勁城固敵國不敢嬰也彼國者亦有砥厲禮義節奏是也節奏有法度也故人之命在天國之命在禮人君者隆禮尊賢而王重法愛民而霸好利多詐而危權謀傾覆幽險而亡幽深傾險使下難知則亡也威有三有道

德之威者，有暴察之威者，有狂妄之威者。暴察謂暴急嚴察也。此三威者，不可不孰察也。禮樂則脩，分義則明，分謂上下有分，義謂各得其宜。舉錯則時，愛利則形。形見也。愛利人之心見於外也。如是，百姓貴之如帝，高之如天，帝天神也。親之如父母，畏之如神明。故賞不用而民勸，罰不用而威行，夫是之謂道德之威。禮樂則不脩，分義則不明，舉錯則不時，愛利則不形，然而其禁暴也察，其誅不

服也審其刑罰重而信其誅殺猛而必申商
之比黕然而雷擊之如牆厭之黕然卒至之貌說文云黕黑色猶闇
然黕烏感反厭讀爲壓如是百姓劫則致畏見劫脅之時則畏也羸
則敖上稍羸緩之則傲慢羸音盈執拘則最得閒則散最聚
也間隙也公羊傳曰會猶最也何休曰最聚也敵中則奪敵人得中道則奪其國一曰中擊也丁仲
反非劫之以形埶非振之以誅殺則無以
有其下振動夫是之謂暴察之威無愛人之
心無利人之事而日爲亂人之道百姓讙

敖則從而執縛之刑灼之不和人之心（讙喧譁也）

（敖喧噪也亦讀爲嗷謂叫呼之聲嗷嗷然也五刀反）如是下比周賁潰以離上矣（賁讀爲憤憤然也民逃其上曰潰）傾覆滅亡可立而待也

夫是之謂狂妄之威此三威者不可不孰察也道德之威成乎安彊暴察之威成乎危弱狂妄之威成乎滅亡也公孫子曰子發將西伐蔡克蔡獲蔡侯（公孫子齊相也未知其名後語孟嘗君客有公孫成豈後爲齊相乎或曰公孫名忌子發楚令尹未知其姓戰國策莊辛諫楚襄王曰蔡聖侯南遊乎高陂北

陵乎巫山左枕幼妾右擁嬖女與之馳騁乎高蔡之閒而不以國家爲事不知夫子發方受命乎宣王繫以朱絲而見之史記蔡侯齊爲楚惠王所滅莊辛云宣王與史記不同

歸致命曰蔡侯奉其社稷而歸之楚歸致命於君言蔡侯自奉其社稷歸楚非已之功也舍屬二三子而治其地舍子發名屬請也之欲反二三子楚之諸臣也治其地謂安輯其民也子發不欲獨擅其功故請諸臣理其地也既楚發其賞既謂論功之後發行也子發辭曰發誡布令而敵退是主威也徙舉相攻而敵退是將威也合戰用力而敵退是衆威也誡教也凡發誡布令而敵退則是畏其主徙舉相攻而敵退則是畏其將合戰用力而敵退則

畏其衆也臣舍不宜以衆威受賞是時合戰用力而滅蔡故曰衆威此以上公孫子美子發之辭也以下荀卿之辭也譏之曰子發之致命也恭其辭賞也固固陋也其致命難其辭賞則固陋非坦明之道也夫尚賢使能賞有功罰有罪非獨一人爲之也自古皆然彼先王之道也一人之本也善善惡惡之應也彼彼賞罰也言彼賞罰者乃先王之道齊一人之本善善惡惡之報應也治必由之古今一也爲治必用賞罰古者明王之舉大事立大功也大事已博大功已立則君享其成羣

臣享其功（享獻也謂受其獻也）士大夫益爵官人益秩庶人益祿（爵謂若秦庶長不更之屬官人羣吏也庶人士卒也秩祿皆謂廩食也）是以爲善者勸爲不善者沮上下一心三軍同力是以百事成而功名大也今子發獨不然反先王之道亂楚國之法墮興功之臣恥受賞之屬（人皆受賞子發獨辭是使興功之臣墮廢其志受賞之屬慙恥於心）無僇乎族黨而抑卑乎後世（夫先祖有寵錫則子孫揚其功族黨遭刑戮則後世蒙其恥今子發自謂無功則子孫無以稱揚雖無刑戮之恥而後世亦抑損卑下無以光榮也）案

獨以爲私廉豈不過甚矣哉故曰子發之致命也恭其辭賞也固

荀卿子説齊相曰處勝人之埶行勝人之道天下莫忿湯武是也處勝人之埶不以行勝人之道以用厚於有天下之埶索爲匹夫不可得也桀紂是也然則得勝人之埶者其不如勝人之道遠矣夫主相者勝人以埶也是爲是非爲非能爲能不能爲不

能併己之私欲必以道夫公道通義之可以相兼容者是勝人之道也（併讀曰屏屏棄也屏棄私欲遵達公義也）今相國上則得專主下則得專國相國之於勝人之埶亶有之矣（亶讀爲擅本亦或作擅或曰亶誠也）然則胡不敺此勝人之埶赴勝人之道（敺謂駕馭之也或作謳歌此勝人之埶誤也）求仁厚明通之君子而託王焉（求賢而託之以王使輔佐也）與之參國政正是非如是則國孰敢不爲義矣（國內皆化之也）君臣上下貴賤長少

至于庶人莫不爲義則天下孰不欲合義矣（天下皆來歸義也）賢士願相國之朝能士願相國之官好利之民莫不願以爲齊爲歸是一天下也相國舍是而不爲案直爲是世俗之所以爲（不爲勝人之道但爲勝人之埶）則女主亂之宫詐臣亂之朝貪吏亂之官衆庶百姓皆以貪利爭奪爲俗曷若是而可以持國乎今巨楚縣吾前（楚在齊南故曰前縣聯繫之也）大燕鰌吾後（燕在齊北故曰後鰌

蹴也藉也如蹴踏於後莊子風謂蛇曰鰌我必勝我本亦或作蹲吾後也勁魏鉤吾右西壤之不絕若繩魏在齊西故曰右鉤謂如鉤取物也西壤齊西界之地若繩言細也楚人則乃有襄賁開陽以臨吾左襄賁開陽楚二邑在齊之東者也漢書地理志二縣皆屬東海郡賁音肥是一國作謀則三國必起而乘我一國謀齊則三國乘其敝如是則齊必斷而爲四三國分齊則斷爲四謂楚取其二魏燕各取其一也三國若假城然耳言齊如三國之寄城耳不久當歸之也必爲天下大笑曷若天下必笑其無謀滅亡問以爲何如也兩者孰足爲也兩者勝人之道與勝人之孰一則天下歸

（一則天下笑問何者可爲也）天桀紂聖王之後子孫也有天下者之世也（世謂繼世）埶籍之所存天下之宗室也（埶位國籍之所在也）土地之大封内千里人之衆數以億萬（其數億萬）俄而天下倜然舉去桀紂而犇湯武（倜然高舉之貌舉皆也犇與奔同）反然舉疾惡桀紂而貴帝湯武（反音番番然改變貌惡烏路反）是何也夫桀紂何失而湯武何得也（假設問荅）是無他故焉桀紂者善爲人之

所惡而湯武者善爲人之所好也人之所惡者何也曰汙漫爭奪貪利是也（汙漫謂穢汙不脩絜也或曰漫謂欺誑也汙烏路反漫莫但反）人之所好者何也曰禮義辭讓忠信是也今君人者辟稱比方則欲自並乎湯武（辟讀爲譬稱尺證反）若其所以統之則無以異於桀紂而求有湯武之功名可乎（統制治也）故凡得勝者必與人也凡得人者必與道也道也者何也曰禮義辭讓忠信是也故

自四五萬而往者彊勝非衆之力也隆在信矣而往猶以上也言有兵四五萬以上者若能崇信則足以自致彊勝不必更待與國之衆也若不崇信雖有與國之衆猶無益故曰非衆之力也自數百里而往者安固非大之力也隆在脩政矣有數百里之地脩政則安固不必更待地廣也荀卿常言湯武以百里之地王天下今言此者若言常人之治非論聖人也今已有數萬之衆者也陶誕比周以爭與陶當爲檮杌之檮或曰當爲逃謂逃匿其情與謂黨與之國也已有數百里之國者也汙漫突盜以爭地突謂相陵犯也然則是棄己之所以安彊

而爭己之所以危弱也損己之所以不足以重己之所以有餘損減也重多也不足謂信與政有餘謂衆與地也若是其悖繆也而求有湯武之功名可乎辟之是猶伏而咶天救經而引其足也咶與舐同經縊也音經救縊而引其足縊愈急也說必不行矣俞務而俞遠爲人臣者不恤己行之不行上行下孟反下如字苟富利而已矣是渠衝入穴而求利也渠大也渠衝攻城之大車也詩曰臨衝閑閑韓子曰奏百貍首射侯不當彊弩趨發平城距衝不若堙內伏橐或作距衝蓋言可以距矢石是仁

人之所羞而不爲也（屈大就小務於苟得故羞而不爲也）故人莫貴乎生莫樂乎安所以養生安樂者莫大乎禮義人知貴生樂安而棄禮義辟之是猶欲壽而殄頸也（殄當爲刎）愚莫大焉故君人者愛民而安好士而榮兩者無一焉而亡詩曰价人維藩大師維垣此之謂也（大雅板之篇義已解上）

力術止義術行曷謂也曰秦之謂也（力術彊兵之術義術仁義之術止謂不能進取霸王也言用力術則止用義術則行發此論以謂秦也新序李斯問孫卿曰當今之時爲

（秦奈何孫卿曰力術止義術行秦之謂也）威彊乎湯武廣大乎舜禹然而憂患不可勝校也（校計）諰諰常恐天下之一合而軋己也此所謂力術止也曷謂乎威彊乎湯武湯武也者乃能使說己者使耳（說音悅）今楚父死焉國舉焉負三王之廟而辟於陳蔡之閒（此楚頃襄王之時也父謂懷王爲秦所虜而死也至二十一年秦將白起遂拔我鄢郢燒先王墓於夷陵襄王兵散遂不復戰東北保陳城廟主也辟如字謂自屏遠也或曰讀爲避）視可伺閒案欲剡其脛而以蹈秦之腹

視可謂觀其可伐也剡亦斬也然而秦使左案左使右案右是能使讎人役也秦能使讎人爲之徒役謂楚襄王七年迎婦於秦城十五年與秦伐燕二十七年復與秦平而入太子質之類也此所謂威彊乎湯武也曷謂廣大乎舜禹也曰古者百王之一天下臣諸侯也未有過封内千里者也封畿之内今秦南乃有沙羨與俱是乃江南也漢書地理志沙羨縣屬江夏郡此地俱屬秦是有江南也北與胡貉爲鄰西有巴戎巴在西南戎在西皆隸屬秦東在楚者乃界於齊謂東侵楚地所得者乃與齊爲界也在

韓者踰常山乃有臨慮漢書地理志臨慮縣名屬河内今屬相州也在魏者乃據圍津即去大梁百有二十里耳圍當爲圉漢書曾參下脩武度圉津顔師古曰在東郡豈古名圉津轉寫爲圍或作韋津今有韋城豈是耶史記朱忌謂魏安釐王曰秦固有懷茅邢丘城垝津以臨河内河内共汲必危垝圍聲相近疑同垝居委反其在趙者剡然有苓而據松柏之塞剡然侵削之貌苓地名未詳所在或曰苓當與靈同漢書地理志常山郡有靈壽縣今屬眞定或曰苓當爲卷按卷縣屬河南非趙地也松柏之塞蓋趙樹松柏與秦爲界今秦據有之負西海而固常山負背也常山本趙山秦今有之言秦背西海東向以常山爲固也是地徧天下也威動海内彊殆中

國（秦之彊能危殆中國殆或爲治）然而憂患不可勝校也諰諰常恐天下之一合而軋己也此所謂廣大乎舜禹也然則奈何曰節威反文（節減威彊復用文理）案用夫端誠信全之君子治天下焉（全謂德全）因與之參國政正是非治曲直而聽咸陽（使聽咸陽之政）順者錯之不順者而後誅之（錯置也謂捨而不伐）若是則兵不復出於塞外而令行於天下矣若是則雖爲之築明堂於塞外而朝諸侯

殆可矣明堂天子布政之宫於塞外三字衍也以前有兵不復出於塞外故誤重寫此三字耳殆庶幾也秦若使賢人爲政雖築明堂朝諸侯庶幾可矣或曰塞外境外也明堂壇也謂廵狩至方岳之下會諸侯爲宫方三百步四門壇十有二尋深四尺加方明于其上左氏傳爲王宫於踐土亦其類也或曰築明堂於塞外謂使他國爲秦築帝宫也戰國策韓王謂張儀曰請比秦郡縣築帝宫祠春秋稱東蕃是也假令之世益地不如益信之務也

應侯問孫卿子曰入秦何見應侯秦相范雎封於應也杜元凱云應國在襄陽父城縣西南也孫卿子曰其國塞險形埶便山林川谷美謂多良材及溉灌之利也天材之利多所出物産多也

是形勝也形地形便而物産多所以爲勝故曰如高屋之上而建瓴水也入境觀其風俗其百姓樸其聲樂不流汙流邪淫也汙濁也不流汙言清雅也其服不挑挑偷也不爲奇異之服詩序曰長民者衣服不貳從容有常以齊其民則民德歸壹也甚畏有司而順古之民也及都邑官府及至也至縣邑之解署其百吏肅然莫不恭儉敦敬忠信而不楛古之吏也楛音苦濫惡也一曰讀爲王事靡盬之盬盬不堅固也入其國觀其士大夫出於其門入於公門出於公門歸於其家無有私事也不比

周不朋黨倜然莫不明通而公也古之士大夫也倜然高遠貌觀其朝廷其朝閒聽決百事不留恬然如無治者古之朝也朝閒朝退音古莧反恬然安閑貌如無治者如都無聽治處也故四世有勝非幸也數也是所見也故曰佚而治約而詳不煩而功治之至也秦類之矣雖佚而治雖約而詳雖不煩而有功古之至治有如此者今秦似之雖然則有其諰矣諰懼兼是數具者而盡有之然而縣之以王者之功名則倜倜

然其不及遠矣（縣音懸謂遠繫）是何也則其殆無儒邪故曰粹而王（粹謂全用儒道）駁而霸無一焉而亡此亦秦之所短也

積微月不勝日時不勝月歲不勝時（積微細之事月不如日日言常須日日留心於庶事不可怠忽也）凡人好敖慢小事大事至然後興之務之如是則常不勝夫敦比於小事者矣（敦比精審躬親之謂）是何也則小事之至也數其縣日也博其爲積也大（數音朔博謂所縣繫時日多也）

大謂積小以成大若蟻垤然也大事之至也希其縣日也淺其爲積也小時日既淺則所積亦少也故善日者王善時者霸補漏者危大荒者亡善謂愛惜不怠棄也補漏謂不能積功累業至於敝漏然後補之大荒謂都荒廢不治也故王者敬日敬謂不敢慢也故曰吉人爲善唯日不足霸者敬時動作皆不失時或曰時變則懼治之不立也僅存之國危而後戚之戚憂亡國至亡而後知亡至死而後知死亡國之禍敗不可勝悔也所悔之事不可勝舉言多甚也霸者之善箸焉可以時託也霸者其善明箸以其

所託不失時也王者之功名不可勝日志也日記識其政事故能功名不可勝數財物貨寶以大爲重政教功名反是能積微者速成詩曰德輶如毛民鮮克舉之此之謂也詩大雅烝民之篇輶輕也引之以明積微至著之功

凡姦人之所以起者以上之不貴義不敬義也上行下效夫義者所以限禁人之爲惡與姦者也今上不貴義不敬義如是則下之人百姓皆有棄義之志而有趨姦之心矣

此姦人之所以起也且上者下之師也夫下之和上辟之猶響之應聲影之像形也故爲人上者不可不順也（不可不順義或曰當爲慎）夫義者内節於人而外節於萬物者也（節即謂限禁也）上安於主而下調於民者也（得其節即上安而下調也）内外上下節者義之情也（義之情皆在得其節）然則凡爲天下之要義爲本而信次之古者禹湯本義務信而天下治桀紂棄義背信而天下亂

故爲人上者必將愼禮義務忠信然後可此君人者之大本也愼或爲順堂上不糞則郊草不瞻曠芸曠空也空謂無草也芸謂有草可芸鋤也堂上猶未糞除則不暇瞻視郊野之草有無也言近者未理不暇及遠魯連子謂田巴曰堂上不糞者郊草不芸也白刃扞乎胷則目不見流矢扞蔽也扞蔽於胷謂見斬刺也懼白刃之甚不暇憂流矢也拔戟加乎首則十指不辭斷言不惜十指而救首也拔或作校或作枝非不以此爲務也疾養緩急之有相先者也疾痛也養與癢同言非不以郊草流矢十指爲務痛癢緩急有所先救者

（也言此者明人君當先務禮義然後及他事也）

天論篇第十七

天行有常（天自有常行之道也）不爲堯存不爲桀亡應之以理則吉應之以亂則凶（吉凶由人天非愛堯而惡桀也）彊本而節用則天不能貧（本謂農桑）養備而動時則天不能病（養備謂使人衣食足動時謂勸人勤力不失時亦不使勞苦也養生既備動作以時則疾疹不作也）脩道而不貳則天不能禍（貳即倍也）故水旱不能使之飢渴寒暑不能使之疾祅恠

不能使之凶畜積有素故水旱不能使之飢渴既無飢寒之患則癘疫所不能加之也本荒而用侈則天不能使之富養略而動罕則天不能使之全略減少也罕希也養略謂使人衣食不足也動希言怠惰也衣食減少而又怠惰則天不能全也倍道而妄行則天不能使之吉故水旱未至而飢寒暑未薄而疾薄迫也音博祆怪未至而凶受時與治世同而殃禍與治世異不可以怨天其道然也非天降災人自使然故明於天人之分則可謂至人矣知在人不在天斯爲至人不爲而成

不求而得夫是之謂天職不爲而成不求而得四時行焉百物生焉天之職任如此豈愛憎於堯桀之間乎如是者雖深其人不加慮焉雖大不加能焉雖精不加察焉夫是之謂不與天爭職其人至人也言天道雖深遠至人曾不措意測度焉以其無益於治若措其在人者慕其在天者是爭職也莊子曰六合之外聖人存而不論也天有其時地有其財人有其治夫是之謂能參人能治天時地財而用之則是參於天地舍其所以參而願其所參則惑矣舍人事而欲知天意斯惑矣列星隨旋日月遞炤四時代御

陰陽大化風雨博施（列星有列位者二十八宿也隨旋相隨回旋也炤與照同陰陽大化謂寒暑變化萬物也博施謂廣博施行無不被也）萬物各得其和以生各得其養以成不見其事而見其功夫是之謂神（和謂和氣養謂風雨不見和養之事但見成功斯所以爲神若有眞宰然也）皆知其所以成莫知其無形夫是之謂天（言天道之難知）或曰當爲夫是之謂天功脱功字耳）唯聖人爲不求知天（既天道難測故聖人但脩人事不務役慮於知天也）天職既立天功既成形具而神生好惡喜怒哀樂臧焉夫是之謂天情（言人之身

亦天職天功所成立也形謂百骸九竅神精魂也天情所受於天之情也耳目鼻口形能各有接而不相能也夫是之謂天官耳辨聲目辨色鼻辨臭口辨味形辨寒熱疾養其所能皆可以接物而不能互相爲用官猶任也言天之所付任有如此也心居中虛以治五官夫是之謂天君心居於中空虛之地以制治耳目鼻口形之五官是天使爲形體之君也財非其類以養其類夫是之謂天養財與裁同飲食衣服與人異類裁而用之可使養口腹形體故曰裁非其類以養其類是天使奉養之道如此也順其類者謂之福逆其類者謂之禍夫是之謂天政順其類謂能裁者也逆其類謂不能裁者也天政言如賞罰之

政令自天職既立以上並論天所置立之事以下論逆天順天之事在人所爲也闇其天君昏亂其心亂其天官聲色臭味過度棄其天養不能務本節用逆其天政不能養其類也背其天情好惡喜怒哀樂無節以喪天功喪其生成之大功使不蕃滋也夫是之謂大凶此皆言不脩故違天之禍聖人清其天君正其天官備其天養順其天政養其天情以全其天功如是則知其所爲知其所不爲矣知務導達不攻異端則天地官而萬物役矣言聖人自脩政則可以任天地役萬物也其行曲治其養曲適其

生不傷夫是之謂知天其所自脩行之政曲盡其治其所養人之術曲盡其適其生長萬物無所傷害是謂知天也言明於人事則知天物其要則曲盡也故大巧在所不爲大知在所不慮此明不務知天是乃知天也亦猶大巧在所不爲知天地之成萬物也若偏有所爲則其巧小矣大智在所不慮知聖人無爲而治也若偏有所慮則其知窄矣所志於天者已其見象之可以期者矣志記識也聖人雖不務知天猶有記識以助治道所記識於天者其見垂象之文可以知其節候者是也謂若堯命羲和欽若昊天日月星辰敬授人時者也所志於地者已其見宜之可以息者矣所以記識於地其見土宜可以蕃息嘉穀者是也所志於四時

者已其見數之可以事者矣〔數謂春作夏長秋斂冬藏必然之數事謂順時理其事也所記識於四時者取順時之數而令生長收藏者也〕所志於陰陽者已其見知之可以治者矣〔知謂知其生殺也所以記識陰陽者爲知其生殺效之爲賞罰以治之也知或爲和〕官人守天而自爲守道也〔官人任人欲任人守天在於自守道也皆明不務知天之義也〕

治亂天邪曰日月星辰瑞歷是禹桀之所同也〔或曰當時星辰書之名也〕禹以治桀以亂治亂非天也時邪曰繁啓蕃長於春夏〔繁多也蕃茂也〕畜積

收藏於秋冬是又禹桀之所同也禹以治桀以亂治亂非時也地邪曰得地則生失地則死是又禹桀之所同也禹以治桀以亂治亂非地也（言皆在人不在天地與時也）詩曰天作高山大王荒之彼作矣文王康之此之謂也（詩周頌天作之篇引之以明吉凶由人如大王之能尊大岐山也）天不爲人之惡寒也輟冬地不爲人之惡遼遠也輟廣君子不爲小人之匈匈也輟

行（匈匈喧譁之聲與訩同音凶又許用反行下孟反）天有常道矣地有常數矣君子有常體矣君子道其常而小人計其功（道言也君子常造次必守其道小人則計一時之功利因物而遷之也）詩曰何恤人之言兮此之謂也（逸詩也以言苟守道不違何畏人之言也）楚王後車千乘非知也君子啜菽飲水非愚也是節然也（節謂所遇之時命也）若夫心意脩德行厚知慮明生於今而志乎古則是其在我者也故君子慕其在已者而不慕其在天

者在天謂富貴也小人錯其在己者而慕其在天者錯置君子敬其在己者而不慕其在天者是皆進也求己而不苟故日進小人錯其在己者而慕在其天者是以日退也望徼幸而不求己故日退也故君子之所以日進與小人之所以日退一也皆有慕有不慕君子小人之所以相縣者在此耳星隊木鳴國人皆恐曰是何也曰無何也假設問荅無何也言不足憂也是天地之變陰陽之化物之罕至者也星墜天地之變

（木鳴陰陽之化罕希也）怪之可也而畏之非也（以其罕至謂之怪異則可因遂畏懼則非）夫日月之有食風雨之不時怪星之黨見（黨見頻見也言如朋黨之多見賢遍反）是無世而不常有之上明而政平則是雖並世起無傷也（並世起謂一世之中並起也）上闇而政險則是雖無一至者無益也夫星之隊木之鳴是天地之變陰陽之化物之罕至者也怪之可也而畏之非也物之已至者人祅則可畏也（物之既至可畏者在人之祅也）楛

耕傷稼，耘耨失薉，政險失民，楛耕，謂麤惡不精也。失薉，謂耘耨失時使穢也。政險，威虐也。薉與穢同。田薉稼惡，糴貴民飢，道路有死人，夫是之謂人祆。政令不明，舉錯不時，本事不理，夫是之謂人祆。舉，謂起兵動衆。錯，謂懷安失於事機也。本事，農桑之事也。勉力不時，則牛馬相生，六畜作祆，此三句宜承其菑甚慘之下。勉力，力役也。不時則人多怨曠，其氣所感，故生非其類也。禮義不脩，內外無別，男女淫亂，則父子相疑，上下乖離，寇難並至，夫是之謂人祆。祆是生於亂三者錯無安國（三者三人祅也錯置也置此三祅於國中則無有安也）其說甚爾其菑甚慘（爾近也三人祅之說比星隊木鳴爲淺近然其災害人則甚慘毒也）可怪也而不可畏也（此二句承六畜作祅之下蓋録之時錯亂迷誤失其次也）傳曰萬物之怪書不說（書謂六經也可爲勸戒則明之不務廣說萬物之怪也）無用之辯不急之察棄而不治若夫君臣之義父子之親夫婦之别則日切瑳而不舍也

雩而雨何也曰無佗也猶不雩而雨也（雩求

雨之禱也或者問歲旱雩則得雨此何祥也對以與不雩而雨同明非求而得也周禮司巫國大旱則率巫而舞雩也

日月食而救之天旱而雩卜筮然後決大事非以爲得求也以文之也得求得所求也言爲此以示急於災害順人之意以文飾政事而已

故君子以爲文而百姓以爲神以爲文則吉以爲神則凶也順人之情以爲文飾則無害淫祀求福則凶也

在天者莫明於日月在地者莫明於水火在物者莫明於珠玉在人者莫明於禮義

故日月不高則光輝不赫水火不積則輝潤不博珠玉不睹乎外則王公不以爲寶禮義不加於國家則功名不白故人之命在天國之命在禮君人者隆禮尊賢而王重法愛民而霸好利多詐而危權謀傾覆幽險而盡亡矣幽險謂隱匿其情而凶虐難測也權謀多詐幽險三者盡亡之道也

大天而思之孰與物畜而制之尊大天而思慕之欲其豐富孰與使物畜積而我裁制之從天而頌之孰與制天命而用之

頌者美盛德也從天而羨其盛德豈如制裁天之所畜而我用之謂若曲者爲輪一直者爲桶任材而用也望時而待之孰與應時而使之望時而待謂若農夫之望歲也孰與應春生夏長之候使不失時也因物而多之孰與聘能而化之目物而自多不如聘其智能而化之使多也若后稷之播種然也思物而物之孰與理物而勿失之也思得万物以爲巳物孰與理物皆得其宜不使有所失喪願於物之所以生孰與有物之所以成故錯人而思天則失萬物之情物之生雖在天成之則在人也此皆言理平豐富在人所爲不在天也若廢人而妄思天雖勞心若思猶无益也百王之無

變足以爲道貫無變不易也百王不易者謂禮也言禮可以爲道之條貫也一廢一起應之以貫雖質文廢起時有不同然其要歸以禮爲條貫論語孔子曰殷因於夏禮所損益可知也周因於殷禮所損益可知也其或繼周者雖百代可知也理貫不亂知理則其條貫不亂不知貫不知應變不知以禮爲條貫則不能應變言必差錯而亂也貫之大體未嘗亡也亂生其差治盡其詳差謬也所以亂者生於條貫差謬所以治者在於精詳也故道之所善中則可從畸則不可爲匿則大惑畸者不偶之名謂偏也道之所善得中則從偏側則不可爲匿謂隱匿其情禮者明示人者也若隱匿則大惑畸音羈水行者

表深表不明則陷表標准也陷溺也治民者表道表不明則亂禮者表也非禮昏世也昏世大亂也昏世謂使世昏闇也故道無不明外內異表隱顯有常民陷乃去道禮也外謂朝聘内謂冠昏所表識章示各異也隱顯即内外也有常言有常法也如此民陷溺之患乃去也萬物爲道一偏一物爲萬物一偏愚者爲一物一偏如有不能盡一物也而自以爲知道無知也以偏爲知道豈有知哉慎子有見於後無見於先慎到本黄老之術明不尚賢不使能之道故莊子論慎到曰塊不失道以其無

爭先之意故曰見後而不見先也漢書藝文志慎子著書四十二篇班固曰先申韓申韓稱之也老子有見於詘無見於信老子周之守藏史姓李字伯陽號稱老聃孔子之師也著五千言其意多以屈爲伸以柔勝剛故曰見詘而不見信也信讀爲伸墨子有見於齊無見於畸畸謂不齊也墨子著書有上同兼愛是見齊而不見畸也宋子有見於少無見於多宋子名鈃宋人也與孟子同時下篇云宋子以人之情爲欲寡而皆以己之情爲欲多爲過也據此說則是少而不見多也鈃音形又胡泠反漢書藝文志有宋子十八篇班固云荀卿道宋子其言黃老意有後而無先則羣衆無門夫衆羣在上之開導皆處後而不處先羣衆無門戶也有詘而無信則貴賤不分貴者伸而賤者

詘則分別矣若皆貴柔弱卑下則無貴賤之別也有齊而無畸則政令不施夫施政令所以治不齊者若上同則政令何施也有少而無多則羣衆不化夫欲多則可以勸誘爲善若皆欲少則何能化之書曰無有作好遵王之道無有作惡遵王之路此之謂也書洪範以喻偏好則非遵王道也

荀子卷第十一

荀子卷第十二

登仕郎守大理評事楊倞注

正論篇第十八

世俗之爲說者曰主道利周是不然此一篇皆論世俗之乖謬荀卿以正論辨之周密也謂隱匿其情不使下知也世俗以爲主道利在如此也主者民之唱也上者下之儀也謂下法上之表儀也彼將聽唱而應視儀而動唱默則民無應也儀隱則下無動也不應不動則上下無以相有也

上不導其下則下無以效上是不相須也若是則與無上同也不祥莫大焉故上者下之本也上宣明則下治辨矣宣露辨別也下知所從則明別於事也上端誠則下愿愨矣上公正則下易直矣上公正則下不敢險曲也治辨則易一愿愨則易使易直則易知易一則彊易使則功易知則明是治之所由生也上周密則下疑玄矣玄謂幽深難知或讀爲眩惑也下同上幽險則下漸詐矣幽隱也險難測也漸進也如字又曰漸浸也謂浸成其詐也漸子廉反上

偏曲則下比周矣疑玄則難一疑惑不知所從故難一也漸詐則難使比周則難知人人懷和親比則上不可知其情禮記曰下難知則君長勞也難一則不彊難使則不功難知則不明是亂之所由作也故主道利明不利幽利宣不利周故主道明則下安主道幽則下危下知所從則安不知所從則自危也故下安則貴上下危則賤上貴猶愛也賤猶惡也故上易知則下親上矣上難知則下畏上矣下親上則上安下畏上

則上危畏則謀上故主道莫惡乎難知莫危乎使下畏己傳曰惡之者衆則危書曰克明明德書多方曰成湯至于帝乙罔不明德慎罰詩曰明明在下詩大雅大明之篇言文王之德明明在下故赫赫然著見於天也故先王明之豈特玄之耳哉特猶耳也

世俗之爲說者曰桀紂有天下湯武篡而奪之是不然以桀紂爲常有天下之籍則然以常主天下之圖籍則然親有天下之籍則不然躬親能有天下

（則不然以其不能治之也）天下謂在桀紂則不然古者天子千官諸侯百官以是千官也令行於諸夏之國謂之王（夏大也中原之大國）以是百官也令行於境內國雖不安不至於廢易遂亡謂之君（僅存之君）聖王之子也（子子孫也）有天下之後也埶籍之所在也天下之宗室也然而不材不中（不中謂處事不當也中丁仲反）內則百姓疾之外則諸侯叛之近者境內不一遙者諸侯不聽令不行

於境内甚者諸侯侵削之攻伐之若是則雖未亡吾謂之無天下矣聖王沒有埶籍者罷不足以縣天下聖王禹湯也有埶籍者謂其子孫也罷謂弱不任事也縣繫也音懸天下無君桀紂不能治天下是無君諸侯有能德明威積海内之民莫不願得以爲君師師長然而暴國獨侈安能誅之暴國即桀紂也侈謂奢汰放縱必傷害無罪之民誅暴國之君若誅獨夫天下皆去無助之者若一夫然也若是則可謂能用天下矣能用天下之

謂王湯武非取天下也（非奪桀紂之天下也）脩其道行其義興天下之同利除天下之同害而天下歸之也桀紂非去天下也（非天下自去也）反禹湯之德亂禮義之分禽獸之行積其凶全其惡而天下去之也天下歸之之謂王天下去之之謂亡故桀紂無天下而湯武不弑君由此效之也（天下皆去桀紂是無天下也湯武誅獨夫耳豈爲弑君乎由用也效明也用此論明之）湯武者民之父母也桀紂者民之怨

賊也今世俗之爲說者以桀紂爲君而以湯武爲弒然則是誅民之父母而師民之怨賊也師長不祥莫大焉以天下之合爲君則天下未嘗合於桀紂也然則以湯武爲弒則天下未嘗有說也直墮之耳自古論說未嘗有此世俗之墮損湯武耳故天子唯其人天下者至重也非至彊莫之能任物之至彊者乃能勝重任至大也非至辨莫之能分至大則難詳故非小智所能分別也至衆也非至明莫

之能和（天下之人至衆非極知其情僞不能和輯也）此三至者非聖人
莫之能盡故非聖人莫之能王（重大如此三者非聖人安能王）
乎（王于況反）聖人備道全美者也是縣天下之權
稱也（縣天下如權稱之縣揔知輕重也稱尺證反）桀紂者其知慮至
險也其至意至闇也（至意當爲志意）其行之爲至
亂也親者疏之賢者賤之生民怨之禹湯
之後也而不得一人之與刳比干囚箕子
身死國亡爲天下之大僇後世之言惡者

必稽焉[言惡者必稽考桀紂以爲龜鏡也]是不容妻子之數也[不能容有其妻子是如此之人數也猶言不能保妻子之徒也列子梁王謂揚朱曰先生有一妻一妾不能治也]故至賢疇四海湯武是也至罷不容妻子桀紂者也[疇四海謂以四海爲疇域或曰疇與籌同謂計度也]今世俗之爲說者以桀紂爲有天下而臣湯武豈不過甚矣哉[以桀紂爲君以湯武爲臣而殺之是過甚也]譬之是猶傴巫跛匡大自以爲有知也[匡讀爲尪廢疾之人王霸篇曰賤之如尪與此匡同禮記曰吾欲暴尪而奚若言世俗此說猶巫尪大自以爲神異也]故可以有

奪人國不可以有奪人天下可以有竊國不可以有竊天下也一國之人易服故可以有竊者天下之心難歸故不可也竊國田常六卿之屬是也可以奪之者可以有國不可以有天下竊可以得國而不可以得天下是何也曰國小具也可以小人有也可以小道得也可以小力持也天下者大具也不可以小人有也不可以小道得也不可以小力持也國者小人可以有之然而未必

不亡也小人既可以有之則易滅亡明取國與取天下殊也天下者至大也非聖人莫之能有也

世俗之爲說者曰治古無肉刑而有象刑治古古之治世也肉刑墨劓剕宫也象刑異章服恥辱其形象故謂之象形也書曰臯陶方施象刑惟明孔安國云象法也案書之象刑亦非謂形象也墨黥世俗以爲古之重罪以墨涅其面而已更無劓刖之刑也或曰墨黥當爲墨幪但以黑巾幪其頭而已慅嬰當爲澡嬰謂澡濯其布爲纓鄭云凶冠之飾令罪人服之禮記曰緦冠繰纓鄭云有事其布以爲纓也澡或讀爲草愼子作草纓也共艾畢共未詳或衍字耳艾蒼白色畢與韠同紱也所以蔽前君以朱大夫素士爵韋令罪人服之故以蒼白色

爲韠也**菲對屨**菲草屨也對當爲紨傳寫誤耳紨枲也慎子作紨言罪人或菲或枲爲屨故曰菲紨屨紨方孔反對或爲蒯禮有疏屨傳曰藨蒯之菲也**殺赭衣而不純**以赤土染衣故曰赭衣純緣也殺之所以異於常人之服也純音準殺所介反慎子曰有虞氏之誅以畫跪當黥以草纓當劓以復紨當刖以艾韠當宮此有虞之誅也又尚書大傳曰唐虞之象刑上刑赭衣不純中刑雜屨下刑墨幪幪巾也**治古如是**世俗說以治古如是**是不然以爲治邪則人固莫觸罪非獨不用肉刑亦不用象刑矣以爲人或觸罪矣而直輕其刑然則是殺人者不死傷人者不刑也罪至重而刑**

至輕庸人不知惡矣亂莫大焉（惡烏路反）凡刑人之本禁暴惡惡且徵其末也（徵讀爲懲未謂將來）殺人者不死而傷人者不刑是謂惠暴而寬賊也非惡惡也故象刑殆非生於治古並起於亂今也（今之亂世妄爲此說）治古不然凡爵列官職賞慶刑罰皆報也以類相從者也（報謂報其善惡各以類相從謂善者得其善惡者得其惡也）一物失稱亂之端也（失稱謂失其所稱類不相從也稱尺證反）夫德不稱位能不稱官賞不當功

罰不當罪不祥莫大焉昔者武王伐有商誅紂斷其首懸之赤旆史記武王斬紂頭懸之大白旗此云赤旆所傳聞各異也禮記明堂位說旗曰殷之大白周之大赤即史記之說非也夫征暴誅悍治之盛也殺人者死傷人者刑是百王之所同也未有知其所由來者也刑稱罪則治不稱罪則亂故治則刑重亂則刑輕治世刑必行則不敢犯故重亂世刑不行則人易犯故輕李奇注漢書曰世所以治乃刑重所以亂乃刑輕也犯治之罪固重犯亂之罪固輕也治世家給人足犯法者少有犯則衆惡之

罪固當重也亂世人迫於飢寒犯法者多不可盡用重典當輕也書曰刑罰世輕世重此之謂也書甫刑以言世有治亂故法有重輕也世俗之爲說者湯武不能禁令是何也言不能施禁令故有所不至者曰楚越不受制是不然湯武者至天下之善禁令者也湯居亳武王居鄗皆百里之地也天下爲一諸侯爲臣通達之屬莫不振動從服以化順之振與震同恐也曷爲楚越獨不受制也彼王者之制也視形埶

而制械用即禮記所謂廣谷大川異制民生其閒者異俗器械異制衣服異宜也稱遠近而等貢獻豈必齊哉稱尺證反等差也故魯人以榶衛人用柯齊人用一革未詳或曰方言云盌謂之櫂或謂之柯或曰方言榶張也郭云謂榖張也土地形制不同者械用備飾不可不異也故諸夏之國同服同儀儀謂風俗也諸夏迫近京師易一以教化故同服同儀也蠻夷戎狄之國同服不同制夷狄遐遠又各在一方雖同爲要荒之服其制度不同也封內甸服王畿之內也禹貢五百里甸服孔安國曰爲天子服治田也封外侯服畿外也禹貢五百里侯服孔云甸服之外五百里也侯候也斥候而服

事王也韋昭公侯服候斥也侯衛賓服韋昭注國語曰侯侯圻衛衛圻自侯圻至衛圻其間五圻圻五百里中國之界也謂之賓服常以貢獻賓服於王五圻者侯圻之外甸圻甸圻之外男圻男圻之外采圻采圻之外衛圻康誥曰侯甸男邦采衛是也此據周官職方氏與禹貢異制也蠻夷要服職方氏云衛服之外五百里曰蠻服又其外五百里曰夷服孔安國云要謂要束以文教要一昭反戎狄荒服職方氏所謂鎮服藩服也韋昭曰各相去五百里九州之外荒裔之地與戎狄同俗故謂之荒荒忽無常之言甸服者祭侯服者祀賓服者享要服者貢荒服者終王韋昭曰日祭於祖考上食也近漢亦然月祀於曾祖也時享於二祧終謂世終朝嗣王也日祭月祀時享歲貢此下當有終王二字誤脫耳夫是之謂視形勢而

制械用稱遠近而等貢獻是王者之至也至當爲志所以志識遠近也彼楚越者且時享歲貢終王之屬也必齊之日祭月祀之屬然後曰受制邪是規磨之說也規磨之說猶言差錯之說也規者正圓之器磨久則偏盡而不圖失於度程也文子曰水雖平必有波衡雖正必有差韓子曰規有磨而水有波我欲更之無奈之何此通於權者言也溝中之瘠也謂行乞之人在溝壑中羸瘠者以喻智慮淺也則未足與及王者之制也語曰淺不可與測深愚不足與謀知坎井之鼃不可與語東海之樂此

之謂也言小不知大也司馬彪曰坎井壞井也鼃蝦蟇類也事出莊子坎井或作壇井鼃戸媧反

世俗之爲說者曰堯舜擅讓擅與禪同墠亦同義謂除地爲墠告天而傳位也後因謂之禪位世俗以爲堯舜德厚故禪讓聖賢後世德薄故父子相繼荀卿言堯舜相承但傳位於賢而已與傳子無異非謂求名而禪讓也案書序曰將遜于位讓于虞舜是亦有讓之說此云非禪讓蓋書序美堯之德雖是傳位與遜讓無異非是先自有讓意也孟子亦云萬章曰堯以天下與舜有諸孟子曰天子不能以天下與人曰孰與之曰天與之又曰天與賢則與賢天與子則與子也是不然天子者埶位至尊無敵於天下夫有誰與讓矣讓者埶位敵之名若上下相縣則無與讓矣有讀爲又也道德純備智惠甚明南面而聽天下

生民之屬莫不振動從服以化順之天下無隱士無遺善（無隱藏不用之士也）同焉者是也異焉者非也夫有惡擅天下矣（夫自知不堪其事則求賢而禪位今以堯舜之明聖事無不理又烏用禪位哉）曰死而擅之（或者既以生無禪讓之事因謂堯舜預求聖賢至死後而禪之）是又不然聖王在上圖德而定次量能而授官（一本作決德而定次）皆使民載其事而各得其宜不能以義制利不能以僞飾性則兼以爲民（僞謂矯其本性也無能者則兼并之令盡爲民氓也）聖王

已没天下無聖則固莫足以擅天下矣固無禪讓天下有聖而在後者則天下不離有聖繼其後者則天下有所歸不離叛也朝不易位國不更制天下猒然與鄉無以異也猒然順服貌一涉反鄉音向以堯繼堯夫又何變之有矣言繼位相承與一堯無異豈爲禪讓改變與他人乎聖不在後子而在三公則天下如歸猶復而振之矣後子嗣子謂丹朱商均也三公宰相謂舜禹天下如歸言不歸後子而歸三公也復而振之謂猶如天下已去而衰息今使之來復而振起也天下猒然與鄉無以異也以堯繼

堯夫又何變之有矣疑此三句重也唯其徙朝改制爲難謂殊徽號異制度也舜禹相繼與父子無異所難而不忍者在徙朝改制也後世見其改易遂以爲擅讓也故天子生則天下一隆致順而治論德而定次天下一隆謂天下之人皆得其崇厚也致極也死則能任天下者必有之矣夫禮義之分盡矣擅讓惡用矣哉夫讓者禮義之名今聖王但求其能任天下者傳之則是盡禮義之分矣豈復更求禪讓之名哉曰老衰而擅是又不然血氣筋力則有衰若夫知慮取舍則無衰曰老者不堪其

勞而休也是又畏事者之議也或曰自以畏憚勞苦以爲聖王亦然也天子者埶至重而形至佚心至愉而志無所詘而形不爲勞尊無上矣衣被則服五采雜閒色衣被謂以衣被身服五采言備五色也閒色紅碧之屬禮記曰衣正色裳閒色也重文繡加飾之以珠玉食飲則重大牢而備珍怪期臭味重多也謂重多之以太牢也珍怪奇異之食也期當爲綦極也曼而饋曼當爲萬饋進食也列萬舞而進食代睪而食睪未詳蓋香草也或曰睪讀爲槖即所謂蘭茝本也或曰當爲澤澤蘭也既夕禮茵著用荼實綏澤焉俗書澤字作

水傍羃傳寫誤遺其水耳代羃而食謂焚香氣歇即更以新者代之**雍而徹**雍詩周頌樂章名奏雍而徹饌論語曰三家者以雍徹言其僭也**五祀執薦者百人侍西房**周禮宗伯以血祭祭社稷五祀鄭云五祀四時迎五行之氣於四郊而祭五德之帝也或曰此五祀謂礿祠烝嘗及大祫也或曰國語展禽曰禘郊祖宗報此五者國之祀典也皆王者所親臨之祭非謂戶竈中霤門行之五祀也薦謂所薦陳之物籩豆之屬也侍侍立也西房西廂也侍或爲待也**居則設張容負依而坐諸侯趨走乎堂下**居安居也聽朝之時也容謂羽衛也居則設張其容儀負依而坐也戶牖之閒謂之依作扆扆依音同或曰爾雅云容謂之防郭璞云如今牀頭小曲屏風唱射者所以隱見也言施此容於戶牖間負之而坐也**出戶而巫覡有事**出戶謂出內門

也女曰巫男曰覡有事祓除不祥出門而宗祀有事出門謂車駕出國門宗者主祭祀之官祀當爲祝有事謂祭行神也國語曰使名姓之後能知四時之生犧牲之物玉帛之類采服之宜彝器之量次主之度屏攝之位壇場之所上下之神祇氏姓之所出而必帥舊典者謂之宗又曰使先聖之後能知山川之號宗廟之事昭穆之世齊敬之勤禮節之宜而敬恭明神者謂之祝韋昭曰宗大宗伯也掌祭祀之禮禮記太祝掌祈福祥也乘大路趨越席以養安大路祭天車禮記曰大路繁纓一就趨衍字耳越席結蒲爲席養安言恐其不安以此和養之按禮以大路越席爲質素此云養安以爲盛飾未詳其意或曰古人以質爲重也側載睪芷以養鼻睪芷香草也已解上於車上傍側載之用以養鼻也前有錯衡以養目詩曰約軝錯衡毛云錯衡文衡和

鑾之聲步中武象騶中韶護以養耳和鑾皆車上鈴也韓詩外傳云鑾在衡和在軾前升車馬動馬動則鑾鳴鑾鳴則和應皆所以爲行節也許慎曰和取其敬鑾以象鳥之聲武象韶護皆樂名也騶當爲趨步謂車緩行趨謂車速行周禮大馭云凡馭路行以肆夏趨以采薺以鑾和爲節鄭云行謂大寢至路門趨謂路門至應門也三公奉軛持納軛轅前也納與軜同軜與驂馬內轡繫軾前者詩曰鋈以觼軜諸侯持輪挾輿先馬挾輿在車之左右也先馬導馬也或持輪者或挾輿者或先馬者大侯編後大夫次之大侯國稍大在五等之列者小侯元士次之小侯僻遠小國及附庸也元士上士也禮記曰庶方小侯入天子之國曰某人又曰天子之元士視附庸也庶士介而夾道庶士軍士也介而坐

道被甲坐於道側以禦非常也庶人隱竈莫敢視望居如大神動如天帝言畏敬之甚也持老養衰猶有善於是者與不老者休也休猶有安樂恬愉如是者乎不老老也猶言不顯顯也或曰不字衍耳夫老者休息之名豈更有休息安樂樂過此故曰諸侯有老天子無老諸侯供職貢朝聘故有筋力衰竭求致仕者與天子異也有擅國無擅天下古今一也讓者執位敵之名一國事輕則有請於天子而讓賢天下則不然也夫曰堯舜擅讓是虛言也是淺者之傳陋者之說也不知逆順之

理小大至不至之變者也（小謂一國，大謂天下。至不至，猶言當不當也。）未可與及天下之大理者也。世俗之爲說者曰：堯舜不能教化，是何也？曰：朱象不化。是不然也。堯舜者，至天下之善教化者也，南面而聽天下，生民之屬莫不振動從服以化順之（言天下無不化）。然而朱象獨不化，是非堯舜之過，朱象之罪也（朱象乃罪人之當誅戮者，豈堯舜之過哉。論語曰：上智與下愚不移，是也）。堯舜者，天下之英也鄭康成汪禮記云英謂俊選之尤者朱象者天下之嵬一時之瑣也言嵬瑣之人雖被堯舜之治猶不可化言教化所不及嵬瑣已解在非十二子之篇今世俗之爲說者不怪朱象而非堯舜也豈不過甚矣哉夫是之謂嵬說狂妄之說羿蠭門者天下之善射者也不能以撥弓曲矢中撥弓不正之弓中丁仲反王梁造父者天下之善馭者也不能以辟馬毀輿致遠辟與躄同必亦反堯舜者天下之善教化者也不能使嵬瑣化何世

而無嵬何時而無瑣自太皞燧人莫不有也太皞伏羲也燧人大皞前帝王始作火化者故作者不祥學者受其殃非者有慶作嵬瑣者不祥也有慶言必無刑戮也詩曰下民之孽匪降自天噂沓背憎職競由人此之謂也詩小雅十月之交之篇言下民相爲妖孽災害非從天降噂噂沓沓然相對談語背則相憎爲此者王由人耳

世俗之爲說者曰大古薄葬棺厚三寸衣衾三領葬田不妨田故不掘也此蓋言古之人君也三領三稱也禮記君陳衣于序東西領南上故以領言葬田不妨田言所葬之地不妨農耕也殷以前平葬無丘隴之識也

亂今厚葬飾棺故抇也是不及知治道而不察於抇不抇者之所言也抇穿也謂發家也胡骨反凡人之盜也必以有爲其意必有所云爲也不以備不足足則以重有餘也而聖王之生民也皆使當厚優猶不知足而不得以有餘過度當謂得中也丁浪反優猶寬泰也不知足不字亦衍耳言聖王之養民輕賦薄斂皆使寛泰而知足也又有禁限不得以有餘過度也故盜不竊賊不刺盜賊通名分而言之則私竊謂之盜劫殺謂之賊狗豕吐菽粟而農賈皆能以貨財讓農賈

庶人猶讓財其餘無不讓也風俗之美男女自不取於涂而百姓羞拾遺故孔子曰天下有道盜其先變乎衣食足知榮辱雖珠玉滿體文繡充棺黃金充椁加之以丹矸重之以曾青丹矸丹砂也曾青銅之精形如珠者其色極清故謂之曾青加以丹矸重以曾青言以丹青采畫也犀象以爲樹樹之於壙中也琅玕龍茲華覲以爲實琅玕似珠崑崙山有琅玕樹龍茲未詳覲當爲瑾華謂有光華者也或曰龍茲即今之龍鬚席也公羊傳曰衛侯朔屬負茲爾雅曰蓐謂之茲史記曰衛叔封布茲徐廣曰茲者藉席之名列女傳無鹽女謂齊宣王曰漸臺五重黃金白玉琅玕龍疏翡翠珠璣莫落連飾

（萬民疲極此二殆也疑龍茲即龍疏驕音相近也曹大家亦不解實謂實於棺槨中或曰茲與疑同）人猶且莫之扣也是何也則求利之詭緩而犯分之蓋大也（詭詐也求利詭詐之心緩也）夫亂今然後反是上以無法使下以無度行知者不得慮能者不得治賢者不得使（不得在位使人）若是則上失天性下失地利中失人和故百事廢財物詘而禍亂起王公則病不足於上庶人則凍餧羸瘠於下於是焉桀紂群居而

盜賊擊奪以危上矣（言在上位者盡如桀紂也）必禽獸行虎狼貪故脯巨人而炙嬰兒矣若是則有何尤抇人之墓抉人之口而求利矣哉（抉挑也抉人口取其珠也）雖此倮而埋之猶且必抇也安得葬薶哉（不可得葬薶而不發）彼乃將食其肉而齕其骨也夫曰大古薄葬故不抇亂今厚葬故抇也是特姦人之誤於亂說以欺愚者而潮陷之以偷取利焉夫是之謂大姦（言是乃特姦人）

自誤惑於亂說因以欺愚者猶於泥潮之中陷之謂使陷於不仁不孝也以偷取利謂借棄死者而苟取其利於生者也是時墨子之徒說薄葬以惑當世故以此譏之傳曰危人而自安害人而自利此之謂也危害死者以利生者與此義同子宋子曰明見侮之不辱使人不鬬宋子已解在天論篇宋子言若能明侵侮而不以爲辱之義則可使人不鬬也莊子說宋子曰見侮不辱救民之鬬尹文子曰見侮不辱見推不矜禁暴息兵救世之鬬此人君之德可以爲主矣宋子蓋尹文弟子何休注公羊曰以子冠氏上者著其師也言此者蓋以難宋子之徒也人皆以見侮爲辱故鬬也知見侮之爲不辱則不鬬矣應之曰然則亦以

人之情爲不惡侮乎曰惡而不辱也雖惡其侮而不以爲辱惡烏路反下同曰若是則必不得所求焉求不鬬必不得凡人之鬬也必以其惡之爲說非以其辱之爲故也凡鬬在於惡不在於辱也今倡優侏儒狎徒詈侮而不鬬者是豈鉅知見侮之爲不辱哉狎戲也鉅與遽同言此倡優豈遽知宋子有見侮不辱之論哉然而不鬬者不惡故也今人或入其央瀆竊其豬彘央瀆中瀆也如今人家出水溝也則援劍戟而逐之不避死傷是豈以

喪豬爲辱也哉然而不憚鬬者惡之故也雖以見侮爲辱也不惡則不鬬不知宋子之論者也雖知見侮爲不辱惡之則必鬬知宋子之論也然則鬬與不鬬邪亡於辱之與不辱也乃在於惡之與不惡也夫今子宋子不能解人之惡侮而務說人以勿辱也豈不過甚矣哉解達也不知人情惡侮而使見侮不辱是過甚也解如字說讀爲稅金舌弊口猶將無益也金舌以金爲舌金舌弊口以喻不言也雖子宋子見侵侮金舌弊口而不對欲以率先猶無益於不

闕也揚子法言曰金口而木舌金或讀爲噤不知其無益則不知不知此說無益是不知也知其無益也直以欺人則不仁不仁不知辱莫大焉發論而不仁不知辱無過此也將以爲有益於人則與無益於人也與讀爲預本謂有益於人反預於無益人之謂也則得大辱而退耳說莫病是矣本欲使人見侮不辱反自得大辱耳子宋子曰見侮不辱應之曰凡議必將立隆正然後可也崇高正直然後可也無隆正則是非不分而辨訟不決故所聞曰天下之大隆

是非之封界分職名象之所起王制是也名謂指名象謂法象王制謂王者之舊制故凡言議期命是非以聖王爲師期物之所會也命名物也皆以聖王爲法也而聖王之分榮辱是也聖王以榮辱爲人之大分豈如宋子以見侮爲不辱哉是有兩端矣榮辱各有二也有義榮者有埶榮者有義辱者有埶辱者志意脩德行厚知慮明是榮之由中出者也夫是之謂義榮爵列尊貢祿厚形埶勝貢謂所受貢賦謂天子諸侯也祿謂受君之祿卿相士大

夫也形埶謂埶位也上爲天子諸侯下爲卿相士大夫是榮之從外至者也夫是之謂埶榮流淫汙僈汙穢行也僈當爲漫已解在榮辱篇犯分亂理驕暴貪利是辱之由中出者也夫是之謂義辱詈侮捽搏捽持頭也搏手擊也捶笞臏腳捶笞皆杖擊也臏謂刖其膝骨也鄒陽曰司馬喜臏腳於宋卒相中山腳古腳字臏腳斬斷枯磔斷如字枯棄市暴屍也磔車裂也周禮以疈辜祭四方百物謂披磔牲體也或者枯與疈辜義同歟韓子曰楚南之地麗水之中生金民多竊采之采金之禁得而輒辜磔所辜磔甚衆而民竊金不止疑辜即枯也又莊子有辜人謂犯罪應死之人也藉

靡舌縪藉見陵藉也才夜反靡繫縛也與縻義同即謂胥靡也謂刑徒之人以鐵鏁相連繫也舌縪未詳或曰莊子云公孫龍口呿而不能合舌舉而不能下謂辭窮亦恥辱也是辱之由外至者也夫是之謂埶辱是榮辱之兩端也故君子可以有埶辱而不可以有義辱小人可以有埶榮而不可以有義榮有埶辱無害爲堯有埶榮無害爲桀義榮埶榮唯君子然後兼有之義辱埶辱唯小人然後兼有之是榮辱之分也聖王以爲法士

大夫以爲道官人以爲守百姓以成俗萬世不能易也（言上下皆以榮辱爲治也士大夫主教化者官人守職事之官也）今子宋子案不然獨詘容爲己慮一朝而改之說必不行矣（言宋子不知聖王以榮辱爲大分獨欲屈容受辱爲己之道其謀慮乃欲一朝而改聖王之法說必不行也）譬之是猶以塼塗塞江海也以焦僥而戴太山也（塼涂以塗壘塼也焦僥短人長三尺者）蹎跌碎折不待頃矣（蹎與顛同蹪也頃少頃也）二三子之善於子宋子者殆不若止之將恐得傷其

體也二三子慕宋子道者也止謂息其說也傷其體謂受大辱子宋子曰人之情欲寡而皆以己之情爲欲多是過也宋子以凡人之情所欲在少不在多也莊子說宋子曰以禁攻寢兵爲外以情欲寡淺爲內也故率其羣徒辨其談說明其譬稱將使人知情欲之寡也稱謂所宜也稱尺證反情欲之寡或爲情之欲寡也應之曰然則亦以人之情爲欲目不欲綦色耳不欲綦聲口不欲綦味鼻不欲綦臭形不欲綦佚此五綦者亦以人之情爲不欲乎曰人之情

欲是已曰若是則説必不行矣以人之情爲欲此五綦者而不欲多譬之是猶以人之情爲欲富貴而不欲貨也好美而惡西施也古之人爲之不然以人之情爲欲多而不欲寡故賞以富厚而罰以殺損也謂以富厚賞之以殺損罰之殺減也所介反是百王之所同也故上賢禄天下次賢禄一國下賢禄田邑愿慤之民完衣食以人之情爲欲多故使德重者受厚禄下至愿慤之民猶得完衣食皆所

（以報其功）今子宋子以是之情爲欲寡而不欲多也然則先王以人之所不欲者賞而以人之所欲者罰邪亂莫大焉（如宋子之說乃大亂之道）今子宋子嚴然而好說（嚴讀爲儼好說自喜其說也好呼報反）聚人徒立師學成文曲（文曲文章也）然而說不免於以至治爲至亂也豈不過甚矣哉

荀子卷第十二

金澤文庫

荀子卷第十三

登仕郎守大理評事楊　倞　注

禮論篇第十九（舊目録第二十三，今升在論議之中，於文爲比）

禮起於何也？曰：人生而有欲，欲而不得，則不能無求，求而無度量分界，則不能不爭。爭則亂，亂則窮。（窮謂計無所出。）先王惡其亂也，故制禮義以分之，以養人之欲，給人之求。（有分然後欲可養，求可給。）使欲必不窮乎物，物必不屈於欲，兩者相持而長是禮之所以起也屈竭也先王爲之立中道故爲不盡於物物不竭於欲欲與物相扶持故能長久是禮所起之本意也故禮者養也芻豢稻粱五味調香所以養口也椒蘭芬芳所以養鼻也彫琢刻鏤黼黻文章所以養目也鍾鼓管磬琴瑟竽笙所以養耳也疏房檖貌越席牀笫几筵所以養體也疏通也疏房通明之房也貌古貌字檖貌未詳或曰檖讀爲邃貌廟也廟者宮室尊嚴之名或曰貌讀爲邈言屋室深邃緬邈也笫牀棧也越席剪蒲席也古人所重司馬貞曰疏窻也故禮者養也君子既得其

養又好其別曷謂別曰貴賤有等長幼有差貧富輕重皆有稱者也稱謂各當其宜尺證反故天子大路越席所以養體也側載睪芷所以養鼻也前有錯衡所以養目也和鸞之聲步中武象趨中韶護所以養耳也並解在正論篇龍旗九斿所以養信也龍旗畫龍於旗爾雅曰素升龍於縿練斿九旗正幅爲縿斿所以屬之者也信謂使萬人見而信之識至尊也養猶奉也寢兕謂武士寢處於甲胄也持虎謂以虎皮爲弓衣武士執持者也詩曰虎暢鏤膺劉氏云畫虎於斿竿及楯等也蛟韅韅馬腹之

華蓋象蛟形徐廣曰以鮫魚皮爲之**絲末**末與䉶同禮記曰君羔䉶虎犆鄭云覆苓也絲䉶蓋織絲爲之䉶亡狄反**彌龍所以養威也**彌如字又讀爲弭弭末也謂金飾衡軛之末爲龍首也徐廣曰乘輿車以金薄繆龍爲輿倚較夾虎伏軾龍首衡軛**故大路之馬必倍至教順然後乘之所以養安也**倍至謂倍加精至也或以必倍爲句倍謂反之車在馬前令馬孰識車也至極教順然後乘之備驚奔也**孰知夫出死要節之所以養生也**孰甚也出死出身死寇難也要節自要約以節義謂立節也使孰便甚知其出死要節盡忠於君是乃所以受祿養生也若不能然則亂而不保其生也要一遥反**孰知夫出費用之所以養財也**費用財以成禮謂問遺之屬是乃所以求奉養其財

不相侵奪也孰知夫恭敬辭讓之所以養安也無恭敬辭讓則亂而不安也孰知夫禮義文理之所以養情也無禮義文理則縱情性不知所歸也故人苟生之爲見若者必死言苟唯以生爲所見不能出死要節若此者必死也苟利之爲見若者必害苟唯以利爲所見不能用財以成禮若此者必遇害也苟怠惰偷儒之爲安居若者必危懦讀爲儒言苟以怠惰爲安居不能恭敬辭讓若此者必危也苟情說之爲樂若者必滅說讀爲悦言苟以情悦爲樂不知禮義文理恣其所欲若此者必滅亡也故人一之於禮義則兩得之矣一之

於情性則兩喪之矣專一於禮義則禮義情性兩得專一於情性則禮義情性兩喪也故儒者將使人兩得之者也墨者將使人兩喪之者也是儒墨之分也

禮有三本天地者生之本也先祖者類之本也類種君師者治之本也無天地惡生無先祖惡出無君師惡治三者偏亡焉無安人偏亡謂闕一也故禮上事天下事地尊先祖而隆君師是禮之三本也所以奉其三本故王者天太祖

謂以配天也太祖若周之后稷**諸侯不敢壞**謂不祧其廟若魯周公史記作不敢懷司馬貞云思也蓋誤耳**大夫士有常宗**繼別子之後爲族人所常宗百世不遷之大宗也別子若魯三桓也**所以別貴始貴始得之本也**得當爲德言德之本在貴始穀梁傳有此語**郊止乎天子而社止於諸侯道及士大夫**道通也言社自諸侯通及士大夫也或曰道行神也祭法大夫適士皆得祭門及行史記道作蹈亦作啗司馬貞曰啗音含苞也言士大夫皆得苞立社倞謂當是道誤爲蹈傳寫又誤以蹈爲啗耳**所以別尊者事尊卑者事卑宜大者巨宜小者小也故有天下者事十世**十當爲七穀梁傳作天子七廟**有一**

國者事五世有五乘之地者事三世古者十里爲成成出革車一乘五乘之地謂大夫有菜地者得立三廟也有三乘之地者事二世祭法所謂適士立二廟也持手而食者不得立祭廟持其手而食謂農工食力也所以別積厚積厚者流澤廣積薄者流澤狹也積與績同功業也穀梁傳僖公十五年震夷伯之廟夷伯魯大夫因此以見天子至于士皆有廟也天子七廟諸侯五大夫三士二故德厚者流光德薄者流早是以貴始德之本也大饗尚玄尊俎生魚先大羹貴食飲之本也大饗祫祭先王也尚上也玄酒水也大羹肉汁無鹽梅之味者也本謂造飲食之初禮記曰郊血大饗腥也饗尚

玄尊而用酒醴先黍稷而飯稻粱饗與享同四時享廟也用謂酌獻也以玄酒爲上而獻以酒醴先陳黍稷而後飯以稻粱也祭齊大羹而飽庶羞貴本而親用也祭月祭也齊讀爲嚌至齒也謂尸舉大羹但至齒而已矣至庶羞而致飽也用謂可用食也貴本之謂文親用之謂理文謂脩飾理謂合宜兩者合而成文以歸大一夫是之謂大隆貴本親用兩者相合然後備成文理大讀爲太太一謂太古時也禮記曰夫禮必本於太一言雖備成文理然猶不忘本而歸於太一是謂大隆於禮司馬貞曰隆盛也得禮文理歸於太一是禮之盛也故尊之尚玄酒也俎之尚生魚也豆之先大

羹也一也一謂一於古也此以象太古時皆貴本之義故云一也利爵之不醮也成事之俎不嘗也三臭之不食也一也醮盡也謂祭祀畢告利成利成之時其爵不卒奠子㫝前也史記作不啐成事謂尸既飽禮成不嘗其俎儀禮尸又三飯上佐食受尸牢肺正脊加于肵是臭謂歆其氣謂食畢也許又反皆謂禮畢無文飾復歸於朴亦象太古時也史記作三侑之不食司馬貞云禮祭必立侑以勸尸食至三飯而止每飯有侑一人故曰三侑既是勸尸故不自食也昏之未發齊也太廟之未入尸也始卒之未小斂也一也皆謂未有威儀節文象太古時也史記作大昏之未廢齊也司馬貞曰廢齊謂婚禮父親醮子而迎故曲禮云齊戒以告鬼神此三者皆禮之初始質而未備

故云一也大路之素未集也郊之麻絻也喪服之先散麻也一也大路殷祭天車王者所乘也未集不集丹漆也禮記云大路素而越席又曰丹漆彫幾之美素車之乘麻絻績麻爲冕所謂大裘而冕不用衮龍之屬也士喪禮始死主人散帶垂長三尺史記作大路之素幬司馬貞曰幬音稠謂車蓋素帷赤質者也三年之喪哭之不文也清廟之歌一倡而三歎也縣一鍾尚拊之膈朱絃而通越也一也不文謂無曲折也禮記曰斬衰之哭若往而不反清廟之歌謂工以樂歌清廟之篇也一人倡三人歎言和之者寡也縣一鍾比於編鍾爲簡略也尚拊之膈未詳或曰尚謂上古也拊樂器名膈擊也即所謂戛擊鳴球搏拊琴瑟也尚古樂所以示質也揚子雲長楊賦曰拮膈鳴球韋昭曰古文隔爲擊或曰膈當爲

特大戴禮作搏拊一名相禮記曰治亂以相拊所以輔樂相亦輔之義書曰搏拊琴瑟孔安國曰拊以韋爲之實之以糠所以節樂也周禮大祭祀登歌令奏擊拊司馬貞説拊鬲謂縣鍾格也不擊其鍾而拊其格不取其聲亦質也朱絃疏越鄭玄云朱絃練朱絃也練則聲濁越瑟底孔也畫疏之所以發越其聲故謂之越疏通之使聲遲也史記作洞越或曰隔讀爲戞也

凡禮始乎稅成乎文終乎悅校史記作始乎脫成乎文終乎稅言禮始於脫略成於文飾終乎稅減禮記曰禮主其減校未詳大戴禮作終於隆盛也

故至備情文俱盡情文俱盡乃爲禮之至備情謂禮意喪主哀祭主敬之類文謂禮物威儀也

其次情文代勝不能至備或文勝於情情勝於文是亦禮之次也

其下復情以歸大一也雖無文飾但復情以歸質素是亦禮也若潢汙行潦之水可薦於鬼神也

天地以合日月以明四時以序

星辰以行，江河以流，萬物以昌，好惡以節，喜怒以當，（言禮能上調天時，下節人情，若無禮以分別之，則天時人事皆亂也。昌謂各遂其生也。）以爲下則順，以爲上則明，萬物變而不亂，貳之則喪也，禮豈不至矣哉！（禮在下位則使人順，在上位則治萬變而不亂。貳謂不一在禮，喪亡也。）立隆以爲極，而天下莫之能損益也。（立隆盛之禮以極盡人情，使天下不復更能損益也。）本末相順，（司馬貞曰：禮之盛，文理合以歸太一；禮之殺，復情以歸太一，是本末相順也。）終始相應，（司馬貞曰：禮始於脫略，終於稅，亦殺也。殺亦脫略，是終始相應也。）至文以有別，至察以有說，（言禮之至文以其有尊卑貴賤之別至察以其有是非分別之說司馬貞曰說音悅言禮之至察有以明鴻殺委曲之情文足以悅人心也天下從之者治不從者亂從之者安不從者危從之者存不從者亡小人不能測也禮之理誠深矣堅白同異之察入焉而溺其理誠大矣擅作典制辟陋之說入焉而喪其理誠高矣暴慢恣睢輕俗以爲高之屬入焉而隊隊古墜字墮也以其深故能使堅白者溺以其大故能使擅作者喪以其高故能使暴慢者墜司馬貞曰恣睢毀訾也故繩墨誠陳矣則不

可欺以曲直衡誠縣矣則不可欺以輕重規矩誠設矣則不可欺以方圓君子審於禮則不可欺以詐僞故繩者直之至衡者平之至規矩者方圓之至禮者人道之極也然而不法禮不足禮謂之無方之民法禮足禮謂之有方之士足謂無闕失方猶道也禮之中焉能思索謂之能慮禮之中焉能勿易謂之能固勿易不變也若不在禮之中雖能思索勿易猶無益能慮能固加好者

焉斯聖人矣故天者高之極也地者下之極也無窮者廣之極也（東西南北無窮）聖人者道之極也故學者固學爲聖人也非特學爲無方之民也禮者以財物爲用（以貢獻問遺之類爲行禮之用也）以貴賤爲文（以車服旗章爲貴賤文飾也）以多少爲用（多少異制所以別上下也）以隆殺爲要（隆豐厚殺減降也要當也禮或厚或薄唯其所當爲貴也）文理繁情用省是禮之隆也（文理謂威儀情用謂忠誠若享獻之禮賓主百拜情唯主敬文過於情是禮之隆盛也）文理省情用繁是禮之殺也（若尊之尚

林權

玄酒本於質素情過於文雖減殺是亦禮也文理情用相爲內外表裏竝行而雜是禮之中流也或豐或殺情文代勝竝行相雜是禮之中流中流言如水之清濁相混也故君子上致其隆下盡其殺而中處其中君子知禮者致極也言君子於大禮則極其隆厚小禮則盡其降殺中用得其中皆不失禮也步驟馳騁厲騖不外是矣是君子之壇宇宮廷也厲騖疾騖也史記作廣騖言雖馳騁不出於隆殺之閒壇宇宫廷已解於上人有是士君子也外是民也是猶此也民民氓無所知者於是其中焉方皇周挾曲得其次序是聖人也方皇

讀爲彷偟猶徘徊也挾讀爲浹匝也言於是禮之中徘徊周匝委曲皆得其次序而不亂是聖人也故厚者禮之積也大者禮之廣也高者禮之隆也明者禮之盡也聖人所以能厚重者由積禮也能弘大者由廣禮也崇高者由隆禮也明察者由盡禮也司馬貞曰言君子聖人有厚大之德則爲之所歸積益弘廣也詩曰禮儀卒度笑語卒獲此之謂也引此明有禮動皆合宜也

禮者謹於治生死者也謹嚴生人之始也死人之終也終始俱善人道畢矣故君子敬始

而愼終終始如一是君子之道禮義之文也夫厚其生而薄其死是敬其有知而慢其無知也是姦人之道而倍叛之心也君子以倍叛之心接臧穀猶且羞之而況以事其所隆親乎臧巳解在王霸篇莊子曰臧與穀相與牧羊音義云孺子曰穀或曰穀讀爲鬭穀於菟之穀穀乳也謂哺乳小兒也所隆親所厚之親也故死之爲道也一而不可得再復也臣之所以致重其君子之所以致重其親於是盡矣以其一死不可再復臣子於極重之道不

可不盡也故事生不忠厚不敬文謂之野忠厚忠心篤厚敬文恭敬有文飾野野人不知禮者也送死不忠厚不敬文謂之瘠瘠薄君子賤野而羞瘠故天子棺槨十重諸侯五重大夫三重士再重禮記云天子之棺四重水兕革棺被之其厚三寸杝棺一梓棺二四者皆周棺束縮二衡三衽每束一栢椁以端長六尺又禮器曰天子七月而葬五重八翣鄭云五重謂抗木與茵也今云十重蓋以棺槨與抗木合爲十重也諸侯已下與禮記多少不同未詳也然後皆有衣衾多少厚薄之數皆有翣蔞文章之等以敬飾之衣謂衣衾禮記所謂君陳衣于庭百稱之比者也衾謂君錦衾大夫縞衾士緇衾也

食謂遣車所苞遣奠也蔞萋當爲蔞翣鄭康成云蔞翣棺之牆飾也蔞以木爲衣以白布畫爲雲氣如今之攝也周禮縫人衣翣柳之材鄭云必先纏衣其木乃以張飾也柳之言聚也諸飾所聚柳以象宫室也劉熙釋名云輿棺之車其蓋曰柳文章之等謂君龍帷三池振容黼荒火三列黻三列素錦褚加帷荒纁紐六齊五采五貝黼翣二黻翣二畫翣二皆戴圭魚躍拂池君纁戴六纁披六大夫以下各有差也使生死終始若一一足以爲人願是先王之道忠臣孝子之極也生死如一則人願皆足忠孝之極在此也天子之喪動四海屬諸侯諸侯之喪動通國屬大夫大夫之喪動一國屬修士修士之喪動一鄉屬朋友

屬謂付託之使主喪也通國謂通好之國也一國謂同在朝之人也修士士之進修者謂上士也一鄉謂一鄉內之姻族也春秋傳曰天子七月而葬同軌畢至諸侯五月而葬同盟至大夫三月同位至士踰月外姻至**庶人之喪合族黨動州里刑餘罪人之喪不得合族黨獨屬妻子棺槨三寸衣衾三領不得飾棺不得晝行以昏殣凡緣而往埋之**刑餘遭刑之餘死也墨子曰桐棺三寸葛以爲緘趙簡子亦云然則厚三寸刑人之棺也喪大記士陳衣于序東三十稱今云三領亦貶損之甚也殣道死人也詩曰行有死人尚或殣之今昏殣如掩道路之死人惡之甚也凡常也緣因也言其妻子如常日其所服而埋之不更加經杖也今猶謂無盛飾爲緣身也**反無哭泣之節無**

衰麻之服無親疏月數之等各反其平各復其始已葬埋若無喪者而止夫是之謂至辱此蓋論墨子薄葬是以至辱之道奉君父也禮者謹於吉凶不相厭者也厭掩也烏甲反謂不使相侵掩也或曰不使相厭惡非也紸纊聽息之時紸讀爲注注纊即屬纊也言此時知則夫忠臣孝子亦知其閔已然而殯斂之具未有其必至於憂閔也或曰紸當爲絓絓古化反以爲鞋字非也求也所謂不相厭也垂涕恐懼然而幸生之心未已持生之事未輟也卒矣然後作具之作之具之故雖

備家必踰日然後能殯三日而成服（備豐足也）然後告遠者出矣備物者作矣故殯久不過七十日速不損五十日（此皆據士喪禮首尾三月者也損減也）是何也曰遠者可以至矣求可以得矣百事可以成矣其忠至矣其節大矣其文備矣（忠誠也節人子之節也文器用儀制也子思曰喪三日而殯凡附於身者必誠必信勿之有悔焉耳三月而葬凡附於棺者必誠必信勿之有悔焉耳）然後月朝卜日月夕卜宅然後葬也（月朝月初也月夕月末也先卜日知其期然後卜宅此大夫之禮也士則筮宅士喪禮先筮宅後卜日此之月

朝卜日月夕卜宅未詳也當是時也其義止誰得行之其義行誰得止之聖人爲之節制使賢者抑情不肖者企及故三月之葬殯其貌以生設飾死者也殆非直留死者以安生也貌象也言其象以生之所設器用飾死者三月乃能備也是致隆思慕之義也

卒禮之凡凡謂常道變而飾謂殯斂毋加飾動而遠禮記子游云飯於牖下小斂於戶內大斂於阼殯於客位祖於庭葬於墓所以即遠也久而平久則哀殺如平常也故死之爲道也不飾則惡惡則不哀尒則翫

（尒與邇同翫戲狎也）翫則厭厭則忘忘則不敬一朝而喪其嚴親而所以送葬之者不哀不敬則嫌於禽獸矣君子恥之故變而飾所以滅惡也動而遠所以遂敬也（遂成也邇則懼敬不成也）久而平所以優生也（優養生者謂送死有已復生有節也）禮者斷長續短損有餘益不足達愛敬之文而滋成行義之美者也（皆謂使賢不肖得中也賢者則達愛敬之文而已不至於滅性不肖者用此成行義之美不至於禽獸也）故文飾麤惡聲樂哭泣恬愉憂戚是反也

是相反也然而禮兼而用之時舉而代御御進用也時吉則吉時凶則凶也故文飾聲樂恬愉所以持平奉吉也麤衰哭泣憂戚所以持險奉凶也持扶助也險謂不平之時故其立文飾也不至於窕冶窕讀爲姚姚冶妖美也其立麤衰也不至於瘠棄立麤衰以爲居喪之飾亦不使羸瘠自棄其立聲樂恬愉也不至於流淫惰慢其立哭泣哀戚也不至於隘懾傷生是禮之中流也隘窮也懾猶戚也之怯反中流禮之中道也故情貌之變足以別吉凶明貴

賤親疏之節期止矣（期當爲斯）外是姦也雖難君子賤之故量食而食之量要而帶之相高以毀瘠是姦人之道也非禮義之文也非孝子之情也將以有爲者也（非禮義之節文孝子之眞情將有作爲以邀名求利若演門也）故說豫娩澤憂戚萃惡是吉凶憂愉之情發於顏色者也（說讀爲悅豫樂也娩媚也音晚澤顏色潤澤也萃與顇同惡顏色惡也發見也）歌謠謸笑哭泣諦號是吉凶憂愉之情發於聲音者也（謸與傲同戲謔也說文云謸悲聲與此義不同諦讀爲啼管子

曰豕人立而啼古字通用號胡刀反芻豢稻粱酒醴餰鬻魚肉菽藿酒漿是吉凶憂愉之情發於食飲者也餰鬻菽藿喪者之食卑絻黼黻文織資麤衰絰菲繐菅屨是吉凶憂愉之情發於衣服者也卑絻與裨冕同衣裨衣而服冕也裨之言卑也天子六服大裘爲上其餘爲卑以事尊卑服之諸侯以下皆服焉文織染絲織爲文章也資與齋同即齊衰也麤麤布也今麤布亦謂之資菲草衣蓋如蓑然或當時喪者有服此也繐繐衰也鄭玄云繐衰小功之縷四升半之衰也凡布細而疎者謂之繐今南陽有鄧繐布菅茅也春秋傳曰晏子杖菅屨也䟽房檖貌越席牀笫几筵屬茨倚廬席薪枕塊是

吉凶憂愉之情發於居處者也茨蓋屋草也屬茨令茨相連屬而已至踈漏也倚廬鄭云倚木爲廬謂一邊著地如倚物者既葬柱楣塗廬也兩情者人生固有端焉兩情謂吉與凶憂與愉言此兩情固自有端緒非出於禮也若夫斷之繼之博之淺之益之損之類之盡之盛之美之使本末終始莫不順比純備足以爲萬世則則是禮也人雖自有憂愉之情必須禮以節制進退然後終始合宜類之謂觸類而長比附會也毗至反非順孰修爲之君子莫之能知也順從也孰精也修治也爲作也故曰性者本始材朴也僞

者文理隆盛也無性則僞之無所加無僞則性不能自美（之往）性僞合然後成聖人之名一天下之功於是就也（一謂不分散言性僞合然後成聖人之名也）故曰天地合而萬物生陰陽接而變化起性僞合而天下治天能生物不能辨物也地能載人不能治人也宇中萬物生人之屬待聖人然後分也詩曰懷柔百神及河喬嶽此之謂也（引此喻聖人能弁治之詩周頌時邁之篇）卒禮者

以生者飾死者也大象其生以送其死也故如死如生如存如亡終始一也不以死異於生亡異於存始卒沐浴鬠體飯唅象生執也儀禮鬠用組鄭云用組組束髮也古文鬠皆爲括體謂爪揃之屬士喪禮主人左扱米實于右三實一貝左中亦如之凡實米唯盈鄭云于右尸口之右唯盈取滿而已是飯唅之禮也象生執謂象生時所執持之事執或爲持不沐則濡櫛三律而止不浴則濡巾三式而止律理髮也今秦俗猶以批髮爲栗濡濕也式與拭同士喪禮尸無有不沐浴者此云蓋末世多不備禮也充耳而設瑱士喪禮瑱用白纊鄭云瑱充耳纊新綿也飯以生稻唅以槁骨反生

術矣生稻禾也槁枯也槁骨貝也術法也前說象其生此已下說反於生之法設褻衣襲三稱縉紳而無鉤帶矣縉與搢同扱也紳大帶也縉紳謂扱笏於帶鉤鉤帶帶之鉤所用弛張也今不復解脫故不設鉤也褻衣親身之衣也士喪禮飯唅後乃襲三稱明衣不在筭設韐帶搢笏禮記曰季康子之母死陳褻衣鄭玄云褻衣非上服陳之將以斂設掩面儇目鬠而不冠笄矣士喪禮掩用練帛廣終幅長五尺儇與還同繞也士喪禮幎目用緇方尺二寸䞓裏著組繫幎讀如縈縈與還義同鬠而不笄謂但鬠髮而已不加冠及笄也士喪禮笄用桑又云鬠笄用組乃笄此云不笄或後世略也書其名置于其重則名不見而柩獨明矣書其名於旌也士喪禮爲銘各以其物亡則以緇長半幅䞓末長終幅廣三寸書銘

于末曰某氏某之柩重以木爲之長三尺夏祝取飯之餘爲粥盛以二鬲懸于重冪用葦席書其名置於重謂見所書置于重則名已無但知其柩也士喪禮祝取銘置于重案銘皆有名此云無蓋後世禮變今猶然也

薦器則冠有鍪而毋縱 薦器薦陳明器也鍪冠捲如兜鍪也縱縱韜髮者也士冠禮緇纚廣終幅長六尺謂明器之冠有如兜鍪加首之形而無韜髮之縱也鍪之言蒙也冒也所以冒首莫侯反或音冒

甕甒虛而不實 既夕禮甕三醯醢屑甒二醴酒皆有實此云虛而不實蓋喪禮陳鬼器人器鬼器虛人器實也禮記宋襄公葬其夫人醯醢百甕曾子曰既曰明器矣而又實之

有簞席而無牀笫 此言棺中不施牀笫大斂小斂則皆有也

木器不成斲陶器不成物薄器不成內 木不成於雕斲不加功也瓦不成於器物不可用也薄器竹葦之器不成內謂

有其外形内不可用也内或爲用禮記曰竹不成用瓦不成味鄭云成善也竹不可善用謂邊無縢也味當作沬靧也竽笙具而不和琴瑟張而不均鄭玄云無宮商之調也輿藏而馬反告不用也輿謂輁軸也國君謂之輴藏謂埋之也馬謂駕輁軸之馬告示也言也士喪禮既啓遷于祖用軸禮記君葬用輴四綍二碑大夫葬用輴二綍二碑士葬用國車皆至葬時埋之具生器以適墓象徙之道也生器用器也弓矢盤盂之屬徙遷改也徙道其生時之道器當在家今以適墓以象人行不從常行之道更從他道也略而不盡貌而不功趨輿而藏之金革轡靷而不入明不用也略而不盡謂簡略而不盡備也貌形也言但有形貌不加功精好也趨輿而藏之謂以輿

趨於墓而藏之趨者速也速藏之意也金謂和鸞革車鞅也說文云軔所以引軸者也杜元凱云軔在馬胷或曰貇讀爲邈像也今畫物爲貇下貇皆同義象徙道又明不用也以器適墓象其改易生時之器亦所以明不用也是皆所以重哀也有異生時皆所以重孝子之哀也故生器文而不功明器貇而不用生器生時所用之器既夕禮曰用器弓矢耒耜兩敦兩杅槃匜之屬明器鬼器塗車芻靈木不成斲竹不成用瓦不成沬之屬禮記曰周人兼用之以言不知死者有知無知故雜用生器與明器也凡禮事生飾歡也送死飾哀也祭祀飾敬也師旅飾威也是百王之所同古今之所一也未有知其所由

來者也故壙壠其額象室屋也壙墓中壠冢也禮記曰適墓不登壠額猶意也言其意以象生時也或音邈棺椁其額象版蓋斯象拂也板謂車上障蔽者蓋車蓋也斯未詳象衘字拂即茀也爾雅釋器云輿革前謂之鞎後謂之茀郭云以韋鞎車軾及後戶也無帾絲歶縷翣其額以象菲帷幬尉也無讀爲幠幠覆也所以覆尸者也士喪禮幠用衾夷衾是也帾與褚同禮記曰素錦褚又曰褚幕丹質鄭云所以覆棺也絲歶未詳蓋亦喪車之飾也或曰絲讀爲緌禮記曰畫翣二皆戴緌鄭云以五采羽注於翣首也歶讀爲魚謂以銅魚懸於池下禮記曰魚躍拂池縷讀爲柳蔞字誤爲縷耳菲謂編草爲蔽蓋古人所用障蔽門戶者今貧者猶然或曰菲當爲匪隱也謂隱奧之處也或曰菲讀爲扉戶扇也幬讀爲幬帳之幬尉讀爲罻罻網也帷帳如網

也抗折其頮以象槾茨番閼也既夕禮陳明器於乘車之西折橫覆之抗木橫三縮土五無簀窆事畢加之壙上以承抗席抗禦也所以禦止土者槾扞也茨蓋屋也槾茨猶塈茨也槾莫干反番讀爲藩籬也閼謂門戸壅閼風塵者抗所以禦土折所以承抗皆不使外物侵内有象於槾茨藩閼也故卒禮者無他焉明死生之義送以哀敬而終周藏也故葬埋敬葬其形也葬也者藏也所以爲葬埋之禮敬藏其形體也祭祀敬事其神也其銘誄繫世敬傳其名也銘謂書其功於器物若孔悝之鼎銘者誄謂誄其行狀以爲謚也繫世謂書其傳襲若今之譜諜也皆所以敬傳其名於後世也事生飾始也送死飾終也終始具

而孝子之事畢聖人之道備矣刻死而附生謂之墨刻生而附死謂之惑殺生而送死謂之賊殉葬殺人與賊同刻損減附增益也墨子之法惑謂惑亂過禮也大象其生以送其死使死生終始莫不稱宜而好善是禮義之法式也儒者是矣三年之喪何也曰稱情而立文鄭康成云稱人之情輕重而制其禮也因以飾羣別親疏貴賤之節而不可益損也故曰無適不易之術也羣別謂羣而有別也適往也無

往不易言所至皆不可易此術或曰適讀爲敵創巨者其日久痛甚者其瘉遲三年之喪稱情而立文所以爲至痛極也創傷也楚良反日久瘉遲互言之也皆言久乃能平故重喪必待三年乃除亦爲至痛之極不可朞月而已齊衰苴杖居廬食粥席薪枕塊所以爲至痛飾也禮記斬衰苴杖苴謂以苴惡死竹爲之杖鄭云飾情之章表也三年之喪二十五月而畢哀痛未盡思慕未忘然而禮以是斷之者豈不以送死有已復生有節也哉斷决也丁亂反鄭云復生謂除喪反生者之事也凡生乎天

地之閒者有血氣之屬必有知有知之屬莫不愛其類今夫大鳥獸則失亡其羣匹越月踰時則必反鉛過故鄉則必徘徊焉鳴號焉躑躅焉踟躕焉然後能去之也鉛與沿同猶也禮記作反巡過其故鄉徘徊旋飛翔之貌躑躅以足擊地也踟躕不能去之貌小者是燕爵猶有啁噍之頃焉然後能去之燕爵與鷰雀同故有血氣之屬莫知於人故人之於其親也至死無窮鳥獸猶知愛其羣匹良久乃去況人有生之最智則於親喪悲哀之情至死不窮已故以三年

節之也將由夫愚陋淫邪之人與則彼朝死而夕忘之然而縱之則是曾鳥獸之不若也彼安能相與羣居而無亂乎將由夫脩飾之君子與則三年之喪二十五月而畢若駟之過隙然而遂之則是無窮也隙壁孔也鄭云喻疾也遂之謂不時除也故先王聖人安爲之立中制節一使足以成文理則舍之矣禮記作焉爲之立中制節鄭云焉猶然立中制節謂服之年月也舍除也王肅云一皆也然則何以分之分半也半於三年矣曰至

親以朞斷斷決也鄭云言服之正雖至親皆期而除也是何也鄭云問服斷於期之義也曰天地則已易矣四時則已徧矣其在宇中者莫不更始矣宇中者謂萬物故先王案以此象之也然則三年何也鄭云法此變易可以期何乃三年爲曰加隆焉案使倍之故再期也鄭云言於父母加厚其恩使倍期也由九月以下何也由從也從大功以下也曰案使不及也鄭云言使其恩不若父母故三年以爲隆緦小功以爲殺期九月以爲閒隆厚也殺減也所介反閒厠其閒也古莧反情在隆殺之閒也上取

象於天下取象於地中取則於人人所以羣居和一之理盡矣鄭云取象於天地謂法其變易也自三年以至緦皆歲時之數也言既象天地又足以盡人聚居粹厚之恩也故三年之喪人道之至文者也夫是之謂至隆至文飾人道使成忠孝鄭云言三年之喪喪禮之最盛也是百王之所同古今之所一也一謂不變君之喪所以取三年何也問君之喪何取於三年之制曰君者治辨之主也文理之原也情貌之盡也相率而致隆之不亦可乎治辨謂能治人使有辨別也文理法理條貫也原本也情志誠

也貌恭敬也致至也言人所施忠敬無盡於君者則臣下相率服喪而至於三年不亦可乎詩曰愷悌君子民之父母彼君子者固有爲民父母之說焉父能生之不能養之養謂哺乳之也養或爲食母能食之不能教誨之食者嗣也君者已能食之矣又善教誨之者也食謂禄廪教誨謂制命也三年畢矣哉乳母飲食之者也而三月慈母衣被之者也而九月君曲備之者也三君者兼父母之恩以三年報之猶未畢也年畢乎哉曲備謂兼飲食衣被得之則治失之則亂文

之至也文謂法度也治亂所繫是有法度之至也得之則安失之則危

情之至也情謂忠厚謂使人去危就安是忠厚之至也兩至者俱積焉

以三年事之猶未足也直無由進之耳直但也

故社祭社也稷祭稷也社土神以勾龍配之稷百穀之神以弃配之但各止

祭一神而已郊者幷百王於上天而祭祀之也百王百神

也或神字誤爲王言社稷唯祭一神至郊天則兼祭百神以喻君兼父母者也三月之殯何

也此殯謂葬也曰大之也重之也所致隆也所致

親也將舉錯之遷徙之離宮室而歸丘陵

也。先王恐其不文也，是以繇其期，足之日也。〔所至厚至親，將從而歸丘陵，不可急遽無文飾，故繇其期足之日，然後葬也。繇讀爲由，從也。〕故天子七月，諸侯五月，大夫三月，皆使其須足以容事，事足以容成，成足以容文，文足以容備，曲容備物之謂道矣。〔須，待也。謂所待之期也。事，喪具也。道者，委曲容物備物者也。〕

祭者，志意思慕之情也。愅詭悒僾而不能無時至焉。〔愅，變也。詭，異也。皆謂變異感動之貌。悒僾，氣不舒憤鬱之貌。爾雅云：「僾，悒也。」郭云：「嗚悒，短氣也。」言人感動或憤鬱，不能無時而至，言有時而至也。愅音革，悒音邑，僾

（音愛）故人之歡欣和合之時則夫忠臣孝子亦悼詭而有所至矣（歡欣之時忠臣孝子則感動而思君親之不得同樂也）彼其所至者甚大動也（言所至之情甚大感動也）案屈然已則其於志意之情者惆然不嗛其於禮節者闕然不具（屈竭也屈然空然也惆然悵然也嗛足也言若無祭祀之禮空然而已則忠臣孝子之情悵然不足禮節又闕然不具也）故先王案爲之立文尊尊親親之義至矣（文謂祭祀節文）故曰祭者志意思慕之情也忠信愛敬之至矣禮節文貌之盛

矣苟非聖人莫之能知也聖人明知之士君子安行之官人以爲守百姓以成俗其在君子以爲人道也其在百姓以爲鬼事也（以爲人道則安而行之以爲鬼事則畏而奉之）故鍾鼓管磬琴瑟竽笙韶夏護武汋桓箾簡象是君子之所以爲悻詭其所喜樂之文也（因說祭遂廣言喜樂哀痛敦惡之意本皆因於感動而爲之文飾也喜樂不可無文飾故制爲鍾鼓韶夏之屬箾音朔賈逵曰舞曲名武汋桓皆周頌篇名簡未詳象周武王伐紂之樂）齊衰苴杖居廬食粥席薪枕

塊是君子之所以爲愅詭其所哀痛之文也感動其所哀痛而不可無文飾故制爲齊衰苴杖之屬言本皆因於感動也師旅有制刑法有等莫不稱罪是君子之所以爲愅詭其所敦惡之文也師旅所以討有罪制謂人數也有等輕重異也敦厚也厚惡深惡也或曰敦讀爲頓頓困躓也本因感動敦惡故制師旅刑罰以爲文飾卜筮視日齊戒修塗几筵饋薦告祝如或饗之視日之吉凶史記周文爲項燕視日修塗謂修自宮至廟之道塗也几筵謂祝筵几于室中東面也饋獻牲體也薦進黍稷也告祝謂尸命祝以嘏于主人曰皇尸命工祝承致多福無疆于汝孝孫來女孝孫使女受禄于天宜稼于田眉壽萬年勿替引之如或歆饗其祀然也物取

而皆祭之如或嘗之物取每物皆取也謂祝命挼祭尸取菹抨于醢祭于豆閒佐食取黍稷肺授尸尸祭之又取肝抨于鹽振祭嚌之是也如或嘗之謂尸啐嚌之如神之親嘗然也毋利舉爵當云無舉利爵即上文云利爵之不醮也主人有尊如或觴之謂王人設尊酌以獻尸尸飲之如神飲其觴然賓出主人拜送反易服即位而哭如或去之此雜說喪祭也易服易祭服反喪服也賓出祭事畢即位而哭如神之去然也哀夫敬夫事死如事生事亡如事存狀乎無形影然而成文狀類也言祭祀不見鬼神有類乎無形影者然而足以成人道之節文也

荀子卷第十三

荀子卷第十四

登仕郎守大理評事楊　倞　注

樂論第二十

夫樂者樂也人情之所必不免也故人不能無樂樂則必發於聲音形於動靜而人之道聲音動靜生術之變盡是矣故人不能不樂樂則不能無形形而不爲道則不能無亂先王惡其亂也故制雅頌之聲以

道之使其聲足以樂而不流使其文足以
辨而不諰使其曲直繁省廉肉節奏足以
感動人之善心使夫邪汙之氣無由得接
焉是先王立樂之方也而墨子非之柰何
故樂在宗廟之中則君臣上下同聽之莫
不和敬閨門之内則父子兄弟同聽之莫
不和親鄉里族長之中則長少同聽之莫
不和順故樂者審一以定和者也比物以

飾節者也節奏合以成文足以率一道足
以治萬變是先王立樂之術也而墨子非
之奈何故聽其雅頌之聲而志意得廣焉
執其干戚習其俯仰屈申而容貌得莊焉
行其綴兆要其節奏而行列得正焉進退
得齊焉故樂者出所以征誅也入所以揖
讓也征誅揖讓其義一也出所以征誅則
莫不聽從入所以揖讓則莫不從服故樂

者天下之大齊也中和之紀也人情之所
必不免也是先王立樂之術也而墨子非
之奈何且樂者先王之所以飾喜也軍旅
鈇鉞者先王之所以飾怒也先王喜怒皆
得其齊焉是故喜而天下和之怒而暴亂
畏之先王之道禮樂正其盛者也而墨子
非之故曰墨子之於道也猶瞽之於白黑
也猶聾之於清濁也猶欲之楚而北求之

也夫聲樂之入人也深其化人也速故先
王謹爲之文樂中平則民和而不流樂肅
莊則民齊而不亂民和齊則兵勁城固敵
國不敢嬰也如是則百姓莫不安其處樂
其鄉以至足其上矣然後名聲於是白光
輝於是大四海之民莫不願得以爲師是
王者之始也樂姚冶以險則民流慢鄙賤
矣流慢則亂鄙賤則爭亂爭則兵弱城犯

敵國危之如是則百姓不安其處不樂其鄉不足其上矣故禮樂廢而邪音起者危削侮辱之本也故先王貴禮樂而賤邪音其在序官也曰脩憲命審誅賞禁淫聲以時順脩使夷俗邪音不敢亂雅大師之事也墨子曰樂者聖王之所非也而儒者爲之過矣君子以爲不然樂者聖人之所樂也而可以善民心其感人深其移風易俗

故先王導之以禮樂而民和睦夫民有好惡之情而無喜怒之應則亂先王惡其亂也故脩其行正其樂而天下順焉故齊衰之服哭泣之聲使人之心悲帶甲嬰軸歌於行伍使人之心傷姚冶之容鄭衛之音使人之心淫紳端章甫舞韶歌武使人之心莊故君子耳不聽淫聲目不視女色口不出惡言此三者君子慎之凡姦聲感人

而逆氣應之逆氣成象而亂生焉正聲感人而順氣應之順氣成象而治生焉唱和有應善惡相象故君子愼其所去就也君子以鍾鼓導志以琴瑟樂心動以干戚飾以羽毛從以磬管故其清明象天其廣大象地其俯仰周旋有似於四時故樂行而志清禮脩而行成耳目聰明血氣和平移風易俗天下皆寧　美善相樂故曰樂者樂

也君子樂得其道小人樂得其欲以道制欲則樂而不亂以欲忘道則惑而不樂故樂者所以道樂也金石絲竹所以道德也樂行而民鄉方矣故樂者治人之盛者也而墨子非之且樂也者和之不可變者也禮也者理之不可易者也樂合同禮別異禮樂之統管乎人心矣窮本極變樂之情也著誠去僞禮之經也墨子非之幾遇刑

也明王以没莫之正也愚者學之危其身
也君子明樂乃其德也亂世惡善不此聽
也於乎哀哉不得成也弟子勉學無所營
也聲樂之象鼓天麗鍾統實磬廉制竽笙
簫和筦籥發猛塤篪翁博瑟易良琴婦
好歌清盡舞意天道兼鼓其樂之君邪故
鼓似天鍾似地磬似水竽笙簫和籥似星
辰日月鞉柷拊鞷椌楬似萬物曷以知舞

之意曰目不自見耳不自聞也然而治俯
仰詘信進退遲速莫不廉制盡筋骨之力
以要鍾鼓俯會之節而靡有悖逆者衆積
意謘謘乎

吾觀於鄉而知王道之易易也主人親速
賓及介而衆賓皆從之至于門外主人拜
賓及介而衆賓皆入貴賤之義別矣三揖
至于階三讓以賓升拜至獻酬辭讓之節

繁及其介省矣至于衆賔升受坐祭立飲不酢而隆殺之義辨矣工入升歌三終主人獻之笙入三終主人獻之閒歌三終合樂三終工告樂備遂出二人揚觶乃立司正焉知其能和樂而不流也賔酬主人主人酬介介酬衆賔少長以齒終於沃者焉知其能弟長而無遺也降脫屨升坐脩爵無數飲酒之節朝不廢朝暮不廢夕賔出

主人拜送節文終遂焉知其能安燕而不亂也貴賤明隆殺辨和樂而不流弟長而無遺安燕而不亂此五行者是足以正身安國矣彼國安而天下安故曰吾觀於鄉而知王道之易易也亂世之徵其服組其容婦其俗淫其志利其行雜其聲樂險其文章匿而采其養生無度其送死瘠墨賤禮義而貴勇力貧則爲盜富則爲賊治世

反是也

荀子卷第十四

荀子卷第十五

登仕郎守大理評事楊　倞　注

解蔽篇第二十一

蔽者言不能通明滯於一隅如有物壅蔽之者

凡人之患蔽於一曲而闇於大理一曲一端之曲說是時各蔽於異端曲說故作此篇以解之治則復經兩疑則惑矣言治世用禮義則自復經常之正道兩疑謂不知一於正道而疑蔽者爲是一本作兩則疑惑矣天下無二道聖人無兩心今諸侯異政百家異說則必惑是惑非惑治惑亂亂國之君亂家之

人此其誠心莫不求正而以自爲也妬繆於道而人誘其所迨也（迨近也近謂所好也言亂君亂人本亦求理以其嫉妬迷繆於道故人因其所好而誘之謂若好儉則墨氏誘之好辯則惠氏誘之也）私其所積唯恐聞其惡也（積習）倚其所私以觀異術唯恐聞其美也（倚任也或曰偏倚也猶傍觀也言妬於異術也）是以與治雖走而是己不輟也（走並馳治謂正道也既私其所習妬繆於道雖與治並馳而自是不輟雖或作離）豈不蔽於一曲而失正求也哉心不使焉則白黑在前而目不見雷鼓在

側而耳不聞，況於使者乎（雷鼓，大鼓聲如雷者。使，役也。以論不役心於正道，則自無聞見矣，況乎役心於異術，豈復更聞正求哉）？德道之人（有賢德也），亂國之君非之上，亂家之人非之下，豈不哀哉（上下共非，故可哀也）！

故爲蔽（數爲蔽之端也）：欲爲蔽，惡爲蔽，始爲蔽，終爲蔽，遠爲蔽，近爲蔽，博爲蔽，淺爲蔽，古爲蔽，今爲蔽（此其所知所好滯於一隅，故皆爲蔽也）。凡萬物異則莫不相爲蔽，此心術之公患也（公，共也。所好異則相爲蔽）。

昔人君之蔽者，夏桀、殷紂是也。

桀蔽於末喜斯觀而不知關龍逄以惑其心而亂其行末喜桀妃斯觀未聞韓侍郎云斯或當爲斟斟觀夏同姓國蓋其君當時爲桀佞臣也國語史蘇曰昔夏桀伐有施有施人以末喜女焉賈侍中云有施喜姓國也紂蔽於妲己飛廉而不知微子啓以惑其心而亂其行妲己紂妃飛廉紂之佞臣惡來之父善走者秦之祖也微子紂之庶兄微國子爵啓其名也國語曰殷紂伐有蘇有蘇氏以妲己女焉賈侍中云有蘇己姓國也故羣臣去忠而事私百姓怨非而不用事任也不用不爲上用也非或爲誹賢良退處而隱逃此其所以喪九牧之地而虛宗廟之

國也（九牧九州之牧虛讀爲墟）桀死於亭山（亭山南巢之山或本作鬲山案漢書地理志廬江有灊縣當是誤以灊爲鬲傳寫又誤爲亭耳灊音潛）紂縣於赤斾（史記武王斬紂頭縣於大白旗此云赤斾所傳聞異也）身不先知人又莫之諫此蔽塞之禍也成湯鑒於夏桀故主其心而慎治之（主其心言不爲邪佞所惑也）是以能長用伊尹而身不失道此其所以代夏王而受九有也文王監於殷紂故主其心而慎治之是以能長用呂望而身不失道此其所以代

殷王而受九牧也九有九牧皆九州也撫有其地則謂之九有養其民則謂之九牧遠方莫不致其珍故目視備色耳聽備聲口食備味形居備宫名受備號生則天下歌死則四海哭夫是之謂至盛詩曰鳳凰秋秋其翼若干其聲若蕭有鳳有凰樂帝之心此不蔽之福也逸詩也爾雅鶌鳳其雌凰秋秋猶蹌蹌蹌蹌謂舞也干楯也此帝蓋謂堯也堯時鳳凰巢於阿閣言堯能用賢不蔽天下和平故有鳳凰來儀之福也昔人臣之蔽者唐鞅奚齊是也唐鞅宋康王之臣呂

氏春秋曰宋康王染於唐鞅田不禋奚齊晉獻公驪姬之
子論衡曰宋王問唐鞅曰吾殺戮甚衆而羣臣愈不畏何
也對曰王罰不善者善者胡爲畏王少欲羣臣之畏
也不若無辨其善一時罪之則羣臣畏矣宋王從之唐鞅
蔽於欲權而逐載子載讀爲戴戴不勝使薛居州傅
王者見孟子或曰戴子戴驩也
韓子曰戴驩爲宋太宰夜使人曰吾聞有數夜乘輜車之李史
門者謹爲我司之使者報曰不見輜車見有奉笥而與李史
受笥又戴驩謂齊王曰王大仁於薛公大不忍人
據其時代當是戴驩也蓋爲唐鞅所逐奔齊也奚齊蔽於
欲國而罪申生申生晉獻公之太子奚齊之兄爲驪姬所
譖獻公殺之春秋穀梁傳曰晉里克弒其
君之子奚齊其君之子云者國人不
子也不正其殺太子申生而立也唐鞅戮於宋奚齊
戮於晉逐賢相而罪孝兄身爲刑戮然

而不知此蔽塞之禍也故以貪鄙背叛爭權而不危辱滅亡者自古及今未嘗有之也鮑叔甯戚隰朋仁知且不蔽故能持管仲而名利福祿與管仲齊（持扶翼也）召公呂望仁知且不蔽故能持周公而名利福祿與周公齊傳曰知賢之謂明輔賢之謂能勉之彊之其福必長此之謂也此不蔽之福也（勉之彊之言必勉之）

言知賢輔賢然後其福長也彊其亮反昔賓孟之蔽者亂家是也賓孟周景王之佞臣欲立王子朝者亂家謂亂周之家事使庶孽爭位也墨子蔽於用而不知文欲使上下勤力腓無胈脛無毛而不知貴賤等級之文飾也宋子蔽於欲而不知得宋子以人之情欲寡不欲多但任其所欲則自治也蔽於此說而不知得欲之道也愼子蔽於法而不知賢愼子本黃老歸刑名多明不尚賢不使能之道故其說曰多賢不可以多君無賢不可以無君其意但明得其法雖無賢亦可爲治而不知法待賢而後舉也申子蔽於埶而不知知申子名不害河南京縣人韓昭侯相也其說但賢得權埶以刑法馭下而不知權埶待才智然後治亦與愼子意同下知音智惠子蔽於辭而不知實惠子

（蔽於虛辭而不知實理虛辭謂若山出口丁子有尾之類也）莊子蔽於天而不知人（天謂無爲自然之道莊子但推治亂於天而不知在人也）故由用謂之道盡利矣（由從也若由於用則天下之道無復仁義皆盡於求利也）由俗謂之道盡嗛矣（俗當爲欲嗛與慊同快也言若從人所欲不爲節限則天下之道盡於快意也嗛口簟反）由法謂之道盡數矣（由法而不由賢則天下之道盡於術數也）由埶謂之道盡便矣（便便宜也從埶而去智則盡於逐便無復脩立）由辭謂之道盡論矣（論辨說也）由天謂之道盡因矣（因任其自然無復治化也）此數具者皆道之一隅也夫道者體

常而盡變，一隅不足以舉之。（言道者體常盡變，猶天地常存，能盡萬物之變化也。）曲知之人，觀於道之一隅而未之能識也，（曲知，言不通於大道也。一隅猶昧，況大道乎？）故以爲足而飾之，（謂其持之有故，其言之成理也。）內以自亂，外以惑人，上以蔽下，下以蔽上，此蔽塞之禍也。孔子仁知且不蔽，故學亂術足以爲先王者也。（亂，雜也。言其多才藝，足以及先王也。）一家得周道，舉而用之，不蔽於成積也。（一家得，謂作春秋也。周道舉，謂刪詩書，定禮樂。成積，舊習也。言其所用不滯於衆人舊習，故能功業如此。）

故德與周公齊名與三王並此不蔽之福也聖人知心術之患見蔽塞之禍故無欲無惡無始無終無近無遠無博無淺無古無今兼陳萬物而中縣衡焉不滯於一隅但當其中而縣衡揣其輕重也是故衆異不得相蔽以亂其倫也倫理何謂衡曰道道謂禮義故心不可以不知道心不知道則不可道而可非道心不知道則不以道爲可可謂合意也人孰欲得恣而守其所不可以禁其

所可[人心誰欲得縱恣而肯守其不合意之事以自禁其合意者]以其不可道之心取人則必合於不道人而不知合於道人[各求其類]以其不可道之心與不可道之人論道人亂之本也[必有妬賢害善]夫何以知[問何以知道]人也

曰心知道然後可道可道然後能守道以禁非道以其可道之心取人則合於道人而不合於不道之人矣以其可道之心與道人論非道治之要也[必能懲姦去惡]何患不知

（心苟知道何患不知道人）故治之要在於知道人何以知道（既知道人在於知道問知道之術如何也）曰心（在心無邪）心何以知曰虛壹而靜（能然則可以知道也）心未嘗不臧也然而有所謂虛（臧讀爲藏古字通下同言心未嘗不苞藏然有所謂虛也）心未嘗不滿也然而有所謂一（滿當爲兩兩謂同時兼知）心未嘗不動也然而有所謂靜（雖動不使害靜也）人生而有知知而有志志也者臧也（在心爲志）然而有所謂虛不以已所臧害所將受謂之虛（見善則遷）

不滯於積習也心生而有知知而有異異也者同時兼知之同時兼知之兩也然而有所謂一不以夫一害此一謂之壹既不滯於一隅物雖輻湊而至盡可以一待之也心卧則夢偷則自行使之則謀卧寢也自行放縱也使役也言人心有所思寢則必夢偷則必放縱役用則必謀慮故心未嘗不動也然而有所謂靜不以夢劇亂知謂之靜夢想象也劇囂煩也言處心有常不蔽於想象囂煩而介於胷中以亂其知斯爲靜也此皆明不蔽於一端虛受之義也未得道而求道者謂之虛壹而靜有求道之心不滯於

（偏見曲説則是虛壹而靜）作之則將須道者之虛則人將事道者之壹則盡盡將思道者靜則察（此義未詳或恐脱誤耳或曰此皆論虛一而靜之功也作動也須待也將行也當爲須道者虛則將事道者壹則盡思道者靜則察其餘字皆行也作之則行言人心有動作則自行也以虛心須道則萬事無不行以一心事道則萬物無不盡以飾心思道則萬變無不察此皆言執其本而末隨也）知道察知道行體道者也（知道察謂思道者靜則察也知道行謂須道者虛則將也體謂不離道也）虛壹而靜謂之大清明（言無有壅蔽者）萬物莫形而不見莫見而不論莫論而失位（既虛壹而靜則通於萬物故有形者無不見見則無不能論説論説

（則無不得其宜）坐於室而見四海，處於今而論久遠，疏觀萬物而知其情，參稽治亂而通其度，（疏通參驗稽考度制也）經緯天地而材官萬物，制割大理而宇宙裏矣。（材謂當其分，官謂不失其任。裏當爲理，材或爲裁也）恢恢廣廣，孰知其極？睪睪廣廣，孰知其德？涫涫紛紛，孰知其形？明參日月，大滿八極，是之謂大人。夫惡有蔽矣哉！（此皆明虛一而靜則通於神明，人莫能測也。又安能蔽哉？睪讀爲皡，皡皡，廣大貌。涫涫，沸貌。紛紛，離亂皃。涫音官，又音貫）心者，形之君也而神明之主也出令而無所受令心出令以使百體不爲百體所使也自禁也自使也自奪也自取也自行也自止也此六者皆由心使之然所以爲形之君也故口可劫而使墨云形可劫而使詘申心不可劫而使易意是之則受非之則辭劫迫也云言也百體可劫心不可劫所以尤宜慎擇所好懼蔽塞之患也故曰心容其擇也無禁必自見其物也雜博容受也言心能容受萬物若其選擇無所禁止則見雜博不精所以貴夫虛壹而靜也其情之至也不貳其情之至極在一而不貳若雜博則惑詩云

采采卷耳，不盈頃筐。嗟我懷人，寘彼周行。詩周南卷耳之篇。毛公云：采采，事采之也。卷耳，苓耳也。頃筐，畚屬，易盈之器也。思君子置於周之列位也。頃筐易滿也，卷耳易得也，然而不可以貳周行。采易得之物，實易滿之器，以懷人寘周行之心貳之，則不能滿，況乎難得之正道而可以他術貳之乎？故曰：心枝則無知，傾則不精，貳則疑惑。以贊稽之，萬物可兼知也。枝，旁引，如樹枝也。贊，助也。稽，考也。以一端而不二之道助考之，則可兼知萬物；若博雜則愈不知也。身盡其故則美。故，事也。盡不二之事，則身美矣。類不可兩也，故知者擇一而壹焉。凡事類皆不可兩，故知者精於一道而專一焉故異端不能蔽也農精於田而不可以爲田師賈精於市而不可以爲市師工精於器而不可以爲器師皆蔽於一技故不可爲師長也有人也不能此三技而可使治三官曰精於道也精於一道故可以理萬事精於物者也精於物者以物物謂能名物其一物若農賈之屬也精於道者兼物物謂能兼治名物其一物者也故君子壹於道而以贊稽物壹於道所以助考物也助考謂兼治也壹於道則正以贊稽物則察以正志

行察論則萬物官矣在心爲志發言爲論官謂各當其任無差錯也昔者舜之治天下也不以事詔而萬物成舜能一於道但委任衆賢而已未嘗躬親以事告人處一之危其榮滿側養一之微榮矣而未知一謂心一也危之當爲之危危謂不自安戒懼之謂也側謂逼側亦充滿之義微精妙也處心之危言能戒懼兢兢業業終使之安也養心之微謂養其未萌不使異端亂之也處心之危有形故其榮滿則可知也養心之微無形故雖榮而未知言辭之爲治養其未萌也故道經曰人心之危道心之微今虞書有此語而云道經蓋有道之經也孔安國曰危則難安微則難明故誡以精一信執其中引此以明舜之治在精一於道不蔽於一隅也危微之幾

惟明君子而後能知之（幾萌兆也與機同）故人心譬如槃水正錯而勿動則湛濁在下而清明在上（湛讀爲沈泥滓也下同）則足以見鬚眉而察理矣（理肌膚之文理）微風過之湛濁動乎下清明亂於上則不可以得大形之正也心亦如是矣故導之以理養之以清物莫之傾（清謂沖和之氣）則足以定是非決嫌疑矣小物引之則其正外易其心内傾則不足以決麤理矣（言此者以喻心不一於道爲

異端所蔽則惑也 故好書者衆矣而倉頡獨傳者壹也倉頡黃帝史官言古亦有好書者不如倉頡一於其道異術不能亂之故獨傳也情箸古者倉頡之有天下守法授親神農亦然也 好稼者衆矣而后稷獨傳者壹也好樂者衆矣而夔獨傳者壹也好義者衆矣而舜獨傳者壹也倕作弓浮游作矢而羿精於射 倕舜之共工世本云夷牟作矢宋衷注云黃帝臣此云浮游未詳或者浮游夷牟之別名或聲相近而誤耳言倕游雖作弓矢未必能射而羿精之也弓矢舜已前有之此云倕作弓當是改制精巧故亦言作也 奚仲作車乘杜作乘馬而造父精於御自古及

今未嘗有兩而能精者也（奚仲夏禹時車正黃帝時已有車服故謂之軒轅此云奚仲者亦改制耳世本云相土作乘馬杜與土同乘馬四馬也四馬駕車處於相土故曰作乘馬以其作乘馬之法故謂之乘杜乘並音剩相土契孫也呂氏春秋曰乘馬作一駕）曾子曰是其庭可以搏鼠惡能與我歌矣（是蓋當爲視曾子言有人視庭中可以搏擊鼠則安能與我成歌歌詠乎言外物誘之思不精故不能成歌詠也）空石之中有人焉其名曰觙（空石石穴也蓋古有善射之人處深山空石之中名之曰觙觙字及事並未詳所出或假設喻之耳）其爲人也善射以好思（好喜也清靜思其射之妙）耳目之欲接則敗其思蚊虻之聲聞則

挫其精是以闢耳目之欲而遠蚊䖟之聲閑居靜思則通挫揁也精精誠也闢屛除也言閑居靜思不接外物故能通射之妙思仁若是可謂微乎言靜思仁如空石之人思射則可謂微乎假設問之辭也孟子惡敗而出妻可謂能自彊矣此已下荅之之辭孟子惡其敗德而出其妻可謂能自彊於脩身也有子惡臥而焠掌可謂能自忍矣未及好也有子蓋有若也焠灼也惡其寢臥而焠其掌若刺股然也未及好也當爲未及好思也誤分在下更作一句耳有子焠掌可謂能自忍其身則未及善好思者也若思道之至則自無寢焉用焠掌乎闢耳目之欲可謂能自彊矣未及思

也蚊蝱之聲聞則挫其精可謂危矣未可謂微也可謂能自彊矣未及思也十字並衍耳可謂危矣言能闢耳目之欲則可謂能自危而戒懼未可謂微也微者精妙之謂也夫微者至人也惟精惟一如舜者至人也何彊何忍何危既造於精妙之域則冥與理會不在作爲苟未臻極雖在空石之中猶未至也故濁明外景清明內景景光色也濁謂混跡清謂虛白聖人縱其欲兼其情而制焉者理矣夫何彊何忍何危兼猶盡也聖人雖縱欲盡情而不過制者由於暗與理會故也何必如空石之徒乎故仁者之行道也無爲也聖人之行道也

無彊也（無爲謂知違理則不作所謂造形而悟也無彊謂全無違理彊制之萌也）仁者之思也恭聖人之思也樂此治心之道也（思慮也恭謂乾乾夕惕也樂謂性與天道無所不適）

凡觀物有疑中心不定則外物不清（清明審也）吾慮不清則未可定然否也冥冥而行者見寢木以爲伏虎也見植林以爲後人也冥冥蔽其明也（冥冥暮夜也）醉者越百步之溝以爲蹞步之澮也（蹞與跬同半步曰跬澮小溝也）俯而出城門

以爲小之閨也酒亂其神也（閨小門也）厭目而視者視一以爲兩掩耳而聽者聽漠漠而以爲哅哅埶亂其官也（厭指按也一涉反漠漠無聲也哅哅喧聲也官司主也言勢亂耳目之所主守哅許用反）故從山上望牛者若羊而求羊者不下牽也遠蔽其大也從山下望木者十仞之木若箸而求箸者不上折也高蔽其長也（皆知爲高遠所蔽故不往求然則守道者亦宜知異術之蔽類此也）水動而景搖人不以定美惡水埶玄也（玄幽深也或讀爲眩）瞽

者仰視而不見星人不以定有無用精惑也[精目之明也]有人焉以此時定物則世之愚者也彼愚者之定物以疑決疑決必不當夫苟不當安能無過乎[以疑決疑猶愼墨之屬也]夏首之南有人焉曰涓蜀梁[夏首夏水之首楚詞云過夏首而西浮顧龍門而不見王逸曰夏首水口也涓蜀梁未詳何代人姓涓名蜀梁列仙傳有涓子齊人隱於宕山餌术能致風雨者也]其爲人也愚而善畏[善猶喜也好有所畏]明月而宵行俯見其影以爲伏鬼也卬視其髮以爲立魅也[卬與仰同]背而走比

至其家者失氣而死豈不哀哉〔背棄去也失氣謂困甚氣絕也〕凡人之有鬼也必以其感忽之閒疑玄之時正之〔感驚動也感忽猶慌惚也玄亦幽深難測也必以此時定其有鬼也〕此人之所以無有而有無之時也〔無有謂以有爲無也有無謂以無爲有也此皆人所疑惑之時也〕而已以正事故傷於溼而擊鼓鼓痺則必有敝鼓喪豚之費矣而未有俞疾之福也〔已以正事謂人以此定事也痺冷疾也傷於濕則患痺反擊鼓烹豚以禱神何益於愈疾乎若以此定事則與俗不殊也俞讀爲愈〕故雖不在夏首之南則無以異矣〔慎墨〕

之蔽亦猶是也

凡以知人之性也可以知物之理也以知人之性推之則可知物理也以可以知人之性求可以知物之理而無所疑止之則沒世窮年不能徧也疑止謂有所不爲窮年盡其年壽疑或爲凝其所以貫理焉雖億萬已不足以浹萬物之變與愚者若一貫習也浹周也子叶反或當爲接學老身長子而與愚者若一猶不知錯夫是之謂妄人錯置也謂廢捨也身已老矣子已長矣猶不知廢捨無益

之學夫是之謂愚妄之人也故學也者固學止之也惡乎止之曰止諸至足曷謂至足曰聖也（或曰聖下更當有王字誤脫耳言人所學當止於聖人之道及王道不學異術也　聖王之道是爲至足也）聖也者盡倫者也王也者盡制者也（倫物理也制法度也）兩盡者足以爲天下極矣（所以爲至足也）故學者以聖王爲師案以聖王之制爲法法其法以求其統類類以務象效其人（統類法之大綱）嚮是而務士也類是而幾君子也（幾近也類聖人而近之則爲君子士者脩飾之名君子有道德之稱也）知

姦人之説也則天下之治説者方多然矣愼墨季惠之屬傳曰析辭而爲察言物而爲辨君子賤之博聞彊志不合王制君子賤之此之謂也所謂析言破律亂名改作者也爲之無益於成也求之無益於得也憂戚之無益於幾也言役心無益復憂戚亦不能近道也則廣焉能棄之矣不以自妨也不少頃干之胷中廣讀爲曠遠也不以自妨謂不以無益害有益也不慕往不閔來無邑憐之心不慕往謂不悅慕無益之事而往從之也

不閔來謂不憂閔無益之事而來正之也或曰往古昔也來將來也不慕往古不閔將來言唯義所在無所繫滯也邑憐未詳或曰邑與悒同悒怏也憐讀爲吝惜也言棄無益之事更無悒怏吝惜之心此皆明不爲異端所蔽也當時則動物至而應事起而辨治亂可否昭然明矣

周而成泄而敗明君無之有也以周密爲成以漏泄爲敗明君無此事也明君日月之照臨安用周密也宣而成隱而敗闇君無之有也以宣露爲成以隱蔽爲敗闇君亦無此事也闇君務在隱蔽而不知昭明之功也故君人者周則讒言至矣直言反矣小人邇而君子

遠矣詩云墨以爲明狐狸其蒼此言上幽而下險也（逸詩墨謂蔽塞也狐狸其蒼言狐狸之色其色蒼然無別猶指鹿爲馬者也幽暗也險傾側也）君人者宣則直言至矣而讒言反矣君子邇而小人遠矣（反還也讒言復歸而不敢出矣）詩曰明明在下赫赫在上此言上明而下化也（詩大雅大明之篇言文王之德明明在下故赫赫然著見於天也）

荀子卷第十五

荀子卷第十六

登仕郎守大理評事楊　倞　注

正名篇第二十二

是時公孫龍惠施之徒亂名改作以是爲非故作正名篇尹文子曰形以定名名以定事事以驗名察其所以然則形名之與事物無所隱其理矣名有三科一曰命物之名方圓白黑是也二曰毀譽之名善惡貴賤是也三曰况謂之名賢愚愛憎是也

後王之成名後之王者有素定成就之名謂舊名可法効者也刑名從商商之刑法未聞康誥曰殷罰有倫是亦言殷刑之允當也爵名從周謂五等諸侯及三百六十官也文名從禮文謂節文威儀禮即周之儀禮也散名之加

於萬物者則從諸夏之成俗曲期（成俗舊俗方言也期會也曲期謂委曲期會物之名者也）遠方異俗之鄉則因之而爲通（遠方異俗名之乖異者則因其所名遂以爲通而不改作也）散名之在人者（舉名之分散在人者）生之所以然者謂之性（人生善惡固有必然之理是所受作天之性也）性之和所生精合感應不事而自然謂之性（和陰陽沖和氣也事任使也言人之性和氣所生精合感應不使而自然言其天性如此也精合謂若耳目之精靈與見聞之物合也感應謂外物感心而來應也）性之好惡喜怒哀樂謂之情（人性感物之後分爲此六者謂之情）情然而心爲之擇謂

之慮情雖無極心擇可否而行謂之慮也心慮而能爲之動謂之僞僞矯也心有選擇能動而行之則爲矯拂其本性也慮積焉能習焉而後成謂之僞心雖能動亦在積久習學然後能矯其本性也正利而爲謂之事爲正道之事利則謂之事業謂商農工賈者也正義而爲謂之行苟非正義則謂之姦邪行下孟反所以知之在人者謂之知知有所合謂之智知之在人者謂在人之心有所知者知有所合謂所知能合於物也智所以能之在人者謂之能智有所能在人之心者謂之能能才能也能有所合謂之能能當爲耐古字通也耐謂堪任其事耐乃來乃代二反性傷

謂之病傷於天性不得其所節遇謂之命節時也當時所遇謂之命命者如天所命然是散名之在人者也是後王之成名也略舉此上事是散名之在人者而後王可因襲成就素定之名也而或者乃爲堅白之說以是爲非斯亂名之尤也故王者之制名名定而實辨道行而志通則愼率民而一焉道謂制名之道志通言可曉也禮記曰黃帝正名百物以明民愼率民而一焉言不敢以異端改作也故析辭擅作名以亂正名使民疑惑人多辨訟則謂之大姦其罪猶爲符節度量之罪也新序曰子產決鄧析教民之難約大獄袍衣小獄襦

袴民之獻袍衣襦袴者不可勝數以非爲是以是爲非鄭國大亂民口讙譁子產患之於是討鄧析而僇之民乃服是非乃定是其類也故其民莫敢託爲奇辭以亂正名故其民慤慤則易使易使則公其民莫敢託爲奇辭以亂正名故壹於道法而謹於循令矣如是則其迹長矣迹王者所立之迹也下不敢亂其名畏服於上故迹長也長丁丈反迹長功成治之極也是謹於守名約之功也謹嚴也約要約今聖王沒名守慢奇辭起名實亂是非之形不明則雖守法之吏誦

數之儒亦皆亂奇辭亂實故法吏迷其所守偏儒者疑其所習若有王者起必將有循於舊名有作於新名名之善者循之不善者作之故孔子曰必也正名乎然則所爲有名與所緣有同異與制名之樞要不可不察也緣因也樞要大要揔名也物無名則不可分辨故因而有名也名不可一貫故因耳目鼻口而制同異又不可常別雖萬物萬殊有時欲之擧其大綱故制爲名之樞要謂若謂之禽知其二足而羽謂之獸知其四足而毛既爲治在正名則此三者不可不察而知其意也

異形離心交萬物之形各異則分離人之心言人心知其不同也此已下覆明有名之意喻異物名實玄紐玄深隱也紐結也若不爲分別立名使物物而交相譬喻之則名實

深隱紛結難知也貴賤不明同異不別如是則志必有不喻之患而事必有困廢之禍故知者爲之分別制名以指實無名則物雜亂故智者爲之分界制名所以指明實事也上以明貴賤下以辨同異貴賤明同異別如是則志無不喻之患事無困廢之禍此所爲有名也有名之意在此然則何緣而以同異設問覆明同異之意也曰緣天官天官耳目鼻口心體也謂之官言各有所司主也緣天官言天官謂之同則同謂之異則異也凡同類同情者其天官之意

物也同故比方之疑似而通是所以共其約名以相期也同類同情謂若天下之馬雖白黑大小不同天官意想其同類所以共其省約之名以相期會而命之各爲制名也形體色理以目異形體形狀也色五色也理文理也言萬物形體色理以目別異之而制名聲音清濁調竽奇聲以耳異清濁宮徵之屬調竽謂調和笙竽之聲也竽笙類所以導衆樂者也不言華木之屬而言竽者或曰竽八音之首故黃帝使泠綸取竹作管是竹爲聲音之始莊子天籟地籟亦其義也奇奇異也奇聲萬物衆聲之異者也甘苦鹹淡辛酸奇味以口異奇味衆味之異者也香臭芬鬱腥臊洒酸奇臭以鼻異芬花草之香氣

也鬱腐臭也周禮曰鳥皫色而沙鳴鬱酒未詳酸暑浥之酸氣也奇臭衆臭之異者氣之應鼻者爲臭故香亦謂之臭禮記曰皆佩容臭或曰洒當爲漏篆文稍相似因誤耳禮記曰馬黑脊而班臂漏鄭音螻螻蛄臭者也疾養滄熱滑鈹輕重以形體異疾痛也養與癢同滄寒也滑與汩同鈹與被同皆壞亂之名或曰滑如字鈹當爲鈒傳寫誤耳與澁同輕重謂分銖與鈞石也此皆在人形體別異之而立名也滄初亮反又楚陵反說故喜怨哀樂愛惡欲以心異說讀爲脫誤也脫故猶律文之故誤也心有徵知徵召也言心能占萬物而知之徵知則緣耳而知聲可也緣目而知形可也緣因也以心能占知萬物故可以因耳而知聲因目而知形爲之立名心雖有知不因耳目亦不可也然而徵

知必將待天官之當簿其類然後可也天官耳目也當主也丁浪反簿簿書也當簿謂如各主當其簿書不雜亂也類謂可聞之物耳之類可見之物目之類言心雖能占所知必將任使耳目令各主掌其類然後可也言心亦不能自主之也五官簿之而不知心徵之而無說則人莫不然謂之不知此所緣而以同異也五官耳目鼻口心也五官能主之而不能知心能占而知之若又無說則人皆謂之不知也以其如此故聖人分別因立同異之名使人曉之也然後隨而命之既分同異之後然後隨所名而命之此已下覆明制名樞要之意也同則同之異則異之同類則同名異類則異名單足以喻則單單不足

以喻則兼單物之單名也兼複名也喻曉也謂若止喻其物則謂之馬喻其毛色則謂之白馬黃馬之比也單與兼無所相避則共雖共不爲害矣謂單名複名有不可相避者則雖共同其名謂若單名謂之馬雖萬馬同名複名謂之白馬亦然雖共不害於分別也知異實者之異名也故使異實者莫不異名也不可亂也知謂人心知之異實者異名則不亂也謂若牛與馬爲異實也猶使異實者莫不同名也恐異實異名卒不可徧舉故猶使異實者有時而同一名也或曰異實當爲同實言使異實者異名其不可相亂猶如使同實者莫不同名也故萬物雖衆有時而欲徧舉之故謂之物物也者大共

名也推而共之共則有共至於無共然後止推比共名之理則有共至於無共言自同至於異也起於摠謂之物散爲萬名是異名者本生於則同名者也有時而欲徧舉之故謂之鳥獸鳥獸也者大別名也推而別之別則有別至於無別然後止言自異至於同也謂摠其萬名復謂之物是同名者生於欲都舉異名也言此者所以別異名同名之意名無固宜約之以命約定俗成謂之宜異於約則謂之不宜名無故宜言名本無定也約之以命謂立其約而命之若約爲天則人皆謂之天也名無固實約之以命實約定俗

成謂之實名實名謂以名實各使成言語文辭謂若天地日月之比也名有固善徑易而不拂謂之善名徑疾平易而不違拂謂易曉之名也即謂呼其名遂曉其意不待訓解者拂音佛物有同狀而異所者謂若兩馬同狀各在一處之類也有異狀而同所者謂若老幼異狀同是一身也蠶蛾之類亦是也可別也狀同而爲異所者雖可合謂之二實即謂兩馬之類名雖可合同謂之馬其實二也狀變而實無別而爲異者謂之化有化而無別謂之一實狀雖變而實不可別爲異所則謂之化化者改舊形之名若田鼠化爲駕之類雖有化而無別異故謂之一實言其實一也此事

之所以稽實定數也（稽考其實而定一二之數也）此制名之樞要也（此皆明制名之大意是其樞要也）後王之成名不可不察也（此三者制名之實後王可因其成名而名之故不可不察也）

見侮不辱聖人不愛己殺盜非殺人也此惑於用名以亂名者也（見侮不辱宋子之言也聖人不愛已未聞其說似莊子之意殺盜非殺人亦見莊子宋子言見侮不辱則使人不鬭或言聖人不愛已而愛人莊子又云殺盜賊不爲殺人之言此三者徒取其名不究其實是惑於用名以亂正名也）驗之所以爲有名而觀其孰行則能禁之矣（驗其所爲有名本由不喻之患因廢之禍因觀見侮不辱

之說精熟可行與否則能禁也言必不可行也

山淵平情欲寡芻豢不加甘大鐘不加樂此惑於用實以亂名者也

山淵平即莊子山與澤平也情欲寡即宋子云人之情欲寡也芻豢不加甘大鐘不加樂墨子之說也古人以山爲高以泉爲下原其實亦無定但在當時所命耳後世遂從而不改爾亂名之人既以高下是古人之一言未必物之實也則我以山泉爲平奚爲不可哉古人言情欲多我以爲寡芻豢甘大鐘樂我盡以爲不然亦可也此惑於用實本無定以亂古人之舊名也

驗之所緣無以同異而觀其孰調則能禁之矣

驗其所緣同異本由物一貫則不可分別故定其名而別之今山淵平之說以高爲下以下爲高若觀其精孰得調理與否則能禁惑於實而亂名也

非而謁楹有

牛馬非馬也此惑於用名以亂實者也非而謁楹有牛未詳所出馬非馬公孫龍白馬之說也白馬論曰言白所以命色也馬所以命形也色非形形非色故曰白馬非馬也是惑於形色之名而亂白馬之實也驗之名約以其所受悖其所辭則能禁之矣名約即名之樞要也以用也悖違也所受心之所是所辭心之所非驗其名之大要本以稽實定數今馬非馬之說則不然若用其心之所受者違其所辭者則能禁之也凡邪說辟言之離正道而擅作者無不類於三惑者矣辟讀爲僻故明君知其分而不與辨也明君守聖人之名分不必亂名辨說是非也夫民易一以道而不可

與共故故事也言聖人謹守名器以道一民不與之共事共則民以他事亂之故老子曰國之利器不可以示人也故明君臨之以勢道之以道導達之以正道申之以命章之以論禁之以刑故其民之化道也如神辨埶惡用矣哉申重也章明也論謂先聖格言但用此道駁之不必更用辨埶也辨埶謂說其所以然也今聖人沒天下亂姦言起君子無埶以臨之無刑以禁之故辨說也荀卿自述正名及辨說之意也實不喻然後命命不喻然後期期不喻然後說說不喻然後辨命謂以名命之也期會也

言物之稍難明命之不喻者則以形狀大小會之使人易曉也謂若白馬但言馬則未喻故更以白會之若是事多會亦不喻者則說其所以然若說亦不喻者則反覆辨明之也

故期命辨說也者用之大文也而王業之始也

無期命辨說則萬事不行故爲用之大文飾王業之始在於正名故曰王業之始也

名聞而實喻名之用也

名之用本在於易知也

累而成文名之麗也

累名而成文辭所以爲名之華麗詩書之言皆是也或曰麗同配偶也

用麗俱得謂之知名

淺與深俱不失其所則爲知名

名也者所以期累實也

名者期於累數其實以成言語或曰累實當爲異實言名者所以期於使實各異也

辭也者兼異實之

名以論一意也辭者說事之言辭兼異實之名謂兼數異實之名以成言辭猶若元年春王正月公即位兼說亡實之名以論公即位之一意也辨說也者不異實名動靜是非也言辨說者不唯兼異常實之名所以喻是非之理以喻動靜之道也辭者論一意辨者明兩端也期命也者辨說之用也期謂委曲爲名以會物也期與命所以爲辨說之用辨說也者心之象道也辨說所以爲心想象之道故心有所明則辨說也心也者道之工宰也工能成物宰能生物心之於道亦然也道也者治之經理也經常也理條貫也言道爲理國之常法條貫也心合於道說合於心辭合於說言說爲說成文爲辭謂心能知

道說能合心辭能成言也正名而期質請而喻辨異而不過推類而不悖聽則合文辨則盡故以正道而辨姦猶引繩以持曲直是故邪說不能亂百家無所竄正名而期謂正其名以會物使人不惑也質物之形質質請而喻謂若形質自請其名然因而喻知其實也辨異而不過謂足以別異物則已不過說也推類而不悖謂推同類之物使共其名不使乖悖也聽則合文辨則盡故謂聽他人之說則取其合文理者自辨說則盡其事實也正道謂正名之道持制也竄匿也百家無所隱竄言皆知其姦詐也有兼聽之明而無奮矜之容有兼覆之厚而無伐德之色說行則

天下正說不行則白道而不冥窮是以聖人之辨說也是時百家曲說皆競自矜伐故述聖人辨說雖兼聽兼覆而無奮矜伐德之色也白道明道也冥幽隱也冥窮謂退而窮處也詩曰顒顒卬卬如珪如璋令問令望愷悌君子四方爲綱此之謂也詩大雅卷阿之篇顒顒體貌敬順也卬卬志氣高朗也

辭讓之節得矣長少之理順矣忌諱不稱祅辭不出以仁心說以學心聽以公心辨以仁心說謂務於開導不騁辭辨也以學心聽謂悚敬而聽他人之說不爭辨也以公心辨謂以至心辨他人之說是

非也不動乎衆人之非譽不以衆人是非而爲之動但自正其辭説也不治觀者之耳目其所辨説不求夸眩於衆人不賂貴之權埶不爲貨賂而移貴者之權埶也不利傳辟者之辭利謂説愛之也辟讀曰僻故能處道而不貳吐而不奪利而不流貴公正而賤鄙爭是士君子之辨説也吐而不奪謂吐論人人不能奪利或爲和詩曰長夜漫兮永思騫兮大古之不慢兮禮義之不愆兮何恤人之言兮此之謂也逸詩也漫謂漫漫長夜貌騫咎也引此以明辨説得其正何憂人之言也

君子之言涉然而精俛然而類差差然而齊彼正其名當其辭以務白其志義者也涉然深入之貌俛然俯就貌俛然而類謂俯近於人皆有統類不虛誕也差差不齊貌謂論列是非似若不齊然終歸於齊一也當丁浪反彼名辭也者志義之使也足以相通則舍之矣苟之姦也通謂得其理使所吏反故名之足以指實辭足以見極則舍之矣極中也本也見賢遍反外是者謂之訒是君子之所棄而愚者拾以爲己實訒難也過於志義相通之外則是務爲難說耳君子不用也故愚者

之言芴然而粗嘖然而不類誻誻然而沸（芴與忽同忽然無根本貌粗䟽略也嘖爭言也助革反或曰與嘖同深也誻誻多言也謂愚者言淺則䟽略深則無統類又誻誻然沸騰也）彼誘其名眩其辭而無深於其志義者也（誘誑也但欺誑其名而不正眩惑其辭而不實又不深明於志義相通之理也）故窮藉而無極甚勞而無功貪而無名（藉踐履也丰夜反謂踐履於無極之地貪而無名謂貪於立名而實無名也）故知者之言也（知讀爲智）慮之易知也行之易安也持之易立也成則必得其所好而不遇其所惡焉而

愚者反是詩曰爲鬼爲蜮則不可得有靦面目視人罔極作此好歌以極反側此之謂也詩小雅何人斯之篇毛云蜮短狐也靦姡也鄭云使汝爲鬼爲蜮也則汝誠不可得見也姡然有面目汝乃人也人相視無有極時終必與汝相見作此歌求汝之情汝之情展轉極於是也

凡語治而待去欲者無以道欲而困於有欲者也凡言治待使人盡去欲然後爲治則是無道欲之術而反爲有欲者所困凡語治而待寡欲者無以節欲而困於欲多者也若待人之寡欲然後治之則是無節欲之術而反爲多欲者所困故能導欲則欲自去矣能節欲則欲自寡矣

有欲無欲異類也生死也非治亂也（二者異類如生死之殊非治亂所繫治亂所繫在於導欲則治不導欲則亂也）欲之多寡異類也情之數也非治亂也（情之數言人情必然之數也治亂所繫在節欲則治不節欲則亂不在欲之多寡也）欲不待可得而求者從所可（凡人之情欲雖未可得以有欲之意及至求之時則從其所可得也）欲不待可得所受乎天也求者從所可受乎心也（天性有欲心爲之節制）所受乎天之一欲制於所受乎心之多固難類所受乎天也（此一節未詳或恐脫誤耳或曰當爲所受乎天之一欲制於所受乎心之

計其餘皆衍字也一欲大凡人之情欲也言所受乎天之大欲皆制節於所受心之計度度心之計亦受於天故曰所受人之所欲生甚矣人之所惡死甚矣然而人有從生成死者非不欲生而欲死也不可以生而可以死也此明心制欲之義故欲過之而動不及心止之也動謂作爲也言欲過多而所作爲不及其欲由心制止之也心之所可中理則欲雖多奚傷於治所可謂心以爲可也言若心止之而中理欲雖多無害於治也欲不及而動過之心使之也心之所可失理則欲雖寡奚止於亂心使之失

理則欲雖寡亦不能止亂故治亂在於心之所可亡於情之所欲明在心不在欲不求之其所在而求之其所亡雖曰我得之失之矣所在心也所亡欲也性者天之就也情者性之質也欲者情之應也以所欲以爲可得而求之情之所必不免也性者成於天之自然情者性之質體欲又情之所應所以人必不免於有欲也以爲可而道之知所必出也心以欲爲可得而道導達之智慮必出於此也故雖爲守門欲不可去夫人各有心故雖至賤亦不能去欲也性之具也雖爲天

子欲不可盡具全也若全其性之所欲雖爲子亦不能盡秦皇漢武之比也欲雖不可盡可以近盡也以用也近盡近於盡欲也言天子雖不可盡欲若知道則用可近盡而止之不使故肆之也欲雖不可去求可節也雖至賤亦不可去欲若知道則求節欲之道而爲之也所欲雖不可盡求者猶近盡欲雖不可去所求不得慮者欲節求也爲貴賤之謀慮皆在節其所求之欲也道者進則近盡退則節求天下莫之若也道謂中和之道儒者之所守也進退亦謂貴賤也道者貴則可以知近盡賤則可以知求節天下莫及之也

凡人莫不從其所可而去其所不可知道之莫之若也而不從道者無之有也知節欲無過於道則皆從道也假之有人而欲南無多而惡北無寡豈爲夫南者之不可盡也離南行而北走也哉有人欲往南而惡往北也欲南無多謂南雖至多猶欲之也惡北無寡謂北雖至寡猶惡之也言此人旣欲南而惡北豈爲夫南之不可得盡因肯捨南而走北乎今人所欲無多所惡無寡豈爲夫所欲之不可盡也離得欲之道而取所惡也哉今夫人情欲雖至多猶欲之惡雖至寡猶惡之豈爲欲之

不可得盡因肯取所惡哉言聖人以道節欲則各安其分矣而宋墨之徒不喻斯理而強令去欲寡欲此何異使之離南而北走捨欲而取惡必不可得也**故可道而從之奚以損之而亂**可道合道也損減也言若合道則從之奚以損亂而過此也**不可道而離之奚以益之而治**不合道則離之奚以益治而過此此明若合道雖爲去欲之說亦可從之不合道雖爲有欲之說亦可離之也**故知者論道而已矣小家珍說之所願皆衰矣**知治亂者論合道與不合道而已矣不在於有欲無欲也能知此者則宋墨之家自珍貴其說願人之去欲寡欲者皆衰矣**凡人之取也所欲未嘗粹而來也其去也所惡未嘗粹而往也故人無**

動而不可以不與權俱粹全也凡人意有所取其欲未嘗全來意有所去其惡未嘗全去皆所不適意也權者稱之權所以知輕重者也能權變適時故以喻道也言人之欲惡常難適意故其所舉動而不可不與道俱不與道俱則惑於欲惡矣故達道者不戚戚於貧賤不汲汲於富貴故能遣夫得喪欲惡不以介懷而欲自節矣衡不正則重縣於仰而人以爲輕輕縣於俛而人以爲重此人所以惑於輕重也衡稱之衡也不正謂偏舉也衡若均舉之則輕重等而平矣若偏舉之則重縣於俛而猶未平也遂以此定輕重是惑也權不正則禍託於欲而人以爲福託於惡而人以爲禍此亦人所以惑於禍福

也（權不正謂不知道而偏見如稱之權不正者也禍託於欲謂無德而祿因以爲福不知禍不旋踵也福託於惡謂若有才未偶因以爲禍不知先號後笑也言不知道則惑於倚伏之理也）道者古今之正權離道而內自擇則不知禍福之所託（道能知禍福之正如權之知輕重之正離權則不知輕重離道則不知禍福也）易者以一易一人曰無得亦無喪也（易謂以物相易）以一易兩人曰無喪而有得也以兩易一人曰無得而有喪也計者取所多謀者從所可以兩易一人莫之爲明其數也從道而出猶以一易兩也奚

喪（從道則無所喪儒術是也）離道而內自擇是猶以兩易一
也奚得（離道則無所得宋墨也）其累百年之欲易一時
之嫌然且爲之不明其數也（累積也嫌惡也此謂不以道求富貴
有讀爲又雖隱終遇禍也）有嘗試深觀其隱而難其察者
（而難察以下四事觀之則可知也）志輕理而不重物者無之有
也（理爲道之精微）外重物而不內憂者無之有也行離
理而不外危者無之有也外危而不內恐
者無之有也心憂恐則口銜芻豢而不知

其味耳聽鍾鼓而不知其聲目視黼黻而不知其狀輕煖平簟而體不知其安故嚮萬物之美而不能嗛也嚮讀爲享獻也謂受其獻也嗛足也快也史記樂毅毅曰先王以爲嗛於志嗛口簟反假而得問而嗛之則不能離也假或有人問之蹔以爲足其意終亦不能離於不足也故嚮萬物之美而盛憂兼萬物之利而盛害如此者其求物也養生也粥壽也也皆當爲耶問之辭故欲養其欲而縱其情縱其情則故終不可養也欲養其性而危其形欲養

其樂而攻其心欲養其名而亂其行（皆外重物之所致也）如此者雖封侯稱君其與夫盜無以異乘軒戴絻其與無足無以異（絻與冕同）夫是之謂以己爲物役矣（己爲物之役使）心平愉則色不及傭而可以養目（所視之物不及傭保之人亦可養目）聲不及傭而可以養耳蔬食菜羹而可以養口麤布之衣麤紃之履而可以養體（麤紃之履麤麻屨也）屋室廬庾葭稾蓐尚机筵而可以養形（廬草屋也）

庾屋如廡庾者葭盧也以盧爲屋室葭槀爲席蓐者貧賤人之居也尚机筵未詳或曰尚言尚古猶若稱尚書之尚也尚机筵質朴之机筵也故無萬物之美而可以養樂無埶列之位而可以養名埶列班列也名美名也如是而加天下焉其爲天下多其和樂少矣以是無貪利之心加以天下之權則爲天下必多爲己之私和樂少矣夫是之謂重己役物知道則心平愉心平愉則欲惡有節物不動故能重己而役物自有嘗試以下皆論知道不知道也無稽之言不見之行不聞之謀君子愼之無稽之言言無考驗者也不見之行不聞之謀謂在幽隱人所不聞見者君子尤當戒愼不可忽也中庸曰戒愼乎其所不覩恐懼乎其

所不聞莫見乎隱莫顯乎微故君子慎其獨也說苑作無類之說不戒之行不贊之辭君子慎之此三句不似此篇之意恐誤在此耳

荀子卷第十六

荀子卷第十七

登仕郎守大理評事楊　倞　注

性惡篇第二十三

當戰國時競爲貪亂不脩仁義而荀卿明於治道知其可化無勢位以臨之故激憤而著此論書曰惟天生民有欲無主乃亂惟聰明時乂亦與此義同也

人之性惡其善者僞也僞爲也矯也矯其本性也凡非天性而人作爲之者皆謂之僞故爲字人傍爲亦會意字也今人之性生而有好利焉順是故爭奪生而辭讓亡焉天生性也順是謂順其性也生而有疾惡焉順是故殘賊生而忠信亡焉

疾與嫉同惡烏路反生而有耳目之欲有好聲色焉順是故淫亂生而禮義文理亡焉文理謂節文條理也然則從人之性順人之情必出於爭奪合於犯分亂理而歸於暴故必將有師法之化禮義之道道與導同然後出於辭讓合於文理而歸於治用此觀之然則人之性惡明矣其善者僞也故枸木必將待檃括烝矯然後直枸讀爲鉤曲也下皆同檃括正曲木之木也烝謂烝之使柔矯謂矯之使直也鈍金必

將待礱厲然後利（礱厲皆磨也厲與礪同）今人之性惡必將待師法然後正得禮義然後治今人無師法則偏險而不正無禮義則悖亂而不治古者聖王以人之性惡以爲偏險而不正悖亂而不治是以爲之起禮義制法度以矯飾人之情性而正之以擾化人之情性而導之也使皆出於治合於道者也（矯彊抑也擾馴也）今之人化師法積文學道禮義者

爲君子縱性情安恣睢而違禮義者爲小人用此觀之然則人之性惡明矣其善者僞也孟子曰人之學者其性善孟子言人之有學適所以成其天性之善非矯也與告子所論者是也曰是不然是不及知人之性而不察人之性僞之分者也不及知謂智慮淺近不能及於知猶言不到也書曰予沖人不及知也凡性者天之就也不可學不可事禮義者聖人之所生也人之所學而能所事而成者也聖人之所生明非天性也事爲也任也周禮太宰職六曰事典

以富邦國以任百官鄭云任事也不可學不可事而在人者謂之性可學而能可事而成之在人者謂之僞是性僞之分也不可學不可事謂不學而能不事而成也今人之性目可以見耳可以聽夫可以見之明不離目可以聽之聰不離耳可見之明常不離於目可聽之聰常不離於耳也目明而耳聰不可學明矣如目明耳聰之不假於學是乃天性也孟子曰今人之性善將皆失喪其性故也孟子言失喪本性故惡也曰若是則過矣今人之性生而離

其朴離其資必失而喪之朴質也資材也言人若生而任其性則離其質朴而偷薄離其資材而愚惡其失喪必也用此觀之然則人之性惡明矣所謂性善者不離其朴而美之不離其資而利之也不離質朴資材自得美利不假飾而善此則爲天性使夫資朴之於美心意之於善若夫可以見之明不離目可以聽之聰不離耳使質朴資材自善如聞見之聰明常不離於耳目此乃天性也故曰目明而耳聰也故曰如目明耳聰此乃是其性不然則是矯僞使之也今人之性飢而欲飽寒而欲煖勞而

欲休此人之情性也今人飢見長而不敢先食者將有所讓也勞而不敢求息者將有所代也（所以代尊長也）夫子之讓乎父弟之讓乎兄子之代乎父弟之代乎兄此二行者皆反於性而悖於情也（悖違）然而孝子之道禮義之文理也故順情性則不辭讓矣辭讓則悖於情性矣用此觀之然則人之性惡明矣其善者僞也

問者曰人之性惡則禮義惡生禮義何從而生惡音烏應之曰凡禮義者是生於聖人之僞非故生於人之性也故猶本也言禮義生於聖人矯僞抑制非本生於人性也故陶人埏埴而爲器陶人瓦工也埏擊也埴黏土也擊黏土而成器埏音羶然則器生於工人之僞非故生於人之性也言陶器自是生於工人學而爲之非本生於人性自能爲之也或曰工人當爲陶人故猶本也故工人斲木而成器然則器生於工人之僞非故生於人之性也聖人積思慮習僞故以生禮義而

起法度然則禮義法度者是生於聖人之僞非故生於人之性也（自是聖人矯人性而爲之如陶人工人然也）若夫目好色耳好聲口好味心好利骨體膚理好愉佚是皆生於人之情性者也（膚理皮膚文理也佚與逸同人勞苦則皮膚枯槁也）感而自然不待事而後生之者也（受性自爾不待學而知也）夫感而不能然必且待事而後然者謂之生於僞是性僞之所生其不同之徵也（徵驗）故聖人化性而起僞（言聖人能變化本性而興起矯

僞也僞起於信而生禮義老子曰智惠出有大僞莊子亦云仁相僞也義相虧也皆言非其本性也禮義生而制法度然則禮義法度者是聖人之所生也故聖人之所以同於衆其不異於衆者性也所以異而過衆者僞也聖人過衆在能起僞夫好利而欲得者此人之情性也假之人有弟兄資財而分者且順情性好利而欲得若是則兄弟相怫奪矣怫違戾也或曰拂字從木旁弗擊也方言云自關而西謂之柫今之農器連枷也且發辭也且化禮義之

文理若是則讓乎國人矣故順情性則弟兄爭矣化禮義則讓乎國人矣凡人之欲爲善者爲性惡也（爲其性惡所以欲爲善也）夫薄願厚惡願美狹願廣貧願富賤願貴苟無之中者必求於外故富而不願財貴而不願埶苟有之中者必不及於外（旣有富貴於中故不及財勢於外也）用此觀之人之欲爲善者爲性惡也（無於中故求於外亦猶貧願富之比）今人之性固無禮義故彊學而求有之也

性不知禮義故思慮而求知之也然則生而已則人無禮義不知禮義生而已謂不矯僞者人無禮義則亂不知禮義則悖然則生而已則悖亂在己用此觀之人性惡明矣其善者僞也不矯而爲之則悖亂在己以此知其性惡也

孟子曰人之性善曰是不然凡古今天下之所謂善者正理平治也所謂惡者偏險悖亂也是善惡之分也已善惡之分在此二者分扶問反今誠

以人之性固正理平治邪則惡用聖王惡用禮義矣哉（有讀爲又惡音烏也）雖有聖王禮義將曷加於正理平治也哉今不然人之性惡（今以性善爲不然者爲人之性惡也）故古者聖人以人之性惡以爲偏險而不正悖亂而不治故爲之立君上之埶以臨之明禮義以化之起法正以治之重刑罰以禁之使天下皆出於治合於善也是聖王之治而禮義之化也今當

試去君上之埶無禮義之化去法正之治無刑罰之禁倚而觀天下民人之相與也倚任也或曰倚偏倚猶傍觀也若是則夫彊者害弱而奪之衆者暴寡而譁之衆者陵暴於寡而讙譁之不使得發言也天下之悖亂而相亡不待頃矣頃少頃也本或爲須須臾也用此觀之然則人之性惡明矣其善者僞也故善言古者必有節於今善言天者必有徵於人節準徵驗凡論者貴其有辨合有符驗辨別也周

禮小宰聽稱責以傳別鄭司農云別之爲兩兩家各執其一符以竹爲之亦相合之物言論議如別之合如符之驗然可施行也故坐而言之起而可設張而可施行今孟子曰人之性善無辨合符驗坐而言之起而不可設張而不可施行豈不過甚矣哉故性善則去聖王息禮義矣性善則不假聖王禮義也性惡則與聖王貴禮義矣故檃栝之生爲枸木也繩墨之起爲不直也立君上明禮義爲性惡也用此觀之然則人之性惡

明矣其善者僞也直木不待檃栝而直者其性直也枸木必將待檃栝烝矯然後直者以其性不直也今人之性惡必將待聖王之治禮義之化然後皆出於治合於善也用此觀之然則人之性惡明矣其善者僞也

問者曰禮義積僞者是人之性故聖人能生之也言禮義雖是積僞所爲亦皆人之天性自有聖人能生之衆人但不能生耳應

之曰是不然夫陶人埏埴而生瓦然則瓦埴豈陶人之性也哉豈陶人亦性而能瓦埴哉亦積僞然後成也工人斲木而生器然則器木豈工人之性也哉夫聖人之於禮義也辟亦陶埏而生之也辟讀爲譬然則禮義積僞者豈人之本性也哉凡人之性者堯舜之與桀跖其性一也君子之與小人其性一也言皆惡也今將以禮義積僞爲人之性邪然則有曷貴堯禹曷貴君

子矣哉所以貴堯禹者以其能化性異於衆也有讀爲又凡所貴堯禹君子者能化性能起僞僞起而生禮義然則聖人之於禮義積僞也亦猶陶埏而生之也聖人化性於禮義猶陶人埏埴而生瓦用此觀之然則禮義積僞者豈人之性也哉既類陶埏而生明非本性也所賤於桀跖小人者從其性順其情安恣睢以出乎貪利爭奪故人之性惡明矣其善者僞也桀跖小人是人之本性也天非私曾騫孝已而外衆人

也（曾參閔子騫也孝已殷高宗之太子皆有至孝之行也）然而曾騫孝己獨厚於孝之實而全於孝之名者何也以綦於禮義故也（三人能矯其性極爲禮義故也）天非私齊魯之民而外秦人也然而於父子之義夫婦之別不如齊魯之孝具敬父者何也（孝具能具孝道敬父當爲敬文傳寫誤耳敬而有文謂夫婦有別也）以秦人之從情性安恣睢慢於禮義故也豈其性異矣哉（綦禮義則爲曾閔慢禮義則爲秦人明性同於惡唯在所化耳若以爲性善則曾閔不當與衆人殊齊魯不當與秦人異也）

塗之人可以爲禹曷謂也塗道路也舊有此語今引以自難言若性惡何故途之人皆可以爲禹也曰凡禹之所以爲禹者以其爲仁義法正也然則仁義法正有可知可能之理人皆有之然而塗之人也皆有可以知仁義法正之質皆有可以能仁義法正之具然則其可以爲禹明矣今以仁義法正爲固無可知可能之理邪然則唯禹不知仁義法正不能仁義法正也唯讀爲雖將使塗之人固

無可以知仁義法正之質而固無可以能仁義法正之具邪然則塗之人也且内不可以知父子之義外不可以知君臣之正不然以塗之人無可知可能之論爲不然也今塗之人者皆内可以知父子之義外可以知君臣之正然則其可以知之質可以能之具其在塗之人明矣今使塗之人者以其可以知之質可以能之具本夫仁義之可知之理可能之

具然則其可以爲禹明矣今使塗之人伏術爲學專心一志思索孰察加日縣久積善而不息則通於神明參於天地矣伏術伏膺於術孰察精孰而察加日累日也縣久縣繫以久長故聖人者人之所積而致也雖性惡若積習則可爲聖人書曰唯狂克念作聖曰聖可積而致然而皆不可積何也曰可以而不可使也可以爲而不可使爲以其性惡故小人可以爲君子而不肯爲君子君子可以爲小人而不肯爲小人小人

君子者未嘗不可以相爲也然而不相爲者可以而不可使也故塗之人可以爲禹然則塗之人能爲禹未必然也雖不能爲禹無害可以爲禹足可以徧行天下然而未嘗有能徧行天下者也夫工匠農賈未嘗不可以相爲事也事業然則未嘗能相爲事也用此觀之然則可以爲未必能也雖不能無害可以爲然則能不能之與可不

可其不同遠矣其不可以相爲明矣工賈可以相爲而不能相爲是可與能不同也可與能既不同則終不可以相爲也此明禹亦性惡以能積僞爲聖人非禹性本善也聖人異於衆者在化性也堯問於舜曰人情何如舜對曰人情甚不美又何問焉妻子具而孝衰於親嗜欲得而信衰於友爵禄盈而忠衰於君人之情乎人之情乎甚不美又何問焉唯賢者爲不然引此亦以明性之惡韓侍郎作性原曰性也者與生俱生也情也者接於物而生也性之品有三而其所以爲性五情之品有三而其所以爲情七曰何也曰性之品有上中下三上焉者善而已矣中

焉者可道而上下也下焉者惡焉而已矣其所以爲性者五曰仁曰禮曰信曰義曰智曰上焉者之於五也主於一而行於四中焉者之於五一也不少有焉則少反焉其於四也混下焉者之於五也反於一而悖於四性之於情視其品情之品有上中下三其所以爲情者七曰喜曰怒曰哀曰懼曰愛曰惡曰欲上焉者之於七也動而處其中中焉者之於七也有所甚有所亡然而求合其中者也下焉者之於七也亡與甚直情而行者也情之於性視其品孟子之言性曰人之性善荀子之言性曰人之性惡揚子之言性曰人之性善惡混夫始善而進惡與始惡而進善與始也混而今也善惡皆舉其中而遺其上下者也得其一而失其二者也叔魚之生也其母視之知其必以賄死揚食我之生也叔向之母聞其號也知必滅其宗越椒之生也子文以爲大慼知若敖氏之鬼不食也人之性果善乎后稷之生也其母無災其始匍匐也則岐岐然嶷嶷然文王之在母也母不憂既生也傅不勤既學也師不煩人之性果惡乎堯之朱舜之均文王之管蔡習非不善也而卒爲姦瞽叟之舜鯀之禹習

非不惡也而卒爲聖人之性善惡果混乎故曰三子之言性也舉其中而遺其上下者也得其一而失其二者也曰然則性之上下者其終不可移乎曰上之性就學而愈明下之性畏威而寡罪是故上者可學而下者可制也其品則孔子謂不移也曰今之言性者異於此何也曰今之言者雜老佛而言也雜老佛而言之也者奚言而不異

有聖人之知者有士君子之知者有小人之知者有役夫之知者多言則文而類終日議其所以言之千舉萬變其統類一也是聖人之知也文謂言不鄙陋也類謂其統類不乖謬也雖終日議其所以然其言千舉萬變終始條貫如一是聖人之知也少言則徑而省論而法若佚之以繩是

士君子之知也徑易也省謂辭寡論而法謂論議皆有法不放縱也論或爲倫佚猶引也佚以繩言其直也聖人經營事廣故曰多言君子止恭其所守故曰少言也其言也謟其行也悖其舉事多悔是小人之知也言謟行悖謂言行相違也齊給便敏而無類雜能旁魄而毋用齊疾也給謂應之速如供給者也便謂輕巧敏速也無類首尾乖戾雜能多異術也旁魄廣博也毋用不應於用便匹延反魄音薄析速粹孰而不急析謂析辭若堅白之論者也速謂發辭捷連粹孰所著論甚精孰也不急亦不急於用也不恤是非不論曲直以期勝人爲意是役夫之知也期於必勝人惠施之論也徒自勞苦爭勝而不知禮義故曰役

夫之知也有上勇者有中勇者有下勇者天下有中敢直其身中謂中道敢果决也直其身謂中立而不倚無回邪也先王有道敢行其意言不疑也上不循於亂世之君下不俗於亂世之民循順從也俗謂從其俗也仁之所在無貧窮仁之所亡無富貴唯仁所在爲富貴禮記曰不祈多積多文以爲富也天下知之則欲與天下同苦樂之得權位則與天下之人同休戚苦或爲共也天下不知之則傀然獨立天地之間而不畏是上勇也傀傀偉大貌也公回反或曰傀與塊同獨居之貌也

禮恭而意儉大齊信焉而輕貨財大重也齊信謂整齊於信也賢者敢推而尚之不肖者敢援而廢之是中勇也尚上也援牽引也輕身而重貨恬禍而廣解恬安也謂安於禍難也而廣自解說言以辭勝人也解佳買反苟免不恤是非然不然之情以期勝人爲意是下勇也

繁弱鉅黍古之良弓也繁弱封父之弓左傳曰封父之繁弱鉅與拒同黍當爲來史記蘇秦說韓王曰谿子少府時力距來司馬貞云言弓弩埶勁足以拒於來敵也然而不得排檄則不能自正排檄轉正弓弩之器檄巨京反桓公之葱大

公之闕文王之録莊君之曶闔閭之干將莫邪鉅闕辟閭此皆古之良劒也葱闕録曶齊桓公齊太公周文王楚莊王之劒名皆未詳所出葱青色也録與緑同三劒以色爲名曹植七啓説劒云雕以翠緑亦其類也曶劒光采慌忽難視以形爲名也闕未詳或曰闕缺也劒至利則喜缺因以爲名鉅闕亦是也干將莫邪巨闕皆吴王闔閭劒名辟閭未詳新序閭丘卬謂齊宣王曰辟閭巨闕天下之良劒也或曰辟閭即湛盧也閭盧聲相近盧黒色也湛盧言湛然如水而黒也又張景陽七發説劒曰舒辟不常李善云辟卷也言神劒柔可卷而懷之舒則可用辟閭或此義歟然而不加砥厲則不能利不得人力則不能斷驊騮騹驥纖離緑耳此皆古之良馬也皆周穆王八駿名騹讀爲騏謂青

驪文如博棊列子作赤驥與此不同纖離即列子盜驪也然而前必有銜轡之制後有鞭策之威加之以造父之馭然後一日而致千里也夫人雖有性質美而心辨知必將求賢師而事之擇賢友而友之得賢師而事之則所聞者堯舜禹湯之道也得良友而友之則所見者忠信敬讓之行也身日進於仁義而不自知也者靡使然也靡謂相順從也或曰靡磨切也今與不善人處則所聞者欺誣詐

儑也所見者汙漫淫邪貪利之行也汙穢行也漫誕漫欺誑也莊子北人無擇曰舜以其辱行漫我也身且加於刑戮而不自知者靡使然也傳曰不知其子視其友不知其君視其左右靡而已矣靡而已矣

君子篇第二十四凡篇名多用初發之語名之此篇皆論人君之事即君子當為天子恐傳寫誤也

天子無妻告人無匹也告言也妻者齊也天子尊無與二故無匹也四海之内無客禮告無適也適讀為敵禮記曰天子無客禮莫敢主焉君適其臣升自阼階不敢有其室也足能行待相者然後進口

能言待官人然後詔官人掌喉舌之官也不視而見不聽而聰不言而信不慮而知不動而功告至備也盡委於羣下故能至備也天子也者埶至重形至佚心至愈愈讀爲愉志無所詘形無所勞尊無上矣詩曰普天之下莫非王土率土之濱莫非王臣此之謂也詩小雅北山之篇率循也濱涯也聖王在上分義行乎下則士大夫無流淫之行百吏官人無怠慢之事衆庶百姓無姦怪之

俗無盜賊之罪莫敢犯大上之禁大讀爲太上至尊號之天下曉然皆知夫盜竊之人不可以爲富也皆知夫賊害之人不可以爲壽也皆知夫上之禁不可以爲安也由其道則人得其所好焉不由其道則必遇其所惡焉道謂政令是故刑罪綦省而威行如流治世曉然皆知夫爲姦則雖隱竄逃亡之由不足以免也莫不服罪而

請〔自請刑戮〕書曰凡人自得罪此之謂也〔言人人自得其罪不敢隱也與今康誥義不同或斷章取義歟〕故刑當罪則威不當罪則侮爵當賢則貴不當賢則賤〔不當則爲下所侮賤〕古者刑不過罪爵不踰德故殺其父而臣其子殺其兄而臣其弟〔言當罪而用賢歸於至公也謂若殛鯀興禹殺管叔封康叔之比者〕刑罰不怒罪爵賞不踰德分然各以其誠通〔善惡分然其忠誠皆得通達無屈滯〕是以爲善者勸爲不善者沮刑罰綦省而威行如流

政令致明而化易如神傳曰一人有慶兆人賴之此之謂也（尚書甫刑之辭）亂世則不然刑罰怒罪爵賞踰德以族論罪以世舉賢（太誓所謂罪人以族官人以世公羊亦云尹氏卒曷爲貶譏世卿也）故一人有罪而三族皆夷德雖如舜不免刑均是以族論罪也（三族父母妻族也夷滅也均同也謂同被其刑也）先祖當賢後子孫必顯行雖如桀紂列從必尊此以世舉賢也（當賢謂身當賢人之號也列從謂行列相從當或爲嘗也）以族論罪以世

舉賢雖欲無亂得乎哉詩曰百川沸騰山冢崒崩高岸爲谷深谷爲陵哀今之人胡憯莫懲此之謂也詩小雅十月之交之篇毛云沸出也騰乘也山頂曰冢崒者崔嵬高岸爲谷深谷爲陵言易位也鄭云憯曾也懲止也變異如此禍亂方至哀哉今在位之人何曾無以道德止論法聖王則知所貴矣論議法效聖王以義制事則知所利矣以義制事則利博論知所貴則知所養矣事知所利則動知所出矣養謂自奉養所出謂所從也二者是非之本而得失之原也故成王

之於周公也無所往而不聽知所貴也桓公之於管仲也國事無所往而不用知所利也吳有伍子胥而不能用國至乎亡倍道失賢也故尊聖者王貴賢者霸敬賢者存慢賢者亡古今一也故尚賢使能等貴賤分親疏序長幼此先王之道也故尚賢使能則主尊下安貴賤有等則令行而不流（流邪移也各知其分故無違令）親疏有分則施行而不悖

施謂恩惠親疏有分則恩惠各親其親故不乖悖施式豉反分扶問反長幼有序則事業捷成而有所休捷速也長幼各任其力故事業速成而亦有所休息之時也故仁者仁此者也仁謂愛說也此謂尚賢使能等貴賤分親疏序長幼五者也愛說此五者則爲仁也義者分此者也分別此五者使合宜則爲義也節者死生此者也能爲此五者死生則爲名節也忠者惇慎此者也慎讀如順人臣能厚順此五者則爲忠也兼此而能之備矣兼此仁義忠節而能之則爲德備也備而不矜一自善也謂之聖一皆也德備而不矜伐於人皆所以自善則謂之聖人夫衆人之心有一善則揚揚如也聖人包容萬物與天地同功何所矜伐爲也不矜

矣夫故天下不與爭能而致善用其功不矜而推衆力故天下不敢爭能而極善用於衆功矜則有敵故不尊也有而不有也夫故爲天下貴矣有能而不自有詩曰淑人君子其儀不忒其儀不忒正是四國此之謂也詩曹風尸鳩之篇言善人君子其儀不忒故能正四方之國以喻正身任物則四國皆化恃才矜能則所得者小也

荀子卷第十七

荀子卷第十八

登仕郎守大理評事楊　倞　注

成相篇第二十五

以初發語名篇雜論君臣治亂之事以自見其意故下云託於成相以喻意漢書藝文志謂之成相雜辭蓋亦賦之流也或曰成功在相故作成相三章也

請成相請言成相之辭世之殃愚闇愚闇墮賢良世之殃由於愚此愚闇以重墮賢良也墮許規反人主無賢如瞽無相何倀倀倀倀無所往貌相息亮反倀丑羊反請布基慎聖人慎讀爲順請說陳布基業在乎順聖人也愚而自專事不治主忌苟勝羣臣

莫諫必逢災主既猜忌又苟欲勝人也論臣過反其施言論人臣之過在乎不行施惠施式豉反尊主安國尚賢義拒諫飾非愚而上同國必禍所以尊主安國在崇尚賢義若拒諫飾非以愚闇之性苟合於上則必禍也曷謂罷國多私假設問荅以明其意罷讀曰疲謂弱不任事者也所以弱者由於多私國語罷士無伍韋昭曰罷病也無行曰病比周還主黨與施還繞遠賢近讒忠臣蔽塞主勢移曷謂賢明君臣明君臣之道則爲賢上能尊主愛下民主誠聽之天下爲一海内賓主之孽讒人達賢能遁逃

國乃蹷孼災也蹷顛覆也愚以重愚闇以重闇成爲桀久而愚闇愈甚遂至於桀也世之災妬賢能飛廉知政任惡來惡來飛廉之子秦之先也史記曰惡來有力飛廉善走父子俱以材力事紂也卑其志意大其園囿高其臺榭卑其志意言無遠慮不慕往古武王怒師牧野紂卒易鄉啓乃下易鄉回也謂前徒倒戈攻于後啓微子名下降也鄉讀爲向武王善之封於宋立其祖立其祖使祭祀不絕也左傳曰宋祖帝乙世之衰讒人歸比干見刳箕子累累讀爲縲書曰釋箕子之囚武王誅之呂尚招麾殷民懷招麾指揮也

世之禍惡賢士子胥見殺百里徙子胥吳大夫伍員字也爲夫差所殺百里奚虞公之臣徙遷也謀不見用虞滅係虜遷徙於秦穆公得之強配五伯六卿施穆公秦穆公任好也伯讀曰霸六卿天子之制春秋時大國亦僭置六卿六卿施言施六卿也世之愚惡大儒逆斥不通孔子拘逆拒斥逐大儒不使通拘謂畏匡戹陳也展禽三絀春申道綴基畢輸展禽魯大夫無駭之後名獲字子禽謚曰惠居於柳下三絀謂爲士師三見絀也春申楚相黃歇封爲春申君綴止也與輟同畢盡也輸傾委也言春申爲李園所殺其儒術政治道德基業盡傾覆委地也請牧基賢者思牧治堯在萬世如見之讒人罔極險

陂傾側此之疑（陂與詖同言當疑此讒人傾險也）基必施辨賢罷（罷讀曰疲也）文武之道同伏戲（文武周文王武王伏戲古帝王太昊氏始畫八卦造書契者戲與羲同）由之者治不由者亂何疑爲凡成相辨法方至治之極復後王（後王當時之王言欲爲至治在歸復後王謂隨時設教不必拘於古法）愼墨季惠百家之說誠不詳（愼到墨翟惠施或曰季即莊子曰季眞之莫爲者也又曰季子聞而笑之據此則是梁惠王犀首惠施同時人也韓侍郎云或曰季梁也列子曰季梁楊朱之友言四子及百家好異說故不用心詳明之詳或爲祥）治復一脩之吉君子執之心如結（言堅固不

解也衆人貳之讒夫棄之形是詰衆人則不能復一讒夫則兼棄之但詰問治之形狀言侮嫚也或曰形當爲刑無德化唯刑戮是詰言苛暴也水至平端不傾心術如此象聖人聖人心平如水而有埶直而用抴必參天而有勢之上疑脱一字言既得權勢則度己以繩接人用抴功業必參天也世無王窮賢良無王者興賢良窮困暴人芻豢仁人糟糠禮樂滅息聖人隱伏墨術行治之經禮與刑君子以修百姓寧　明德慎罰國家既治四海平治之志後埶富爲治之意後權埶與富者則公道行而貨賂息

也君子誠之好以待（君子必誠此意好以待用）處之敦固有深藏之能遠思（敦厚也有讀爲又既處之厚固又能深藏遠慮）思乃精志之榮好而壹之神以成（好而不二則通於神明也）精神相反一而不貳爲聖人（相反謂反覆不離散）治之道美不老（老休息也莊子曰佚我以老爲治當日新其美無休息）君子由之佼以好（佼亦好也音絞）下以教誨子弟上以事祖考（接下以仁事親以孝也）成相竭辭不蹷（竭盡也論成相之事雖終篇無顛蹷之辭蹷音厥）君子道之順以達（道言說也辭既不蹷君子言之必弘順而通達）宗其賢

良辨其殃孽君子尋成相之辭必能宗其賢良致治辨其殃孽爲之害也

請成相道聖王道亦言說前章意未盡故再論之也堯舜尚賢身辭讓許由善卷重義輕利行顯明莊子曰堯讓天下於許由許由曰予適有幽憂之病方且治之未暇治天下也遂不受舜讓天下於善卷善卷不受遂入深山不知其處也堯讓賢以爲民爲萬民求明君所以不私其子氾利兼愛德施均辨治上下貴賤有等明君臣堯授能舜遇時尚賢推德天下治雖有賢聖適不遇世孰知之蓋以自歎堯不德舜不辭皆歸

至公妻以二女任以事大人哉舜南面而立

萬物備委任羣下無爲而理舜授禹以天下舜所以授禹亦以天下之故也尚得推賢不失序得當爲德外不避仇內不

阿親賢者予謂殛鯀與禹又不私其子子讀爲與禹勞心力堯

有德干戈不用三苗服舉舜甽畝任之天

下身休息甽與畎同得后稷五穀殖夔爲樂

正鳥獸服謂擊石拊石百獸率舞筀鏞以間鳥獸蹌蹌也契爲司徒民

知孝弟尊有德禹有功抑下鴻抑遏也下謂治水使歸下也鴻即洪

水也書曰禹降水警予也辟除民害逐共工今尚書舜流共工于幽此云禹未詳北決九河通十二渚疏三江按禹貢導弱黑漾沇淮渭洛七水又有雝淄其道伊洛瀍澗既入于河數則不止於十二此云十二渚未詳其説也禹溥土平天下溥讀爲敷孔安國云洪水泛溢禹分布治九州之土也躬親爲民行勞苦行讀如字謂所行之事也得益皋陶橫革直成爲輔橫革直木聞韓侍郎云此論益皋陶之功橫而不順理者革之直者成之也契玄王生昭明詩曰天命玄鳥降而生商又曰玄王桓撥皆謂契也史記契爲堯司徒封於商賜姓子氏契卒子昭明立也居於砥石遷于商砥石地名未詳所在或曰即砥柱也左氏傳曰閼伯居商丘相土因之相土昭明子

也言契初居砥石至孫相土乃遷商丘也十有四世乃有天乙是成湯史記曰契卒子昭明立昭明卒子相土立相土卒子昌若立昌若卒子曹圉立曹圉卒子冥立爲夏司空勤其官死於水殷人郊之冥卒子振立振卒子微立微卒子報丁立報丁卒子報乙立報乙卒子報丙立報丙卒子主壬立主壬卒子主癸立主癸卒子天乙立是十四世也天乙湯論舉當身讓卞隨舉牟光莊子湯讓天下於卞隨務光二人不受皆投水死牟與務同也道古賢聖基必張道説古之賢聖基業必張大也願陳辭世亂惡善不此治不知治此世亂惡善之弊隱諱疾賢良由姦詐鮮無災隱諱過惡病害賢良長用詐少無災也患難

哉阪爲先聖（阪與反同反先聖之所爲）知不用愚者謀前車已覆後未知更何覺時（前車已覆猶不知戒更何有覺悟之時也）不覺悟不知苦迷惑失指易上下忠不上達蒙揜耳目塞門戶（不能闢四門也）門戶塞大迷惑悖亂昏莫不終極（莫冥莫言闇也不終極無已時也）是非反易比周欺上惡正直（惡烏路反下同）正是惡心無度邪枉辟回夫道途（辟讀爲僻）已無郵人我獨自美豈獨無故（故事也不可尤責於人自美其身已豈無事已亦有事而不知其過也或曰下無獨字）不

知戒後必有恨恨悔後遂過不肯悔不肯悔前之非讒夫多進反覆言語生詐態人之態不如備如當爲知言人爲詐態上不知爲備爭寵嫉賢利惡忌利在惡忌賢者妒功毀賢下斂黨與上蔽匿斂聚也下聚黨與則上蔽匿也上壅蔽失輔埶失輔弼之臣則埶不在上任用讒夫不能制孰公長父之難孰公長父皆厲王之嬖臣未詳其姓名墨子曰厲王染於𡨥公長父榮夷終𡨥公與孰公不同未知孰是或曰孰公長父即詩所云皇父也孰或爲郭厲王流于彘彘地名在河東左傳晉大夫有彘子言孰公長父姦邪遂使難作厲王流竄於彘周幽厲所以敗不聽

規諫忠是害嗟我何人獨不遇時當亂世言自古忠良多有遇害何獨我哉自慰勉之辭也欲衷對言不從衷誠也欲誠意以對時君恐言不從而遇禍也恐爲子胥身離凶進諫不聽剄而獨鹿棄之江獨鹿與屬鏤同本亦或作屬鏤吳王夫差賜子胥之劒名屬之欲反鏤力朱反國語里革曰鳥獸成水蟲孕於是乎禁罝罜麗此當是自剄之後盛以罜麗棄之江也賈逵云罜麗小罟也觀往事以自戒治亂是非亦可識託於成相以喻意識如字亦讀爲志也

請成相言治方言爲治之方術君論有五約以明君

謹守之下皆平正國乃昌論爲君之道有五甚簡約明白謂臣下職一也君法明二也刑稱陳三也言有節四也上通利至莫敢恣五也臣下職莫游食游食謂不勤於事素飡游手也務本節用財無極事業聽上莫得相使一民力所與事業皆聽於上羣下不得擅相役使則民力一也禮記曰用民之力歲不過三日也守其職足衣食民不失職則衣食足矣厚薄有等明爵服貴賤有別利往卬上莫得擅與孰私得利之所往皆卬於上莫得擅爲賜與則誰敢私得於人乎擅相賜與若齊田氏然卬與仰同宜亮反君法明論有常君法所以明在言論有常不二三也表儀既設民知方進

退有律莫得貴賤孰私王（進人退人皆以法律貴賤各以其才孰有私佞於王乎）君法儀禁不爲（爲君之法儀在自禁止不爲惡）莫不說教名不移（既能正已則民皆悅上之教而名器不移也說讀爲悅）修之者榮離之者辱孰它師（孰敢以它爲師言皆歸王道不敢離貳也）刑稱陳守其銀（稱謂當罪當罪之法施陳則各守其分限稱尺證反銀與垠同）下不得用輕私門（下不得專用刑法則私門自輕）罪禍有律莫得輕重威不分（禍亦罪也）請牧祺明有基（祺吉也請牧治吉祥之事在明其所有之基業）主好論議必善謀五聽循領莫不理續主執持（五聽折獄）

之五聽也循領謂修之使得綱領莫不有文理相續主自執持此道不使權歸於下聽之經明其請請當爲情聽獄之經在明其情參伍明謹施賞刑參伍猶錯雜也謂或往參之或往伍之皆使明謹施其賞刑言精研不使僭濫也顯者必得隱者復顯民反誠幽隱皆通則民不詐僞也言有節稽其實節謂法度欲使民言有法及不欺誑在稽考行實也信誕以分賞罰必下不欺上皆以情言明若日上通利隱遠至上通利不壅蔽則幽隱遐遠者皆至也觀法不法見不視所觀之法非法則雖見不視也耳目既顯吏敬法令莫敢恣此已上君論有五之事也君教出行有律

五論之教既出則民所行有法言知方也吏謹將之無鈹滑將持也詩曰無將大車鈹與披同滑與汩同言不使紛披汩也下不私請各以宜舍巧拙請謁舍止也羣下不私謁各以所宜不苟求也如此則以道事君巧拙之事亦皆止臣謹修君制變臣職在謹修君職在制變公察善思論不亂以治天下後世法之成律貫律貫法之爲條貫也

賦篇第二十六

所賦之事皆生人所切而時多不知故特明之或曰荀卿所賦甚多今存者唯此言也

爰有大物爰於也言於此有大物天人之大者莫過於禮故謂之大物也非絲非帛

文理成章（絲帛能成黼黻文章禮亦然也）非日非月爲天下明生者以壽死者以葬城郭以固三軍以强粹而王駁而伯無一焉而亡臣愚不識敢請之王（言禮之功用甚大時人莫知故荀卿假爲隱語問於先王云臣但見其功亦不識其名唯先王能知敢請辭之先王因重演其義而告之）王曰此夫文而不采者與（先王爲解禮意曰此乃有文飾而不至華采者歟）簡然易知而致有理者歟君子所敬而小人所不者與性不得則若禽獸性得之則甚雅似者歟（雅正也似謂似續古人詩曰維其有

之是以似之匹夫隆之則爲聖人諸侯隆之則一四海者歟致明而約甚順而體請歸之禮極明而簡約言易知也甚順而有體言易行也先王言唯歸於禮乃合此義也禮

皇天隆物以示下民隆猶備也物萬物也或厚或薄帝不齊均言人雖同見方所知或多厚或寡薄天帝亦不能齊均也桀紂以亂湯武以賢惛惛淑淑皇皇穆穆惛惛思慮昏亂也淑淑未詳或曰美也皇皇穆穆言緒之美也言或愚或智也周流四海曾不崇日崇充也言智周流四海曾不充滿一日而遍也君子以脩跖以穿室跖柳下惠之弟太山

之盜也君子用智以脩身跖用智以穿室皆帝不齊均之意也大參于天精微而無形言智慮大則參天小則精微無形也行義以正事業以成皆在智也可以禁暴足窮百姓待之而後寧泰行下孟反足窮謂使窮者足也百姓待君上之智而後安寧泰當爲泰寧也臣愚而不識願問其名曰此夫安寬平而危險隘者邪言智常欲就利遠害修潔之爲親而雜汙之爲狄者邪智修潔則可相親若雜亂穢汙則與夷狄無異言險詐難近也甚深藏而外勝敵者邪法禹舜而能弇迹者邪弇襲行爲動靜待

之而後適者邪血氣之精也志意之榮也精靈榮華百姓待之而後寧也天下待之而後平也明達純粹而無疵也夫是之謂君子之知此論君子之智明小人之智不然也知

有物於此居則周靜致下動則綦高以鉅居謂雲物發在地時周密也鉅大也員者中規方者中矩言滿天地之員方也大參天地德厚堯禹參謂天地相似雲所以致雨生成萬物其德厚於堯禹者矣精微乎毫毛而盈大乎寓宙寓與宇同言細微之時則如毫毛其廣大

則盈大於宇宙之內宇覆也謂天所覆三蒼云四方上下爲宇上大參天地此又云盈大宇宙言說雲之變化或大或小故重言之也忽兮其極之遠也攭兮其相逐而反也攭與蠡同攭兮分判貌言雲或慌忽之極而遠舉或分散相逐而還於山攭音戾卬卬兮天下之咸蹇也卬卬高貌雲高而不雨則天下皆蹇難也德厚而不捐五采備而成文捐棄也萬物或美或惡覆被之皆無捐棄矣往來惽憊通于大神惽憊猶晦瞑也通于大神言變化不測也憊困也人困目亦昏暗故惽憊爲晦瞑也出入甚極莫知其門極讀爲亟急也門謂所出也天下失之則滅得之則存雲所以成雨也弟子不敏此之

願陳君子設辭請測意之弟子荀卿自謂言弟子不敏願陳此事不知何名欲君子設辭請測其意亦言雲之功德唯君子乃明知之也曰此夫大而不塞者歟雲氣無實故曰不塞充盈大宇而不窕入郄穴而不偪者歟窕讀爲篠深貌也言充盈則滿大宇幽深反則入郄穴而曾無偪側不容也篠土吊反行遠疾速而不可託訊者與訊書問也行遠疾速宜於託訊今雲者虛無故不可本或作託訓或曰與似續同也言雲行遠疾速不可依託繼續也往來惛憊而不可爲固塞者歟雖往來晦冥掩蔽萬物若使牢固蔽塞則不可暴至殺傷而不億忌者歟億謂以意度之論語曰億則屢中或曰與抑同

謂雷霆震怒殺傷萬物曾不億度疑忌而果決不測也功被天下而不私置者歟天下同被其功曾無所私置又言無偏頗託地而游宇友風而子雨風與雲並行故曰友雨因雲而生故曰子冬日作寒夏日作暑在冬而凝寒在夏而蒸暑也廣大精神請歸之雲至精至神通於變化唯雲乃可當此說也雲雲所以潤萬物人莫之知放於此則明也

有物於此㒗㒗兮其狀屢化如神㒗讀如其蟲倮之倮㒗㒗無毛羽之貌變化即謂三俯三起蛾蛹之類也功被天下爲萬世文文飾禮樂以成貴賤以分養老長幼待之而後

存名號不美與暴爲鄰侵暴者亦取名於蠶食故曰與暴爲鄰也功立而身廢事成而家敗蠶成而見殺是身廢絲窮而蠶盡是家敗棄其耆老收其後世耆老蛾也後世種也人屬所利飛鳥所害人屬則保而用之飛鳥則害而食之臣愚而不識請占之五帝占驗也五帝少昊顓頊高辛唐虞理皆務本深知蠶之功大故請驗之也帝占之曰此夫身女好而頭馬首者與女好柔婉也其頭又類馬首周禮馬質禁原蠶者鄭玄云天文辰爲馬故蠶書曰蠶爲龍精月值大火則浴其種是蠶與馬同氣也屢化而不壽者與不得終其壽命善壯而拙老者與壯得其養老而見殺有父母

而無牝牡者與（爲蠶之時未有牝牡也）冬伏而夏游食桑而吐絲（游謂化而出也）前亂而後治（繭亂而絲治也）夏生而而惡暑（生長於夏先暑而化）喜溼而惡雨（溼謂浴其種既生之後則惡雨）蛹以爲母蛾以爲父（乎言之也）三俯三起事乃大已（俯謂卧而不食事乃大已言三起之後事乃畢也謂化而成蠶也）夫是之謂蠶理（五帝言此乃蠶之義理也）

蠶（蠶之功至大時人鮮知其本詩曰婦無公事休其蠶織戰國時此俗尤甚故荀卿感而賦之）

有物於此生於山阜處於室堂（山阜鐵所生也）無知無巧善治衣裳（知讀爲智）不盜不竊穿窬而

行日夜合離以成文章合離謂使離者相合文章亦待其連綴而成也以能合從又善連衡從豎也子容反衡擴也言箴亦能如戰國合從連衡之人南北爲從東西爲衡也下覆百姓上飾帝王功業甚博不見賢良見猶顯也不自顯其功伐見賢遍反時用則存不用則亡順時行藏臣愚不識敢請之王王曰此夫始生鉅其成功小者邪爲鐵則巨爲箴則小長其尾而銳其剽者邪長其尾謂線也剽末也謂箴之鋒也莊子曰有實而無乎處者宇也有長而無本剽者宙也剽者眇末之意匹小反頭銛達而尾趙繚者邪重説長其尾而銳其剽趙

讀爲掉掉繚長貌言箴尾掉而繚也掉徒吊反一往一來結尾以爲事結其尾線然後行箴無羽無翼反覆甚極極讀爲亟急也尾生而事起尾邅而事已尾邅迴盤結則箴功畢也簪以爲父管以爲母簪形似箴而大故曰爲父言此者欲狀其形也管所以盛箴故曰爲母禮記曰箴管線纊也既以縫表又以連裏夫是之謂箴理理義理也箴古者貴賤皆有事故王后親織玄紞公侯夫人加之以紞綖大夫妻成祭服士妻衣其夫末世皆不修婦功故託辭於箴明其爲物微而明至重以譏當世也

天下不治請陳佹詩荀卿請陳佹異激切之詩言天下不治之意也天

地易位四時易鄉皆言賢愚易位也鄉猶方也春夏秋冬皆不當其方言錯亂也鄉如字列星隕墜旦暮晦盲列星二十八宿有行列者隕墜以喻百官殆廢旦暮晦盲言無甍明時也或曰當時星辰隕墜旦暮昏霧也幽晦登昭日月下藏言幽闇之人登昭明之位君子明如日月反下藏也昭或爲照公正無私反見從攢言公正無私之人反見謂從攢反覆之志也志愛公利重樓疏堂欲在上位行至公以利百姓非謂重樓疏堂之榮貴也無私罪人憼革二兵憼與儆同備也二副也謂無私罪人言果於去惡也言去邪嫉惡乃以儆備增益兵革之道言強盛也道德純備讒口將將將去也言以讒言相退送或曰將將讀爲蹡蹡進貌仁人絀約

敖暴擅強絀退窮約天下幽險恐失世英天下幽暗凶險如此必恐時賢不見用也螭龍爲蝘蜓鴟梟爲鳳皇說文云螭如龍而黃北方謂之蛇螻蝘蜓守宮言世俗不知善惡螭龍之聖反謂之蝘蜓鴟梟之惡反以爲鳳皇也比干見刳孔子拘匡昭昭乎其知之明也郁郁乎其遇時之不祥也拂乎其欲禮義之大行也闇乎天下之晦盲也郁郁有文章貌拂違也此蓋誤耳當爲拂乎其遇時之不詳也郁郁乎其欲禮義之大行晦盲言人莫之識也皓天不復憂無疆也千歲必反古之常也皓與昊同昊天元氣昊大也呼昊天而許之云世亂

不復憂不可竟也復自解釋云亂久必反於治亦古之常道千或爲卒弟子勉學天不忘也言天道福善故曰不忘恐弟子疑爲善無益而解惰故以此勉之也聖人共手時幾將矣共讀爲拱聖人拱手言不得用也幾辭也將送也去也言戰國之時世事已去不可復治也與愚以疑願聞反辭反辭反復敘說之辭猶楚詞亂曰弟子言當時政事既與愚反疑惑之人故更願以亂辭敘之也其小歌也此下一章即其反辭故謂之小歌揔論前意也念彼遠方何其塞矣遠方猶大道也仁人詘約暴人衍矣衍饒也忠臣危殆讒人服矣服用也本或作讒人般矣般樂也音盤

琁玉瑶珠不知佩也說文云琁赤玉瑶美玉也孔安國曰瑶美石言不知以此四寶爲佩說文琁音瓊雜布與錦不知異也雜布麤布閭娵子奢莫之媒也閭娵古之美女後語作明娵楚詞七諫謂閭娵爲醜惡蓋一名明陬漢書音義韋昭曰閭陬梁王魏瞿之美女字奢當爲子都鄭之美人詩曰不見子都蓋都字誤爲奢耳後語作子都莫之媒言無人爲之謀也娵子于反嫫母刀父是之喜也嫫母醜女黄帝時也刀父未詳喜悦也以盲爲明以聾爲聰以危爲安以吉爲凶嗚呼上天曷維其同言惑亂如此故歎而告上天曷維其同言何可與之同也後語作曷其與同此章即遺春申君之賦也

荀子卷第十八

荀子卷第十九

登仕郎守大理評事楊　倞　注

大略篇第二十七

此篇蓋弟子雜録荀卿之語皆略舉其要不可以一事名篇故總謂之大略也

大略舉爲標首所以起下文也君人者隆禮尊賢而王重法愛民而霸好利多詐而危欲近四旁莫如中央故王者必居天下之中禮也此明都邑居土中之意不近偏旁居中央取其朝貢道里均禮也言其禮制如此天子外屏諸侯内屏禮也外屏不欲見外也内屏不欲見内也屏猶蔽也屏謂之樹鄭康成云若今浮思也何休注公羊云禮天子

諸侯臺門天子外闕兩觀諸侯內闕一觀禮天子外屏諸侯內屏大夫以簾士以帷倞謂不欲見內不察泉中魚之義也諸侯召其臣臣不俟駕顛倒衣裳而走禮也詩曰顛之倒之自公召之天子召諸侯輦輿就馬禮也輦謂人輓車言不暇待馬至故輦輿就馬詩曰我出我輿于彼牧矣自天子所謂我來矣詩小雅出車之篇毛云出車就馬於牧地鄭云有人自天子所謂我來矣謂以王命召己也此明諸侯奉上禮也天子山冕諸侯玄冠大夫裨冕士韋弁禮也山冕謂畫山於衣而服冕即衮冕也蓋取其龍則謂之衮冕取其山則謂之山冕鄭注周禮司服云古冕服十二章

衣五章初一曰龍次二曰山次三曰華蟲次四曰火次五曰宗彝皆畫裳四章次六曰藻次七曰粉米次八曰黼次九曰黻皆繡鄭注禮云裨之言卑也天子六服大裘爲上其餘爲裨覲以事尊卑服之諸侯亦服焉上公衮無升龍侯伯鷩子男毳孤絺卿大夫玄鄭云大夫裨冕蓋亦言裨冕止於大夫士已下不得服也韋弁謂以爵韋爲韠而戴弁也玉藻曰韠君朱大夫素士爵韋也

天子御珽，諸侯御荼，大夫服笏，禮也。御服皆器用之名尊者謂之御卑者謂之服御者言臣下所進御也珽大珪長三尺杼上終葵首謂剡上至其首而方也荼古舒字玉之上圜下方者也鄭康成云珽然無所屈也荼讀如舒遲之舒儒者所畏在前也

天子彫弓，諸侯彤弓，大夫黑弓，禮也。彫謂彫畫爲文飾彤弓朱弓此明貴賤服御之禮也

諸侯相見，卿爲介，相見謂於郄地爲會介副也聘義卿

爲上擯大夫爲承擯君親禮賓言主君見聘使則以卿爲上擯出會則以卿爲上介也**以其教出畢行**教謂戒令畢行謂羣臣盡行從君也**使仁居守**使仁厚者主後事春秋傳一子守二子從此明諸侯出疆之禮又穀梁傳曰智者慮義者行仁者守然後可以會矣**聘人以珪問士以壁召人以瑗絶人以玦反絶以環**聘人以圭謂使人聘他國以圭璋也問謂訪其國事因遺之也衞侯使工尹襄問子貢以弓是其類也說文云瑗者大孔璧也爾雅好倍肉謂之瑗肉倍好謂之璧禮記曰君召臣以三節周禮珍圭以徵守鄭云以徵召守國之諸侯若今徵郡守以竹使符也然則天子以珍圭召諸侯諸侯召臣以瑗歟玦如環而缺肉好若一謂之環古者臣有罪待放於境三年不敢去與之環則還與之玦則絶皆所以見意**人**也反絶謂反其符絶者此明諸侯以王接人臣之禮也

主仁心設焉知其役也禮其盡也故王者先仁而後禮天施然也（人之根本所施設在人其役用則在知盡善則在禮天施天道之所施設也此明爲國以仁爲先也）聘禮志曰幣厚則傷德財侈則殄禮禮云禮云玉帛云云乎哉（志記也言玉帛禮之末也禮記曰不以美没之也）詩曰物其指矣唯其偕矣不時宜不敬交不驩欣雖指非禮也（詩小雅魚麗之篇指與旨同美也偕齊等也時謂得時宜謂合宜此明聘好輕財重禮之義也）水行者表深使人無陷治民者表亂使人無失禮者

其表也先王以禮表天下之亂今廢禮者是去表也故民迷惑而陷禍患此刑罰之所以繁也表標志也此明爲國當以禮示人也舜曰維予從欲而治虞書舜美皐陶之辭言皐陶明五刑故舜得從欲而治引之以喻禮能成聖亦猶舜賴皐陶也故禮之生爲賢人以下至庶民也非爲成聖也然而亦所以成聖也不學不成禮本爲中人設然聖人不學亦不成也堯學於君疇舜學於務成昭禹學於西王國君疇漢書古今人表作尹壽又漢藝文志小說家有務成子十一篇昭其名也尸子曰務

成昭之敎舜曰避天下之逆從天下之順天下不足取也避天下之順從天下之逆天下不足失也西王國未詳所説或曰大禹生於西羌西王國西羌之賢人也新序子夏對哀公曰黃帝學于大塡顓頊學于録圖帝嚳學于赤松子堯學于尹壽舜學于務成跗禹學于西王國湯學于成子伯文王學于時子思武王學于郭叔此明聖人亦資於敎也

五十不成喪七十唯衰存不成喪不備哭踊之節衰存但服縗麻而已其禮皆可略也禮曰七十唯衰麻在身也

親迎之禮父南鄉而立子北面而跪醮而命之往迎爾相成我宗事鄭云相助也宗事宗廟之事

隆率以敬先妣之嗣若則有常儀禮作勖率鄭云勖勉也若汝也勉率婦道以敬其爲先妣之嗣也汝之行則當有常深戒之詩曰大姒嗣徽音

子曰

諸唯恐不能敢忘命矣子言唯恐不能勉率以嗣先妣不敢忘父命也

夫行也者行禮之謂也所以稱行禮也者貴者在禮也

者敬焉老者孝焉長者弟焉幼者慈焉賤

者惠焉惠亦賜也言行禮如此五者則可爲人之行也賜予其宮室猶

用慶賞於國家也忿怒其臣妾猶用刑罰

於萬民也宮室妻子也此明能治家則以治國也君子之於子愛

之而勿面使之而勿貌導之以道而勿彊

面貌謂以顏色慰悅之不欲施小惠也故易家人曰有嚴君焉勿彊不欲使其愧也此語出曾子禮以順

人心爲本故士於禮經而順人心者皆禮者也禮記曰禮也者義之實也協諸義而協則禮雖先王未之有可以義起也禮之大凡事生飾驩也送死飾哀也軍旅飾威也不可太質故爲之飾親親故故庸庸勞勞仁之殺也庸功也庸庸勞勞謂稱其功勞以報其功勞者殺差等也皆仁恩之差也殺所介反貴貴尊尊賢賢老老長長義之倫也倫理也此五者非仁恩皆出於義之理也行之得其節禮之序也行仁義得其節則是禮有次序仁愛也故親義理也故行禮節也故成非仁不親非義不行雖有仁義無禮以節

之亦不成仁有里義有門里與門皆謂禮也里所以安居門所以出入也仁非其里而虛之非禮也義非其門而由之非義也虛讀爲居聲之誤也仁非其里義非其門皆謂有仁義而無禮也推恩而不理不成仁仁雖在推恩而不得其理則不成仁謂若有父子之恩而無嚴敬之義遂理而不敢不成義雖得其理而不敢行則不成義義在果斷故曰非知之難行之惟艱審節而不知不成禮雖能明審節制而不知其意也知或爲和和而不發不成樂雖和順積中而英華不發於外無以播八音則不成樂故曰仁義禮樂其致一也言四者雖殊同歸於得中故曰其致一也君子處

仁以義然後仁也（仁而能斷）行義以禮然後義也（雖能斷而不違禮然後爲義也）制禮反本成末然後禮也（反復也本謂仁義末謂禮節謂以仁義爲本終成於禮節也）三者皆通然後道也（通明三者然後爲道）貨財曰賻輿馬曰賵衣服曰襚玩好曰贈玉貝曰唅（此與公羊穀梁之説同玩好謂明器琴瑟笙竽之屬何休曰此皆春秋之制也）賻賵（賻猶覆也賵猶助也皆助生送死之禮襚猶遺也遺是助死者之禮也知生則賵賻知死則襚唅之也）所以佐生也贈襚所以送死也送死不及柩尸弔生不及悲哀非禮也（皆謂葬事）故吉行

五十犇喪百里賵贈及事禮之大也既說弔贈及事因明奔喪亦宜行遠也禮記奔喪曰日行百里不以夜行禮者政之輓也如輓車然爲政不以禮政不行矣天子即位上卿進曰如之何憂之長也能除患則爲福不能除患則爲賊授天子一策上卿於周若冢宰也皆謂書於策讀之而授天子深戒之也言天下安危所繫其憂甚遠長問何以治之能爲天下除患則百福歸之不能則反爲賊害策編竹爲之後易之以玉爲也中卿進曰配天而有下土者先事慮事先患慮患先事慮事謂之接接讀爲捷速也中卿若宗伯也

接則事優成先患慮患謂之豫豫則禍不生事至而後慮者謂之後後則事不舉患至而後慮者謂之困困則禍不可禦授天子二策禦禁二策第二策也下卿進曰敬戒無怠慶者在堂弔者在閭下卿若司寇也慶者雖在堂弔者已在門言相襲之速閭門之外也禍與福鄰莫知其門言同一門出入也賈誼曰憂喜聚門豫哉豫哉萬民望之授天子三策豫哉言可戒備也三策第三策也禹見耕者耦立而式過十室之邑必下兩人共耕曰耦

論語曰長沮桀溺耦而耕十室之邑必有忠信故下之也殺大蚤朝大晚非禮也殺謂田獵禽獸也禮記曰天子殺則下大綏諸侯殺則下小綏大夫殺則止佐車蚤謂下先上也又曰朝辨色始入殺太蚤爲陵犯也朝太晚爲懈弛也或曰禮記曰獺祭魚然後虞人入澤豺祭獸然後田獵先於此爲早也又曰田不以禮是暴天物也治民不以禮動斯陷矣平衡曰拜下衡曰稽首至地曰稽顙平衡謂磬折頭與胥如衡之平禮記平衡與此義殊大夫之臣拜不稽首非尊家臣也所以辟君也辟讀爲避一命齒於鄉再命齒於族三命族人雖七十不敢先一命公侯之士再命大夫二命卿也鄭注禮記曰此

皆鄉飲酒時齒謂以年次坐若立也禮記曰三命不齒族人雖七十者不敢先言不唯不與少者齒老者亦不敢先也上大夫中大夫下大夫此覆一命再命三命也一命雖公侯之士子男之大夫也故曰下大夫也吉事尚尊喪事尚親吉事朝廷列位也喪事以親者爲主禮記曰以服之精麤爲序也君臣不得不尊父子不得不親兄弟不得不順夫婦不得不驩少者以長老者以養不得謂不得聖人之禮法驩與歡同故天地生之聖人成之聘問也享獻也私覿私見也使大夫出以圭璋聘所以相問也聘享奉束帛加璧享所以有獻也享畢賓奉束錦以請覿所以私見也聘享以賓禮見私覿以臣禮見故曰私見鄭注儀禮云享獻也

既聘又獻所以厚恩意也言語之美穆穆皇皇爾雅曰穆穆敬也皇皇正也郭璞云皇皇正偹正貌穆容儀謹敬也皆由言語之美所以威儀偹飾或曰穆穆美也皇皇有光儀也詩曰皇皇者華朝廷之美濟濟鎗鎗鎗與蹌同濟濟多士貌蹌蹌有行列貌爲人臣下者有諫而無訕有亡而無疾有怨而無怒謗上曰訕亡去也疾與嫉同惡也怨謂若公叔盼衞疾之叔鱄怒謂若慶鄭也君於大夫三問其疾三臨其喪於士一問一臨諸侯非問疾弔喪不之臣之家之往也禮記曰諸侯非問疾弔喪而入諸臣之家是謂君臣爲謔也既葬君若父之友食之則食矣不辟

粱肉有酒醴則辭鄭云尊者之前可以食美變於顏色亦不可也寢不踰廟設衣不踰祭服禮也謂制度精麤設宴也易之咸見夫婦易咸卦艮下兑上艮爲少男兑爲少女故曰見夫婦夫婦之道不可不正也君臣父子之本也易説卦曰有天地然後有男女有男女然後有夫婦有夫婦然後有父子有父子然後有君臣故以夫婦爲本咸感也以高下下以男下女柔上而剛下陽唱陰和然後相成也聘士之義親迎之道重始也聘士謂若安車束帛重其禮也迎魚敬反禮者人之所履也失所履必顛蹷陷溺所失

微而其爲亂大者禮也禮之於正國家也如權衡之於輕重也如繩墨之於曲直也故人無禮不生事無禮不成國家無禮不寍和樂之聲此言珩珮之聲和樂人心步中武象趨中韶護珮玉之聲緩則中武象速則中韶護禮記曰古之君子必珮玉右徵角左宫羽趨以采薺行以肆夏是其類也或曰此和樂謂在車和鸞之聲步驟之節也君子聽律習容而后士君子在位者之通稱禮記曰既服習容觀玉聲聽律謂聽珮聲中音律也言威儀如此乃可爲士士者修立之名也使霜降逆女冰泮殺內十日一御此蓋誤耳當爲冰泮逆女霜降殺內故詩

曰士如歸妻迨冰未泮殺減也内謂妾御也十日一御即殺内之義冰泮逆女謂發生之時合男女也霜降殺内謂閉藏之時禁嗜欲也月令在十一月此云霜降荀卿與吕氏所傳聞異也鄭云歸妻謂請期也冰未泮正月中以前二月可以成婚禮故此云冰泮逆女殺所介反坐視膝立視足應對言語視面儀禮士相見云子視父則遊目無上於面無下於帶若不言則視足坐則視膝鄭云不言則伺其行起而已立視前六尺而大之六六三十六三丈六尺蓋臣於君前視也近視六尺自此而廣之雖遠視不過三丈六尺曲禮曰立視五巂彼在車上故與此不同也文貌情用相爲内外表裏文謂禮物貌謂威儀情謂中誠用謂語言質文相成不可偏用也禮之中焉能思索謂之能慮禮者本末相順終始相應禮者以

財物爲用以貴賤爲文以多少爲異並解於禮論篇下臣事君以貨中臣事君以身上臣事君以人貨謂聚斂及珍異獻君身謂死衛社稷人謂舉賢也易曰復自道何其咎易小畜卦初九之辭復返也自從也本雖有失返而從道何其咎過也春秋賢穆公以爲能變也公羊傳曰秦伯使遂來聘遂者何秦大夫也秦無大夫此何以書賢穆公也何賢乎穆公以爲能變也謂前不用蹇叔百里之言敗於殽函而自變悔作秦誓詢茲黃髮是也士有妒友則賢交不親君有妒臣則賢人不至蔽公者謂之昧隱良者謂之妒掩蔽公道謂之暗昧奉妒昧者

謂之交譎（交通於譎詐之人相成爲惡也）交譎之人妒昧之臣國之薉孽也（薉與穢同孽祆孽言終爲國之災害也）口能言之身能行之國寶也口不能言身能行之國器也（如器物雖不言而有行也）口能言之身不能行國用也（國賴其言而用也）口言善身行惡國祆也治國者敬其寶愛其器任其用除其祆不富無以養民情（衣食足知榮辱）不教無以理民性（人性惡故須教）故家五畝宅百畝田務其業而勿奪其時所以

富之也宅居處也百畝一夫田也務謂勸勉之孟子曰五畝之宅樹之以桑五十者可以衣帛矣百畝之田無失其時八口之家可以無飢矣立太學設庠序脩六禮明十教所以道之也詩曰飲之食之教之誨之王事具矣禮記曰六禮冠昏喪祭鄉相見十教即十義也禮記曰父慈子孝兄良弟悌夫義婦聽長惠幼順君仁臣忠十者謂之人義道謂教導之也十或爲七也武王始入殷表商容之閭式箕子之囚哭比干之墓天下鄉善矣表築旌之言武王好善天下鄉之孔安國曰商容殷之賢人紂所貶退也天下國有儁士世有賢人天下之國皆有儁士每世皆有賢人迷者不問路

溺者不問遂亡人好獨[以喻雖有賢俊不能用也所以迷由於不問路溺由於不問遂亡由於好獨遂謂經隧水中可涉之徑也獨謂自用其計]詩曰我言維服勿用爲笑先民有言詢于芻蕘言博問也[詩大雅板之篇毛云芻蕘薪者也鄭云服事也我之所言乃今之急事汝無笑也]有法者以法行無法者以類舉[皆類於法而舉之也]以其本知其末以其左知其右凡百事異理而相守也[其理雖異其守則一謂若爲善不同同歸於理之類也]慶賞刑罰通類而後應[通明於類然後百姓應之謂賞必賞功罰必罰罪不失其類]致教習俗相順而後行

順人心然後可行也八十者一子不事九十者舉家不事廢疾非人不養者一人不事父母之喪三年不事齊衰大功三月不事從諸侯不不當爲來謂從他國來或君之人入萊地與新有昏朞不事古者有喪昏皆不事所以重其哀戚與嗣續也事謂力役子謂子家駒續然大夫不如晏子子孔子謂言也子家駒魯公子慶之孫公孫歸父之後名羈駒其字也續然補續君之過不能與功用故不如晏子也晏子功用之臣也不如子產雖有功用不如子產之恩惠也子產惠人也不如管仲雖有恩惠不如管仲之才略也

管仲之爲人力功不力義力智不力仁（雖九合諸侯一匡天下而不全用仁義也）野人也不可以爲天子大夫（言四子皆類郊野之人未浸漬於仁義故不可爲王者佐）孟子三見宣王不言事門人曰曷爲三遇齊王而不言事孟子曰我先攻其邪心（以正色攻去邪心乃可與言也）公行子之之燕（孟子曰行子有子之喪右師往弔趙岐云齊大夫也子之蓋其先也）遇曾元於塗曰燕君何如曾元曰志卑（言不求遠大也曾元曾參之子）志卑者輕物（物事）輕物者不求助（不求賢以自輔）苟不求助

何能舉[既無輔助必不勝任矣]氏羌之虜也[謂見俘掠]不憂其係壘也而憂其不焚也[壘讀爲纍氏羌之俗死則焚其屍今不憂虜獲而憂不焚是愚也呂氏春秋曰憂其死而不焚]利夫秋豪害靡國家然且爲之幾爲知計哉[靡披靡也利夫秋豪之細其害遂披靡而來及於國家言不邺其大而憂其小與氏羌之虜何異幾辭也或曰幾讀爲豈]今夫亡箴者終日求之而不得其得之非目益明也眸而見之也心之於慮亦然[眸謂以眸審視之也言心於思慮亦當反覆盡其精妙如眸子之求箴也]義與利者人之所兩有也雖堯舜不能

去民之欲利然而能使其欲利不克其好義也克亦勝也雖桀紂亦不能去民之好義然而能使其好義不勝其欲利也故義勝利者爲治世利克義者爲亂世上重義則義克利上重利則利克義故天子不言多少諸侯不言利害大夫不言得喪皆謂言貨財也士不通貨財士賤雖得言之亦不得貿遷如商賈也有國之君不息牛羊錯質之臣不息雞豚錯置也質讀爲贄孟子曰出疆必載質蓋息蕃育也

古字通耳置贄謂執贄而置於君士相見禮曰士大夫奠贄於君再拜稽首禮記曰畜乘馬者不察於鷄豚或曰置質猶言委質也言凡委質爲人臣則不得與下爭利冢卿不脩幣大夫不爲場園冢卿上卿不脩幣謂不脩財幣販息之也治稼穡曰場樹菜蔬曰園謂若公儀子不奪園夫工女之利也從士以上皆羞利而不與民爭業樂分施而恥積臧然故民不困財貧窶者有所竄其手竄容也謂容集其手而力作也文王誅四武王誅二周公卒業至成康則案無誅已並解在仲尼篇言周公終王業猶不得無誅伐至成康然後刑措也重引此者以明不與民爭利則刑罰省也多積財而

羞無有（羞貧）重民任而誅不能（使民不能勝任而復誅之）此邪行之所以起刑罰之所以多也上好羞則民闇飾矣（好羞貧而事奢侈則民闇自脩飾也）上好富則民死利矣二者亂之衢也（衢道）民語曰欲富乎忍恥矣傾絕矣絕故舊矣與義分背矣（忍恥不顧廉恥傾絕謂傾身絕命而求也分背如人分背而行）上好富則人民之行如此安得不亂湯旱而禱曰政不節與使民疾與何以不雨至斯極也（疾苦）宮室榮與婦

謁盛與何以不雨至斯極也榮盛謁請也婦謁盛謂婦言是用也苞苴行與讒夫興與何以不雨至斯極也貨賄必以物苞裹故總謂之苞苴興起也鄭注禮記云苞苴裹魚肉者或以葦或以茅也天之生民非爲君也天之立君以爲民也故古者列地建國非以貴諸侯而已列官職差祿爵非以尊大夫而已差謂制等級也主道知人臣道知事人謂賢良事謂職守故舜之治天下不以事詔而萬物成不以事詔告但委任而已謂若使禹治水不告治水之方略農

精於田而不可以爲田師工賈亦然以賢易不肖不待卜而後知吉以治伐亂不待戰而後知克無人禦敵故知必克齊人欲伐魯忌卞莊子不敢過卞卞魯邑莊子卞邑大夫有勇者晉人欲伐衛畏子路不敢過蒲蒲衛邑子路蒲宰杜元凱云蒲邑在長垣縣西南不知而問堯舜好問則無不知故可比聖人也無有而求天府知無而求之是有天府之富曰先王之道則堯舜已問先王之道則可爲堯舜六貳之博則天府已求財於六貳之博得之不窮故曰天府天府天之府藏言六貳之博

可以得貨財先王之道可以爲堯舜故以喻焉六貳之博即六博也王逸注楚詞云投六箸行六棊故曰六博今之博局亦二六相對也君子之學如蜕幡然遷之如蟬蛻也幡與翻同故其行效其立效其坐效其置顏色出辭氣效效放也置措也言造次皆學而不捨也無留善有善即行無留滯無宿問當時即問不俟經宿善學者盡其理善行者究其難非知之難行之惟艱故善行之者是究其難君子立志如窮似不能通變雖天子三公問正以是非對至尊至貴對之唯一故曰如窮也君子隘窮而不失不失道而隕穫勞倦而不苟不苟

免也**臨患難而不忘細席之言**尸子子夏曰君子漸於飢寒而志不僻銙於五兵而辭不懾臨大事不忘昔席之言昔席蓋昔所踐履之言此細亦當讀爲昔或曰細席講論之席臨難不忘素所講習忠義之言漢書王吉諫昌邑王曰廣廈之下細旃之上

歲不寒無以知松柏事不難無以知君子無日不在是無有一日不懷道所謂造次必於是也

雨小漢故潛未詳或曰爾雅云漢爲潛李巡曰漢水溢流爲潛今云雨小漢故潛言漢者本因雨小水濫觴而成至其盛也乃溢爲潛矣言自小至大者也

人盡小者大積微者著德至者色澤洽行盡而聲問遠色澤洽謂德潤身行下孟反

小人不誠於內而求之於外言

而不稱師謂之畔畔者倍之半也教而不稱師謂之倍教人不稱師其罪重故謂之倍倍者反逆之名也倍畔之人明君不內朝士大夫遇諸塗不與言不足於行者說過言說太過故行不能副也不足於信者誠言數欲誠實其言故信不能副君子所以貴行不貴言也故春秋善胥命而詩非屢盟其心一也春秋魯桓公三年齊侯衛侯胥命于蒲公羊傳曰相命也何言乎相命近正也古者不盟結言而退又詩曰君子屢盟亂是用長言其一心而相信則不在盟誓也善爲詩者不說善爲易者不占善爲禮者不相其心同也皆言

與理冥會者至於無言說者也相謂爲人贊相也曾子曰孝子言爲可聞行爲可見發言使人可聞不詐妄也立行使人可見不苟爲斯爲孝子也言爲可聞所以說遠也行爲可見所以說近也近者說則親遠者說則附親近而附遠孝子之道也說皆讀爲悅近親遠附則毀辱無由及親也曾子行晏子從於郊曰嬰聞之君子贈人以言庶人贈人以財嬰貧無財請假於君子贈吾子以言假於君子謙辭也晏子先於孔子曾子之父猶孔子弟子此云送曾子豈好事者爲之歟乘輿之輪太

山之木也示諸檃栝三月五月爲幬菜敝而不反其常此皆言車之才也示讀爲寘檃栝矯煣木之器也言寘諸檃栝或三月或五月也幬菜未詳或曰菜讀爲菑謂轂與輻也言矯煣直木爲牙至於轂輻皆敝而規曲不反其初所謂三材不失職也周禮考工記曰望其轂欲其眼也進而視之欲其幬之廉也鄭云幬冒轂之革也革急則木廉隅見考工記又曰察其菑蚤不齵則輪雖敝不匡鄭云菑謂輻入轂中者蚤讀爲爪謂輻入牙中者也匡刺也晏子春秋曰今夫車輪山之直木良匠煣之其員中規雖有槁暴不復嬴矣君子之檃栝不可不謹也愼之蘭茞稾本漸於蜜醴一佩易之爲移其性故不可慢雖皆香草然以浸於甘醴一玉珮方可易買之言所漸者美而加貴也佩或爲倍謂其一倍也漸浸也子廉反此語與晏

子春秋不同也正君漸於香酒可讒而得也雖正直之君其所漸染如香之於酒則讒邪可得而入言甘醴變香草之性甘言變正君之性或爲美或爲惡皆在其所漸染也君子之所漸不可不愼也人之於文學也猶玉之於琢磨也詩曰如切如磋如琢如磨謂學問也和之璧井里之厥也玉人琢之爲天子寶和之璧楚人卞和所得之璧也井里里名厥也未詳或曰厥石也晏子春秋作井里之困也子贛季路故鄙人也被文學服禮義爲天下列士學問不厭好士不倦是天府也言所得多

君子疑則不言未問則不立道遠日益矣未曾學問不敢立爲論議所謂不知爲不知也爲道久遠自日有所益不必道聽塗說也此語出曾子多知而無親博學而無方好多而無定者君子不與無親不親師也方法也此皆謂雖廣博而無師法也少不諷壯不論議雖可未成也諷謂就學諷詩書也言不學雖有善質未爲成人也君子壹教弟子壹學亟成壹專壹也亟急也己力反君子進則能益上之譽而損下之憂進仕損減不能而居之誣也無益而厚受之竊也誣君竊位學者非必爲仕而

仕者必如學如往 子貢問於孔子曰賜倦於學矣願息事君息休息 孔子曰詩云温恭朝夕執事有恪事君難事君焉可息哉詩商頌那之篇 然則賜願息事親孔子曰詩云孝子不匱永錫爾類事親難事親焉可息哉詩大雅既醉之篇毛云匱竭也類善也言孝子之養無有匱竭之時故天長賜以善也 然則賜願息於妻子孔子曰詩云刑于寡妻至于兄弟以御于家邦妻子難妻子焉可息哉詩大雅思齊之篇刑法也寡有之妻

言賢也御治也言文王先立禮法於其妻以至于兄弟然後治于家邦言自家刑國也然則賜願息於朋友孔子曰詩云朋友攸攝攝以威儀朋友難朋友焉可息哉亦既醉之篇毛云言相攝佐者以威儀也然則賜願息耕孔子曰詩云晝爾于茅宵爾索綯亟其乘屋其始播百穀耕難耕焉可息哉詩豳風七月之篇于茅往取茅也綯絞也亟急也乘屋升屋治其敝漏也然則賜無息者乎孔子曰望其壙皐如也嵮如也鬲如也此則知所息矣壙亡壠皐當爲宰宰冢也宰如高貌嵮與

塡同謂土塡塞也鬲謂隔絶於上列子作宰如墳如張湛注云見其墳壤鬲異則知息之有所之也子貢曰大哉死乎君子息焉小人休焉國風之好色也傳曰盈其欲而不愆其止好色謂關雎樂得淑女也盈其欲謂好仇寤寐思服也止禮也欲雖盈滿而不敢過禮求之此言好色人所不免美其不過禮也故詩序曰關雎樂得淑女以配君子憂在進賢不淫其色哀窈窕思賢才而無傷善之心焉是關雎之義也其誠可比於金石其聲可內於宗廟其誠以禮自防之誠也比於金石言不變也其聲可內於宗廟謂以其樂章播八音奏於宗廟鄉飲酒禮合樂周南關雎葛覃詩云關雎后妃之德風之始也所以風化天下故用之鄉人焉用之邦國焉既云用之邦國是其聲可內於宗廟者也小雅不以於汙上自

引而居下以用也汙上驕君也言作小雅之人不爲驕君所用自引而疏遠也疾今之政以思往者其言有文焉其聲有哀焉小雅多刺幽厲而思文武言有文謂不鄙陋聲有哀謂哀以思也國將興必貴師而重傳貴師而重傳則法度存國將衰必賤師而輕傳賤師而輕傳則人有快人有肆意人有快則法度壞古者匹夫五十而士禮四十而仕五十而後爵此云五十而士恐誤或曰爲卿士天子諸侯子十九而冠冠而聽治其教至也十九而冠先於臣下一年也雖人君之子猶年長而冠冠而後聽其政治以明教至然

後治事不敢輕易 君子也者而好之其人 有君子之質而所好得其人謂得賢師也 其人也而不教不祥 祥善 非君子而好之非其人也 既無君子之質又所好非其人也 非其人而教之齎盜糧借賊兵也 若使不善人敎非君子是猶資借盜賊之兵糧爲害滋甚不如不教也齎與資同兵五兵也 不自嗛其行者言濫過 嗛足也謂行不足也所以不足其行者由於言辭汎濫過度也 古之賢人賤爲布衣貧爲匹夫食則饘粥不足衣則豎褐不完然而非禮不進非義不受安取此 豎褐僮豎之褐亦短褐也言賢人雖

貧窮義不苟進安取此言過而行不副之事乎子夏貧衣若縣鶉人曰子何不仕曰諸侯之驕我者吾不爲臣大夫之驕我者吾不復見柳下惠與後門者同衣而不見疑非一日之聞也柳下惠魯人公子展之後名獲字禽居於柳下謚惠季其伯仲也後門者君子守後門至賤者子夏言昔柳下惠衣之獘惡與後門者同時人尚無疑怪者言安於貧賤渾跡而人不知也非一日之聞言聞之久矣爭利如蚤甲而喪其掌蚤與爪同言仕亂世驕君縱得小利終喪其身矣君人者不可以不愼取臣匹夫不可以不愼取友友者

所以相有也（友與有同義相有謂不使喪亡）道不同何以相有也均薪施火火就燥平地注水水流溼夫類之相從也如此之箸也以友觀人焉所疑（察其友則可以知人之善惡不疑也）取友善人不可不慎是德之基也（取友求善人不可不慎是德之基本言所以成德也）詩曰無將大車維塵冥冥言無與小人處也（詩小雅無將大車之篇將猶扶進也將車賤者之事塵冥冥蔽人目明令無所見與小人處亦然也）藍苴路作似知而非（未詳其義或曰苴讀爲姐慢也趙蕤長短經知人篇曰姐者類智而非智或曰讀爲狙伺也姐子野反）便

弱易奪似仁而非（仁者不爭而與物故便弱易奪者似之易奪無執守之謂也）悍戇好鬬似勇而非（悍兇戾也戇愚也丁絳反）仁義禮善之於人也辟之若貨財粟米之於家也多有之者富少有之者貧至無有者窮故大者不能小者不爲是弃國捐身之道也凡物有乘而來乘其出者是其反者也（反復也出去也凡乘勢而來乘勢而去者皆是物之還反也言善惡皆所自取也）流言滅之貨色遠之所由生也生自纖纖也是故君子蚤絕

之流言謂流轉之言不定者也滅亦絕也凡禍之所由生自纖纖微細故君子早絕其萌此語亦出曾子言之信者在乎區蓋之間區藏物處蓋所以覆物者凡言之可信者如物在器皿之間言有分限不流溢也器名區者與丘同義漢書儒林傳唐生褚生應博士弟子選試誦說有法疑者丘蓋不言丘與區同也疑則不言未問則不立重引此兩句以明之知者明於事達於數不可以不誠事也誠忠誠言不可以虛妄事智者故曰君子難說說之不以道不說也並音悅語曰流丸止於甌臾流言止於知者甌臾皆瓦器也揚子雲方言云陳魏楚宋之間謂甇爲臾甌臾謂地之坳坎如甌臾者也或曰甌臾窳下之地史記曰甌窶滿溝汙

邪滿車裴駰云甌窶傾側之地汙邪下地也邪與臾聲相近蓋同也窶力侯反汙烏瓜反此家言邪學之所以惡儒者也家言謂偏見自成一家之言若宋墨者是非疑則度之以遠事驗之以近物參之以平心流言止焉惡言死焉參驗之至則流言息死猶盡也鄭康成云死之言澌澌猶消盡也曾子食魚有餘曰泔之門人曰泔之傷人不若奧之泔與奧皆烹和之名未詳其說曾子泣涕曰有異心乎哉傷其聞之晚也曾子自傷不知以食餘之傷人故泣涕深自引過謝門人曰吾豈有異心故欲傷人哉乃所不知也言此者以譏時人飾非自是恥言不知與曾子異也無用吾之

所短遇人之所長遇當也言己才藝有所短宜自審其分不可彊欲當人所長而辨爭也故塞而避所短移而從所仕疏知而不法察辨而操辟勇果而亡禮君子之所憎惡也塞掩也移就也仕與事同事所能也言掩其不善務其所能也疏通也察辨而操辟謂聰察其辨所操之事邪僻也操七刀反多言而類聖人也應萬變故多類皆謂當其類而無乖越此聖人也少言而法君子也多少無法而流喆然雖辨小人也喆當爲湎非十二子篇有此語此當同或曰當爲楛也國法禁拾遺惡民之串以無分得也串習也工患反有

夫分義則容天下而治無分義則一妻一妾而亂天下之人唯各特意哉然而有所共予也（特意謂人人殊意予讀爲與）言味者予易牙言音者予師曠言治者予三王（易牙齊桓公宰夫知味者師曠晉平公樂師知音者）三王既已定法度制禮樂而傳之有不用而改自作何異於變易牙之和更師曠之律無三王之法天下不待亡國不待死（言不暇有所待而死亡速之甚也更工衡反）飲而不食者蟬也

不飲不食者浮蝣也浮蝣渠略朝生夕死蟲也言此者以喻人既飲且食必須求先王法略爲治不得苟且如浮蝣輩也虞舜孝己孝而親不愛比干子胥忠而君不用仲尼顏淵知而窮於世劫迫於暴國而無所辟之辟讀爲避言賢者不遇時危行言遜則崇其善揚其美言其所長而不稱其所短也惟惟而亡者誹也惟讀爲唯以癸反唯唯聽從貌常聽從人而不免亡者由於退後即誹謗也博而窮者訾也清之而俞濁者口也已解於榮辱篇君子能爲可貴不能使人

必貴己能爲可用不能使人必用己脩德在己所遇在命誥誓不及五帝誥誓以言辭相誡約也禮記曰約信曰誓又曰殷人作誓而民始畔盟詛不及三王涖牲曰盟謂殺牲歃血告神以明約也交質子不及五伯此言後世德義不足雖要約轉深猶不能固也伯讀曰霸穀梁傳亦有此語

荀子卷第十九

荀子卷第二十

登仕郎守大理評事楊　倞　注

宥坐篇第二十八

此以下皆荀卿及弟子所引記傳雜事故總推之於末

孔子觀於魯桓公之廟有欹器焉春秋哀公三年桓宫僖宫災公羊傳曰此皆毁宗廟也其言災何復立也或曰三桓之祖廟欹器傾欹易覆之器　孔子問於守廟者曰此爲何器守廟者曰此蓋爲宥坐之器宥與右同言人君可置於坐右以爲戒也説苑作坐右或曰宥與侑同勸也文子曰三皇五帝有勸戒之器名侑卮注云欹器也　孔子曰吾聞宥坐之器

者虛則欹中則正滿則覆孔子顧謂弟子曰注水焉弟子挹水而注之挹酌中而正滿而覆虛而欹孔子喟然而歎曰吁惡有滿而不覆者哉子路曰敢問持滿有道乎孔子曰聰明聖知守之以愚功被天下守之以讓勇力撫世守之以怯撫掩也猶言蓋世矣富有四海守之以謙此所謂挹而損之之道也挹亦退也挹而損之猶言損之又損

孔子爲魯攝相，朝七日而誅少正卯。爲司寇而攝相也。朝謂聽朝也。門人進問曰：「夫少正卯，魯之聞人也。聞人謂有名爲人所聞知者也。夫子爲政而始誅之，得無失乎？」始誅，先誅之也。孔子曰：「居！吾語汝其故。人有惡者五，而盜竊不與焉：一曰心達而險，二曰行辟而堅，三曰言僞而辨，四曰記醜而博，五曰順非而澤。心達而險，謂心通達於事而凶險也。辟讀曰僻。醜謂怪異之事。澤有潤澤也。此五者有一於人，則不得免於君子之誅，而少正卯兼有之故居處足以聚徒成羣言談足以飾邪營衆強足以反是獨立此小人之桀雄也不可不誅也營讀爲熒熒衆惑衆也強剛愎也反是以非爲是也獨立人不能傾之也是以湯誅尹諧文王誅潘止周公誅管叔太公誅華仕管仲誅付里乙子產誅鄧析史付韓子曰太公封於齊東海上有居士狂矞華仕昆弟二人立議曰吾不臣天子不友諸侯耕而食之掘而飲之吾無求於人無上之名無君之禄不仕而事力太公使執而殺之以爲首誅周公從魯聞急傳而問之曰二子賢者也今日饗國殺之何也太公曰是昆弟立議曰不臣天子是望不得而臣也不

（友諸侯是望不得而使也耕而食之掘而飲之無求於人者是望不得以賞罰勸禁也且夫王之所以使其臣者非爵祿則刑罰也今四者不足以使之則望誰爲君乎是以誅之尹諧潘止付里乙史付事迹並未聞也）此七子者皆異世同心不可不誅也詩曰憂心悄悄慍于羣小小人成羣斯足憂矣（詩邶風柏舟之篇悄悄憂貌慍怒也）

孔子爲魯司寇有父子訟者孔子拘之三月不別也（別猶決也謂不辨其子之罪）其父請止孔子舍之季孫聞之不説曰是老也欺予（老大夫之尊稱春秋傳曰

使圍將不得爲寡君老也語予曰爲國家必以孝今殺一人以戮不孝又舍之冉子以告孔子慨然歎曰嗚呼上失之下殺之其可乎不教其民而聽其訟殺不辜也三軍大敗不可斬也獄犴不治不可刑也罪不在民故也獄犴不治謂法令不當也犴亦獄也詩曰宜犴宜獄獄字從二犬象所以守者犴胡地野犬亦善守獄故獄謂之犴也嫚令謹誅賊也嫚與慢同謹嚴也賊賊害人也今有時斂也無時暴也言生物有時而賦斂無時是緩暴也不教而責成功虐也已

此三者然後刑可即也（巳止即就）書曰義刑義殺勿庸以即予維曰未有順事言先教也（書康誥言周公命康叔使以義刑義殺勿用以就汝之心不使任其喜怒也維刑殺皆以義猶自謂未有使人可順守之事故有抵犯者自責其教之不至也）故先王既陳之以道上先服之（服行也謂先自行之然後教之）若不可尚賢以綦之若不可廢不能以單之（綦極也謂優寵也單盡也盡謂黜削單或爲殫）綦三年而百姓往矣（百姓從化極不過三年也）邪民不從然後俟之以刑則民知罪矣（百姓既往然後誅其姦邪也）詩曰尹

氏大師維周之氐秉國之均四方是維天子是庳卑民不迷詩小雅節南山之篇氐本也庳讀爲毗輔也卑讀爲俾是以威厲而不試刑錯而不用此之謂也厲抗也試亦用也但抗其威而不用也錯置也如置物於地不動也今之世則不然亂其教繁其刑其民迷惑而墮焉則從而制之是以刑彌繁而邪不勝三尺之岸而虛車不能登也百仞之山任負車登焉何則陵遲故也岸崖也負重也任負車任重之車也遲慢也陵遲言丘陵之勢漸慢也王肅云陵遲陂陁也數

仞之牆而民不踰也百仞之山而豎子馮而游焉陵遲故也今夫世之陵遲亦久矣而能使民勿踰乎詩曰周道如砥其直如矢君子所履小人所視眷焉顧之潸焉出涕豈不哀哉詩小雅大東之篇言失其砥矢之道所以陵遲哀其法度墮壞詩曰瞻彼日月悠悠我思道之云遠曷云能來詩邶風雄雉之篇子曰伊稽首不其有來乎稽首恭敬之至有所不來者爲其上失其道而人散也若施德化使下人稽首歸向雖道遠能無來乎

孔子觀於東流之水子貢問於孔子曰君子之所以見大水必觀焉者是何孔子曰夫水大徧與諸生而無爲也似德（徧與諸生謂水能徧生萬物爲其不有其功似上德不德者說苑作遍予而無私者）其流也埤下裾拘必循其理似義（埤讀爲卑裾與倨同方也拘讀爲鉤曲也其流必就卑下或方或曲必循卑下之理似義者無不循理也說苑作其流也卑下句倨之也情義分然者也）其洸洸乎不淈盡似道（洸讀爲滉滉水至之貌淈讀爲屈竭也似道之無窮也家語作浩浩無屈盡之期似道也）若有決行之其應佚若聲響其赴百仞之谷

不懼似勇決行決之使行也佚與逸同奔逸也若聲響言若響之應聲也似勇者果於赴難也主量必平似法主讀爲注量謂阬受水之處也言所經阬坎注必平之然後過似有法度者均平也盈不求槩似正槩平斗斛之木也考工記曰槩而不稅言水盈滿則不待槩而自平如正者不假於刑法之禁也淖約微達似察淖當爲綽綽約弱也綽約柔弱也雖至柔弱而浸淫微通達於物似察者之見細微也說苑作綽弱微達以出以入以就鮮絜似善化言萬物出入於水則必鮮絜似善化者之使人去惡就美也說苑作不清以入鮮絜以出也其萬折也必東似志折縈曲也雖東西南北千萬縈折不常然而必歸於東似有志不可奪者說苑作其折必東也是故君子見大水必觀焉

孔子曰吾有恥也吾有鄙也吾有殆也幼不能強學老無以敎之吾恥之（無才藝以敎人也）去其故鄉事君而達卒遇故人曾無舊言吾鄙之（舊言平生之言卒倉忽反）與小人處者吾殆之也孔子曰如垤而進吾與之如丘而止吾已矣今學曾未如肬贅則具然欲爲人師（肬贅結肉也莊子曰以生爲負贅懸肬肬音尤具然自滿足之貌也）孔子南適楚厄於陳蔡之閒七日不火食藜羹不糂（糂與糝同蘇覽反）弟子皆

有飢色子路進問之曰由聞之爲善者天報之以福爲不善者天報之以禍今夫子累德積義懷美行之日久矣奚居之隱也孔子曰由不識吾語汝汝以知者爲必用邪王子比干不見剖心乎女以忠者爲必用邪關龍逄不見刑乎女以諫者爲必用邪吳子胥不磔姑蘇東門外乎磔車裂也姑蘇吳都名也夫遇不遇者時也賢不肖者材也君

子博學深謀不遇時者多矣由是觀之不遇世者衆矣何獨丘也哉且夫芷蘭生於深林非以無人而不芳君子之學非爲通也不爲求通爲窮而不困憂而意不衰也知禍福終始而心不惑也皆爲樂天知命夫賢不肖者材也爲不爲者人也爲善不爲善在人也遇不遇者時也死生者命也今有其人不遇其時雖賢其能行乎苟遇其時何難之有故君子博學深謀

修身端行以俟其時。孔子曰：由居，吾語汝。昔晉公子重耳霸心生於曹，重耳，晉文公名。亡過曹，曹恭公聞其駢脅，使其裸浴，薄而觀之。公因此激怒而霸心生也。越王勾踐霸心生於會稽，謂以甲盾五千棲於會稽也。齊桓公小白霸心生於莒。小白，齊桓公名。齊亂，奔莒，蓋亦爲所不禮。故居不隱者思不遠，身不佚者志不廣。佚與逸同，謂奔竄也。家語作常逸者。女庸安知吾不得之桑落之下乎哉！桑落，九月時也。夫子當時蓋暴露居此樹之下。

子貢觀於魯廟之北堂，出而問於孔子曰：鄉者賜觀於太廟之北堂吾亦未輟還復瞻被九蓋皆繼被有說邪匠過絕邪北堂神主所在也輟止也九當爲北傳寫誤耳被皆當爲彼蓋音盍戶扇也皆繼謂其材木斷絕相接繼也子貢問北盍皆繼續彼有說邪匠過誤而遂絕之也家語作北蓋皆斷王肅云觀北面之蓋皆斷絕也孔子曰太廟之堂亦常有說言舊曾說今則無也官致良工因麗節文致極也官致良工謂初造太廟之時官極其良工工則因隨其木之美麗節文而裁制之所以斷絕家語作官致良工之匠匠致良材盡其功巧蓋貴文也非無良材也蓋曰貴文也非無良材大木不斷絕者蓋所以貴文飾也此蓋明夫子之博識也

子道篇第二十九

入孝出弟，人之小行也；弟與悌同，謂自卑如弟也。上順下篤，人之中行也；上順從於君父，下篤愛於卑幼。從道不從君，從義不從父，人之大行也。若夫志以禮安，言以類使，則儒道畢矣。志安於禮，不妄動也。言發以類，不悖說也。如此則儒者之道畢矣。雖舜不能加毫末於是也。孝子所以不從命有三：從命則親危，不從命則親安，不從命乃衷；衷，善也。謂善發於衷心矣。從命則親辱，不從命則親榮孝子不從命乃義從命則禽獸不從命則脩飾孝子不從命乃敬從命則陷身於禽獸故可以從而不從是不子也未可以從而從是不衷也明於從不從之義而能致恭敬忠信端慤以愼行之之行不從命則使親爲脩飾君子不從命是乃敬親則可謂大孝矣傳曰從道不從君從義不從父此之謂也故勞苦彫萃而能無失其敬彫傷也萃與顇同雖勞苦彫顇不敢解惰失敬也災禍患難而能無

失其義則不幸不順見惡而能無失其愛不幸以不順於親而見惡也非仁人莫能行詩曰孝子不匱此之謂也魯哀公問於孔子曰子從父命孝乎臣從君命貞乎三問孔子不對不敢違哀公之意故不對孔子趨出以語子貢曰鄉者君問丘也曰子從父命孝乎臣從君命貞乎三問而丘不對賜以爲何如子貢曰子從父命孝矣臣從君命貞矣夫子有奚對焉孔子

曰小人哉賜不識也昔萬乘之國有爭臣四人則封疆不削千乘之國有爭臣三人則社稷不危百乘之家有爭臣二人則宗廟不毀父有爭子不行無禮士有爭友不爲不義故子從父奚子孝臣從君奚臣貞審其所以從之之謂孝之謂貞也審其可從則從不可則不從也子路問於孔子曰有人於此夙興夜寐耕耘樹藝手足胼胝以養其親然而無

孝之名何也樹栽植藝播種駢謂手足勞駢併也胝皮厚也胝丁私反孔子曰意者身不敬與辭不遜與色不順與古之人有言曰衣與繆與不女聊繆紕繆也與讀爲歟聊賴也言雖與之衣而紕繆不精則不聊賴於汝也或曰繆綢也言雖衣服我綢繆我而不敬不順則不賴汝也韓詩外傳作衣予教予家語云人與己不順歟也王肅曰人與己事實通不相欺也皆與此不同也今夙興夜寐耕耘樹藝手足胼胝以養其親無此三者則何以爲而無孝之名也孔子曰由志之吾語汝雖有國士之力不能自舉

其身非無力也勢不可也國士一國勇力之士故入而行不脩身之罪也出而名不章友之過也故君子入則篤行出則友賢何爲而無孝之名也子路問於孔子曰魯大夫練而牀禮邪孔子曰吾不知也練小祥也禮記曰期而小祥居堊室寢有席又期而大祥居復寢中月而禫禫而牀也子路出謂子貢曰吾以夫子爲無所不知夫子徒有所不知子貢曰女何問哉子路曰由問魯大夫練而牀禮邪夫

子曰：吾不知也。子貢曰：吾將爲汝問之。子貢問曰：練而牀，禮邪？孔子曰：非禮也。子貢出，謂子路曰：女謂夫子爲有所不知乎？夫子徒無所不知。汝問非也。禮，居是邑不非其大夫。懼於訕上。

子路盛服見孔子，孔子曰：由，是裾裾何也？裾裾，衣服盛貌。說苑作襘襘也。昔者江出於㟭山，其始出也，其源可以濫觴，及其至江之津也，不放舟，不避風，則不可涉也。放讀爲方。國語曰：方舟投柎。韋昭曰

方並也編木爲柎說苑作方舟方柎也詩曰方之舟之非唯下流水多邪唯與

維同言豈不以下流水多故人畏之邪言服盛色厲亦然也說苑作非下衆非之多乎今汝衣服

既盛顏色充盈天下且孰肯諫汝矣充盈猛厲

由告之畢又呼其名丁寧之也子路趨而出改服而入蓋猶

若也猶若舒和之貌禮記曰君子蓋猶猶爾也孔子曰志之吾語女奮

於言者華奮於行者伐色知而有能者小

人也奮振矜也色知謂所知見於顏色有能自有其能皆矜伐之意故君子知之

曰知之不知曰不知言之要也能之曰能

之不能曰不能行之至也（皆在不隱其情）言要則知行至則仁既知且仁夫惡有不足矣哉子路入子曰由知者若何仁者若何子路對曰知者使人知己仁者使人愛己子曰可謂士矣（士者脩立之稱）子貢入子曰賜知者若何仁者若何子貢對曰知者知人仁者愛人子曰可謂士君子矣顏淵入子曰回知者若何仁者若何（知者皆讀爲智）顏淵對曰知者自知仁者

自愛子曰可謂明君子矣子路問於孔子曰君子亦有憂乎孔子曰君子其未得也則樂其意樂其爲治之意既已得之又樂其治是以有終身之樂無一日之憂小人者其未得也則憂不得既已得之又恐失之是以有終身之憂無一日之樂也

法行篇第三十禮義謂之法所以行之謂之行行下孟反

公輸不能加於繩聖人莫能加於禮公輸魯巧人名

班雖至巧繩墨之外亦不能加也禮者衆人法而不知聖人法而知之衆人皆知禮可以爲法而不知其義者也曾子曰無内人之疏而外人之親無禁辭也内人之疏外人之親謂以疎爲内以親爲外家語曰不比於親而比於疎者不亦遠乎韓詩外傳作無内疎而無外親也無身不善而怨人無刑已至而呼天内人之疎而外人之親不亦遠乎謂失之遠矣身不善而怨人不以反乎反謂乖悖刑已至而呼天不亦晚乎詩曰涓涓源水不雝不塞轂已破碎乃大其輻事已敗矣

乃重大息其云益乎（源水水之泉源也雖讀爲蓮大其輻謂壯大其輻也重太息嗟嘆之甚也三者皆言不愼其初追悔無及也）曾子病曾元持足曾子曰元志之吾語汝（曾元曾子之子也）夫魚鱉黿鼉猶以淵爲淺而堀其中（堀與窟同）鷹鳶猶以山爲卑而增巢其上及其得也必以餌故君子苟能無以利害義則恥辱亦無由至矣子貢問於孔子曰君子之所以貴玉而賤珉者何也（珉石之似玉者）爲夫玉之少而珉

之多邪孔子曰惡賜是何言也惡音烏猶言烏謂此義也夫君子豈多而賤之少而貴之哉夫玉者君子比德焉温潤而澤仁也鄭康成云色柔温潤似仁栗而理知也鄭云栗堅貌也理有文理也似智者處事堅固又有文理堅剛而不屈義也以義者剛直不回也廉而不劌行也劌傷也雖有廉稜而不傷物似有德行者不傷害人折而不橈勇也雖摧折而不橈屈似勇者瑕適並見情也瑕玉之病也適玉之美澤調適之處也瑕適並見似不匿其情者也禮記曰瑕不掩瑜瑜不掩瑕忠也扣之其聲清揚而遠聞其止輟然辭也扣與叩同似有

辭辨言發言則人樂聽之言畢更無繁辭也禮記作叩之其聲清越以長其終屈然樂也故雖有珉之雕雕不若玉之章章雕雕謂雕飾文采也章章素質明著也詩曰言念君子温其如玉此之謂也詩秦風小戎之篇引之喻君子比德曾子曰同遊而不見愛者吾必不仁也仁者必能使人愛己交而不見敬者吾必不長也不長不長厚故爲人所輕臨財而不見信者吾必不信也廉潔不聞於人三者在身曷怨人當反諸己怨人者窮怨天者無識不識知天命也失之己而反諸人豈不亦迂哉

南郭惠子問於子貢曰夫子之門何其雜也（南郭惠子未詳其姓名蓋居南郭因以爲號莊子有南郭子綦夫子弟子也雜謂賢不肖相雜而至）子貢曰君子正身以俟欲來者不距欲去者不止且夫良醫之門多病人隱栝之側多枉木是以雜也孔子曰君子有三恕有君不能事有臣而求其使非恕也有親不能報有子而求其孝非恕也（報孝養也詩曰欲報之德）有兄不能敬有弟而求其聽令非恕也士明於此

三恕則可以端身矣孔子曰君子有三思而不可不思也少而不學長無能也老而不教死無思也有而不施窮無與也無門人思其德是故君子少思長則學老思死則教有思窮則施也窮乏之時無所往託

哀公篇第三十一

魯哀公問於孔子曰五欲論吾國之士與之治國敢問何如之邪孔子對曰生今之

世志古之道居今之俗服古之服（志記識也服古之服猶若夫子服逢掖之衣章甫之冠也）舍此而爲非者不亦鮮乎（舍去此謂古也）哀公曰然則夫章甫絇屨紳而搢笏者此賢乎（章甫殷冠王肅云絇謂屨頭有拘飾也鄭康成云絇之言拘也以爲行戒狀如刀衣鼻在屨頭紳大帶也搢笏於紳者也）孔子對曰不必然夫端衣玄裳絻而乘路者志不在於食葷（端衣玄裳即朝玄端也絻與冕同鄭云端者取其正也士之衣袂皆二尺二寸而廣幅是廣袤等也其袪尺二寸大夫已上侈之侈之者蓋半而益一焉則袂三尺三寸袪尺八寸路王者之車亦車之通名舍人注爾雅云輅車之大者葷葱薤之屬也）斬衰

菅屨杖而啜粥者志不在於酒肉儀禮喪服曰斬者何不緝也衰長六寸博四寸三升布爲之鄭注喪服云上曰衰下曰裳當心前有衰後有負板左右有辟領孝子哀戚無不在也菅非也此言服被於外亦所以制其心也生今之世志古之道居今之俗服古之服舍此而爲非者雖有不亦鮮乎哀公曰善孔子曰人有五儀言人之賢愚觀其儀法有五也有庸人有士有君子有賢人有大聖哀公曰敢問何如斯可謂庸人矣孔子對曰所謂庸人者口不能道善言心不知色

色（色色謂以己色觀彼之色知其好惡也論語云色斯舉矣）不知選賢人善士託其身焉以爲己憂（不知託賢但自憂而已）勤行不知所務止交不知所定（交謂接待於物皆言不能辨是非倀倀失據也）日選擇於物不知所貴（不知可貴重者）從物如流不知所歸（爲外物所誘蕩而不返也）五鑿爲正心從而壞如此則可謂庸人矣（鑿竅也五鑿謂耳目鼻口及心之竅也言五鑿雖似於正而其心已從外物所誘而壞矣是庸愚之人也一曰五鑿五情也莊子曰六鑿相攘司馬彪曰六情相攘奪韓詩外傳作五藏爲正也）哀公曰善敢問何如斯可謂士矣孔子

對曰所謂士者雖不能盡道術必有率也雖不能徧美善必有處也（率循也雖不能盡徧必循處其一隅言有所執守也）是故知不務多務審其所知（論語曰子路有聞未之能行唯恐有聞）言不務多務審其所謂（止於辨明事而已矣）行不務多務審其所由（由從也謂不從不正之道）故知既已知之矣言既已謂之矣行既已由之矣則若性命肌膚之不可易也（言固守所見如愛其性命肌膚之不可以他物移易者也）故富貴不足以益也卑賤不足以損也（皆謂志不可奪）如

此則可謂士也（士有脩立之稱一曰士事也言其善於任事可以入官也）哀公曰善敢問何如斯可謂之君子矣孔子對曰所謂君子者言忠信而心不德（不自以爲有德）仁義在身而色不伐思慮明通而辭不爭故猶然如將可及者君子也（猶然舒遲之貌所謂瞻之在前忽然在後家語作油然王肅云不進貌也）哀公曰善敢問何如斯可謂賢人矣孔子對曰所謂賢人者行中規繩而不傷於本言足法於天下而不傷於身（本亦身也）

言雖廣大而不傷其身也所謂言滿天下無口過行滿天下無怨惡富有天下而無怨財富有天下謂王者之佐也怨讀爲蘊言雖富有天下而無蘊蓄私財也家語作無宛禮記曰事大積焉而不宛古蘊苑通此因誤爲怨字耳布施天下而不病貧言廣施德澤子惠困窮使家給人足而上不憂貧乏所謂百姓與足君孰與不足如此則謂賢人矣賢者亞聖之名說文云賢多才哀公曰善敢問何如斯可謂大聖矣孔子對曰所謂大聖者知通乎大道應變而不窮辨乎萬物之情性者也辨別萬物之情性也大道者所以變化遂成萬物也情性者

所以理然不取舍也辨情性乃能理是非之取舍而不惑是故其事大辨乎天地其事謂聖人所理化之事言辨別萬事如天地之別萬物各使區分明察乎日月聖人之明察如日月總要萬物於風雨總要猶統領也風以動之雨以潤之言統領萬物如風雨之生成也繆繆肫肫其事不可循繆當爲膠相加之貌莊子云膠膠擾擾肫與訰同訰雜亂之貌爾雅云訰訰亂也言聖人治萬物錯雜膠膠訰訰然而衆人不能循其事訰之旬反若天之嗣其事不可識嗣繼也言聖人如天之繼嗣衆人不能識其意百姓淺然不識其鄰鄰近也百姓淺見不能識其所近況能識其深乎所謂日用而不知者也若此則可謂大聖矣哀公

曰善魯哀公問舜冠於孔子孔子不對三問不對（哀公不問舜德徒問其冠故不對也）哀公曰寡人問舜冠於子何以不言也孔子對曰古之王者有務而拘領者矣其政好生而惡殺焉（務讀爲冒拘與句同曲領也言雖冠衣拙朴而行仁政也尚書大傳曰古之人衣上有冒而句領者鄭康成注云言在德不在服也古之人三皇時也冒覆項也句領繞頸也禮正服方領也）是以鳳在列樹麟在郊野烏鵲之巢可俯而窺也君不此問而問舜冠所以不對也魯哀公問於孔子

曰寡人生於深宫之中長於婦人之手寡人未嘗知哀也未嘗知憂也未嘗知勞也未嘗知懼也未嘗知危也孔子曰君之所問聖君之問也丘小人也何足以知之美大其問故謙不敢對也曰非吾子無所聞之也孔子曰君入廟門而右登自胙階仰視榱棟俛見几筵其器存其人亡君以此思哀將焉不至矣謂祭祀時也胙與阼同榱亦椽也哀將焉不至言必至也君昧爽而櫛冠昧闇爽明

也謂初曉尚暗之時平明而聽朝一物不應亂之端也君以此思憂則憂將焉不至矣君平明而聽朝日昃而退諸侯之子孫必有在君之末庭者君以此思勞則勞將焉不至矣諸侯之子孫謂奔亡至魯而仕者自平明至日昃在末庭而修臣禮君若思其勞則勞可知也若喻哀公亦諸侯之子孫不戒慎修德亦將有此奔亡之勞也君出魯之四門以望魯四郊亡國之虛則必有數蓋焉虛讀爲墟有數蓋焉猶言蓋有數焉倒言之耳新序作亡國之虛列必有數矣君以此思懼則懼將焉不

至矣且丘聞之君者舟也庶人者水也水則載舟水則覆舟君以此思危則危將焉不至矣魯哀公問於孔子曰紳委章甫有益於仁乎紳大帶也委委貌周之冠也章甫殷冠也鄭注儀禮云委安也所以安正容貌章表明也殷質言所以表明大夫也孔子蹴然曰君號然也莊子音義崔譔云蹴然變色貌號讀爲胡聲相近字遂誤耳家語作君胡然也資衰苴杖者不聽樂非耳不能聞也服使然也資與齋同苴杖竹也苴謂蒼白色自死之竹也黼衣黻裳者不茹葷非口不能味也服使然

也黼衣黻裳祭服也白與黑爲黼黑與青爲黻禮祭致齊不茹葷非不能味謂非不能知味也鄭注周禮司服云玄冕者衣裳刺黻而已且丘聞之好肆不守折長不爲市竊其有益與其無益君其知之矣好喜也言喜於市肆之人不使所守貨財折秏而長者亦不能爲此市井盜竊之事長者不爲市而販者不爲非家語王肅注云言市肆弗能爲廉好肆則不折也人爲市估之行則不守折人爲長者行則亦不爲市買之事竊宜爲察察其有益與以竊字屬下句也魯哀公問於孔子曰請問取人問取人之術也孔子對曰無取健健羨之人無取詌未詳家語作無取鉗王肅云謂妄對不謹誠者或曰捷給鉗人之口者無取口啍啍與諄同

方言云齊魯凡相疾惡謂之諄憎諄之閏反王肅云啍閔多言或曰詩云誨爾諄諄口諄謂口敎誨心無誠實者諄諄倫也

健貪也詌亂也口啍誕也

健羨之人多貪欲鉗忌之人多悖亂讒嫉之人多妄誕說苑曰哀公問於孔子曰人何若爲可取也孔子曰無取拑者無取捷者無取口啍者拑者太給利不可盡用也捷者必兼人不可爲法也口啍者多誕而寡信後恐不驗也韓詩外傳云無取健無取佞無取口讒健驕也佞諂也口讒誕也皆大同小異也

故弓調而後求勁焉馬服而後求良焉士信愨而後求知能焉士不信愨而有多知能譬之其豺狼也不可以身介也

有讀爲又介與邇同

語曰桓公用其賊文公

用其盜謂管仲寺人勃鞮也盜亦賊也以喻士信慤則仇讎可用不信慤則親戚可踈故明主任計不信怒闇主信怒不任計信亦任也計勝怒則強怒勝計則亡定公問於顏淵曰東野子之善馭乎東野氏也馭與御同顏淵對曰善則善矣雖然其馬將失失讀爲逸奔也下同家語作馬將佚也定公不悅入謂左右曰君子固讒人乎三日而校來謁曰東野畢之馬失校人掌養馬之官也兩驂列兩服入廄兩服馬在中兩驂兩服之外馬列與裂同謂外馬擘裂中馬牽引而入廄定公越

席而起曰趨駕召顏淵顏淵至趨讀爲促速也定公曰前日寡人問吾子吾子曰東野畢之馭善則善矣雖然其馬將失不識吾子何以知之顏淵對曰臣以政知之昔舜巧於使民而造父巧於使馬舜不窮其民造父不窮其馬是舜無失民造父無失馬也今東野畢之馭上車執轡銜體正矣步驟馳騁朝禮畢矣銜體銜與馬體也步驟馳騁朝禮畢矣謂調習其馬或步驟馳騁盡朝廷

之禮也歷險致遠馬力盡矣然猶求馬不已是以知之也定公曰善可得少進乎定公更請少進其說顏淵對曰臣聞之鳥窮則啄獸窮則攫人窮則詐自古及今未有窮其下而能無危者也

堯問篇第三十二

堯問於舜曰我欲致天下爲之柰何恐天下未歸故欲致而取之也對曰執一無失行微無怠忠信無勌

而天下自來執一專意也行微行細微之事也言精專不怠而天下自歸不必致也執一如天地如天地無變易時也行微如日月日月之行人所不見似於細微安徐然而怠止之時也忠誠盛於内賁於外形於四海賁飾也形見也禮記曰富潤屋德潤身心廣體胖故君子必誠其意也天下其在一隅邪夫有何足致也夫物在一隅者則可舉而致之今有道天下盡歸不在於一隅焉用致也有讀爲又魏武侯謀事而當羣臣莫能逮退朝而有喜色武侯晉大夫畢萬之後文侯之子也吴起進曰亦嘗有以楚莊王之語聞於左右者乎武侯曰楚

莊王之語何如吴起對曰楚莊王謀事而當羣臣莫逮退朝而有憂色申公巫臣進問曰王朝而有憂色何也巫臣楚申邑大夫也莊王曰不穀謀事而當羣臣莫能逮是以憂也其在中蘬之言也中蘬與仲虺同湯左相也曰諸侯自爲得師者王得友者霸得疑者存自爲謀而莫己若者亡疑謂博聞達識可決疑惑者也今以不穀之不肖而羣臣莫吾逮吾國幾於亡乎是以憂也楚莊王以

憂而君以喜武侯逡巡再拜曰天使夫子振寡人之過也振者舉也伯禽將歸於魯伯禽周公子成王封爲魯侯將歸謂初之國也周公謂伯禽之傅曰女將行盍志而子美德乎將行何不志記汝所傅之子美德以言我對曰其爲人寬好自用以慎寬寬弘也自用好自務其用也慎謹愼也此三者其美德已周公曰嗚呼以人惡爲美德乎君子好以道德故其民歸道君子好以道德敎人故其民歸道者衆非謂寬弘也彼其寬也出無辨矣女又美之彼伯禽既無道德但務寬容此乃出

於善惡無別汝何以爲美也孔子曰寬則得衆亦謂人愛悅歸之也彼其好自用也是所以窶小也窶無禮也彼伯禽好自用而不諮詢是乃無禮驕人而器局小也書曰自用則小尚書大傳曰是其好自也以斂益之也君子力如牛不與牛爭力走如馬不與馬爭走知如士不與士爭知士謂臣下掌事者不爭言委任彼爭者均者之氣也女又美之好自用則必不委任而與之爭事爭事乃均敵者尚氣之事非人君之量者也彼其愼也是其以淺也彼伯禽之愼密不廣接士適所以自使知識淺近也聞之曰無越踰不見士周公聞之古也越踰謂過一日也見士問曰無乃不察

乎〔懼其壅蔽故問無乃有不察之事乎〕不聞即物少至少至則淺〔物事也不見士則無所聞無所聞則所知之事亦少少則意自淺矣聞或爲問也〕彼淺者賤人之道也女又美之乎吾語女我文王之爲子〔爲文王之子也〕武王之爲弟成王之爲叔父〔周公先成王薨未宜知成王之謚此云成王乃後人所加之耳〕吾於天下不賤矣然而吾所執贄而見者十人〔周公自執贄而見者十人禮見其所尊敬者雖君亦執贄故哀公執贄請見周豐鄭注尚書大傳云十人公卿之中也三十人羣士之中百人羣夫之中也〕還贄而相見者三十人〔禮臣見君則不還贄敵者不敢當則還之禮尚往來也士相見禮曰主人

復見之以其贄曰鄉者吾子辱使某見請還贄於將命者鄭康成云贄者所執以至也君子見於所尊敬必執贄以將其厚意也貌執之士者百有餘人執猶待也以禮貌接待之士百餘人也欲言而請畢事者千有餘人謂卑賤之士恐其言之不盡周公先請其畢辭也說苑曰周公踐天子之位七年布衣之士所執贄而師見者十人所見者十二人窮巷白屋所先見者四十九人時進善者百人教士千人朝者萬人也於是吾僅得三士焉以正吾身以定天下於是千百人之中僅乃得三士正身治國吾所以得三士者亡於十人與三十人中乃在百人與千人之中十人與三十人雖尊敬猶未得賢至百人千人然後乃

得三人以明接士不廣無由得賢也故上士吾薄爲之貌下士吾厚爲之貌上士中誠重之故可薄爲之貌下士既無執贄之禮懼失賢士之心故厚爲之貌尤加謹敬也人人皆以我爲越踰好士然故士至人不知則以爲越踰然士亦以禮貌之故而至也士至而後見物物事也見物然後知其是非之所在戒之哉女以魯國驕人幾矣幾危也周公言我以天下之貴猶不敢驕士汝今以魯國之小而遂驕人危矣夫仰禄之士猶可驕也仰魚亮反正身之士不可驕也彼正身之士舍貴而爲賤舍富而爲貧舍

佚而爲勞顏色黎黑而不失其所黎讀爲梨謂面如凍梨之色也是以天下之紀不息文章不廢也賴守道之士不苟徇人故得綱紀文章常存也語曰繒丘之封人繒與鄫同丘鄫故國封人掌疆界者漢書地理志繒縣屬東海也見楚相孫叔敖曰吾聞之也處官久者士妬之祿厚者民怨之位尊者君恨之今相國有此三者而不得罪楚之士民何也孫叔敖曰吾三相楚而心瘉卑毋益祿而施瘉博位滋尊而禮瘉恭是

以不得罪於楚之士民也子貢問於孔子曰賜爲人下而未知也下謙下也子貢問於爲人下未知其益也孔子曰爲人下者乎其猶土也深扣之而得甘泉焉扣掘也故没反樹之而五穀播焉草木殖焉禽獸育焉生則立焉死則入焉多其功而不息爲人下者其猶土也昔虞不用宫之奇而晉并之萊不用子馬而齊并之宫之奇虞賢臣諫不從以其族行子馬未詳其姓名左氏傳曰襄二年齊侯伐蔡蔡人使正輿子賂夙沙衛以索馬牛皆

百匹又六年齊侯伐萊萊人使王湫帥師及正輿子軍齊師齊師大敗之遂滅萊或曰正輿子字子馬其不用未聞說苑諸卿已諫楚莊王曰曹不用僖負羈而宋并之萊不用子猛而齊并之據年代齊滅萊在楚莊王後未詳諸卿已之諫也紂剄王子比干而武王得之不親賢用知而身死國亡也

爲說者曰孫卿不及孔子是不然孫卿迫於亂世鰌於嚴刑上無賢主下遇暴秦禮義不行教化不成仁者詘約天下冥冥行全刺之諸侯大傾當是時也知者不得慮

能者不得治賢者不得使故君上蔽而無
覩賢人距而不受然則孫卿將懷聖之心
蒙佯狂之色視天下以愚詩曰既明且哲
以保其身此之謂也是其所以名聲不白
徒與不衆光輝不博也今之學者得孫卿
之遺言餘教足以爲天下法式表儀所存
者神所遇者化觀其善行孔子弗過世不
詳察云非聖人柰何天下不治孫卿不遇

時也德若堯禹世少知之方術不用爲人所疑其知至明循道正行足以爲綱紀嗚呼賢哉宜爲帝王天地不知善桀紂殺賢良比干剖心孔子拘匡接輿辟世箕子佯狂田常爲亂闔閭擅強爲惡得福善者有殃今爲說者又不察其實乃信其名時世不同譽何由生不得爲政功安能成志修德厚孰謂不賢乎自爲說者已下或荀卿弟子之辭也

荀卿新書十二卷三十二篇

勸學篇第一

修身篇第二

不苟篇第三

榮辱篇第四

非相篇第五

非十二子篇第六

仲尼篇第七

賦篇第三十二

護左都水使者光禄大夫臣向言所校讎中孫卿書凡三百二十二篇以相校除復重二百九十篇定箸三十二篇皆以定殺青簡書可繕寫孫卿趙人名況方齊宣王威王之時聚天下賢士於稷下尊寵之若鄒衍田駢淳于髡之屬甚衆號曰列大夫皆世所稱咸作書刺世是時孫卿有秀才

年五十始來游學諸子之事皆以爲非先王之法也孫卿善爲詩禮易春秋至齊襄王時孫卿最爲老師齊尚脩列大夫之缺而孫卿三爲祭酒焉齊人或讒孫卿乃適楚楚相春申君以爲蘭陵令人或謂春申曰湯以七十里文王以百里孫卿賢者也今與之百里地楚其危乎春申君謝之孫卿去之趙後客或謂春申君曰伊尹去夏

入殷殷王而夏亡管仲去魯入齊魯弱而齊強故賢者所在君尊國安今孫卿天下賢人所去之國其不安乎春申君使人聘孫卿孫卿遺春申君書刺楚國因爲歌賦以遺春申君春申君恨復固謝孫卿孫卿乃行復爲蘭陵令春申君死而孫卿廢因家蘭陵李斯甞爲弟子而相秦及韓非號韓子又浮丘伯皆受業爲名儒孫卿之應聘

於諸侯見秦昭王昭王方喜戰伐而孫卿以三王之法說之及秦相應侯皆不能用也至趙與孫臏議兵趙孝成王前孫臏爲變詐之兵孫卿以王兵難之不能對也卒不能用孫卿道守禮義行應繩墨安貧賤孟子者亦大儒以人之性善孫卿後孟子百餘年孫卿以爲人性惡故作性惡一篇以非孟子蘇秦張儀以邪道說諸侯以大貴顯

孫卿退而笑之曰夫不以其道進者必不以其道亡至漢興江都相董仲舒亦大儒作書美孫卿孫卿卒不用於世老於蘭陵疾濁世之政亡國亂君相屬不遂大道而營乎巫祝信禨祥鄙儒小拘如莊周等又滑稽於是推儒墨道德之行事興壞序列著數萬言而卒葬蘭陵而趙亦有公孫龍爲堅白同異之辨處子之言魏有李悝盡地力

之敎楚有尸子長盧子芊子皆著書然非先王之法也皆不循孔氏之術唯孟軻孫卿爲能尊仲尼蘭陵多善爲學蓋以孫卿也長老至今稱之曰蘭陵人喜字爲卿蓋以法孫卿也孟子孫卿董先生皆小五伯以爲仲尼之門五尺童子皆羞稱五伯如人君能用孫卿庶幾於王然世終莫能用而六國之君殘滅秦國大亂卒以亡觀孫

卿之書其陳王道甚易行疾世莫能用其言悽愴甚可痛也嗚呼使斯人卒終於閭巷而功業不得見於世哀哉可爲霣涕其書比於記傳可以爲法謹第録臣向昧死上言

護左都水使者光禄大夫臣向言所校讎中孫卿書録

荀子卷第二十

將仕郎守祕書省著作佐郎充御史臺主簿臣王子韶同校

朝奉郎尚書兵部員外郎知制誥上騎都尉賜紫金魚袋臣呂夏卿重校

國子監准熙寧　元年九月八日
中書劄子節文校定荀揚書所狀先准
中書劄子奉
聖旨校定荀子揚子内揚子一部先次校
畢已於治平二年十二月内申納訖今來
再校到荀子一部計二十卷裝寫已了續
次申納者申聞事右奉
聖旨荀子送國子監開版依揚子并音義

例印造進　呈及宣賜劄付國子監准此

校勘官將仕郎前守惠州歸善縣主簿充直講臣盧　侗

校勘官登仕郎試秘書省校書郎前守許州司理參軍充直講臣王　汝翼

校勘官將仕郎試秘書省校書郎前知婺州永康縣事充直講臣顏　復

校勘官將仕郎試秘書省校書郎前知温州樂清縣事充直講臣焦　千之

校勘官登仕郎試秘書省校書郎前守相州湯陰縣令充直講臣梁　師孟

校勘官登仕郎守秘書省著作佐郎充直講臣董唐臣

校勘官朝奉郎守尚書都官員外郎充直講上騎都尉賜緋魚袋臣黎錞

朝奉郎光禄寺丞監書庫武騎尉臣韓端彦

朝奉郎光禄寺丞管勾國子監丞公事飛騎尉臣程伯孫

管勾雕造朝請郎守秘書丞充主簿騎都尉賜緋魚袋臣畢之翰

朝散大夫尚書刑部郎中充天章閣待制同知諫院兼判國子監上輕車都尉賜紫金魚袋臣呂誨

朝散大夫尚書兵部員外郎知制誥權判尚書禮部貢院兼知諫院兼判國子監上騎都尉賜紫金魚袋臣錢公輔

朝散大夫給事中參知政事上輕車都尉北海郡開國公食邑二千三百
戶食實封肆伯戶賜紫金魚袋臣唐　介
朝散大夫右諫議大夫參知政事上護軍天水郡開國
侯食邑一千戶賜紫金魚袋臣趙　抃
推忠協謀同德守正亮節佐理功臣開府儀同三司行尚書左僕射兼門下侍郎同中書門下平章事集賢殿大學
士上柱國兗國公食邑一萬一百戶食實封叁阡肆伯戶臣曾　公亮

荀子二十卷三十二篇唐楊倞注初漢劉向校讎中孫卿書凡三百二十二篇除復重定著三十二篇爲孫卿新書十二卷至倞分易卷第更名荀子

皇朝熙寧初儒官校上

詔國子監刋印頒行之

中興蒐補遺逸監書寖具獨荀子猶闕學者不見舊書傳習閩本文字舛異仲友於三

館睹舊文大懼湮没訪得善本假守餘隙
迺以公帑鋟木悉視墨𥂕之故詩曰雖無
老成人尚有典刑卿不可作其書獨非典
刑乎向博極羣書序卿事大氏本司馬遷
於遷書有三不合春申君死當齊王建二
十八年距宣王八十七年向言卿以宣王
時來游學春申君死而卿廢設以宣王末
年游齊年已百三十七矣遷書記孟子以

惠王三十五年至梁當齊宣王七年惠王
以叟稱孟子計亦五十餘後二十三年子
之亂燕孟子在齊若卿來以宣王時不得
如向言後孟子百餘歲田忌薦孫臏爲軍
師敗魏桂陵當齊威王二十六年距趙孝
成王七十八年臨武君與卿議兵於王前
向以爲孫臏倞以敗魏馬陵疑年馬陵去
桂陵又十三年矣崇文揔目言卿楚人楚

禮爲客卿與遷書向序駁𥁋難信据遷傳
參卿書其大略可睹卿名況趙人以齊襄
王時游稷下距孟子至齊五十年矣於列
大夫三爲祭酒去之楚春申君以爲蘭陵
令以讒去之趙與臨武君議兵入秦見應
侯昭王以聘反乎楚復爲蘭陵令旣廢家
蘭陵以終自戰國爭富彊儒道絀孟子學
孔子言王可反掌致卒不見用卿後孟子

亦尊孔氏子思作中庸孟子述之道性善
至卿以爲人性惡故非子思孟軻揚雄以
爲同門異戶孟子與告子言性卒絀告子
惜卿不見孟子不免異說方說士徼時好
卿獨守儒議兵以仁義富以儒術彊以道
德之威旨意與孟子同見應侯病秦無儒
昭王謂儒無益人之國極明儒效秦并天
下以力意儒果無用至於坑焚滅不旋踵

漢舊布衣終假儒以定卿言不用而後驗
自董仲舒韓愈皆美卿書言王道雖不及
孟子抑其流亞廢於衰世亦命矣夫學者
病卿以李斯韓非卿老師學者已衆二子
適見世晝寢餔啜非師之過使卿登孔門
去異意書當與七篇比此君子所爲太息
大宋淳熙八年歲在辛丑十有一月甲申
朝請郎權發遣台州軍州事唐仲友後序

荀子二十卷 宋槧大字本 求古樓藏

唐楊倞注首有荀子注序次新目録接序後每卷首題荀子卷第幾登仕郎守大理評事楊倞注卷末有劉向校正目録上言又有王子韶同校吕夏卿重校銜名及熙寧元年國子監劉子官銜十五名又有淳熙八年唐仲友後序每半板八行每行字數不整注雙行界長七寸六分幅五寸七分半左右雙邊每卷有金澤文庫印印文肥寬異所經見殆文庫火前物與惺窩先生題籖亦希覯之珍云

狩谷望之手跋云右宋槧荀子爲淳熙八年唐仲友所刻字大如錢書法全橅歐陽朱熹按唐仲友狀云據蔣輝供元是明州百姓淳熙四年六月内因同已斷配人方百二等僞造官

會事發蒙臨安府府院將輝斷配台州牢城差在都酒務着役月糧雇本州住人周立代役每日開書籍供養去年三月内唐仲友叫上輝就公使庫開雕揚子荀子等印板輝共王定等一十八人在局開雕者是本也板心下方所題皆是剞劂氏之姓名蔣輝以下都十九名與朱熹按狀所言輝共王定以下十八人之語合余始讀朱熹集得詳唐仲友刻荀子事喜甚獨怪是不良人為是好事謂不可以其罪廢其人也後讀齊東野語知其詆排之非至論今又得四庫全書總目二則足為仲友吐氣令幷録以備攷近年舶來盧文弨校本荀子云以影宋本校今以是本比讐之失校之字不為不多則彼所校猶未精歟將所謂影宋本有落葉歟然則是本豈不貴而重乎且世間北宋刊本傳世無幾如余所見不過小字御注孝經

文中子通典聖惠方諸書而是本翻雕熙寧　官板者則其實與
北宋本無異眞希世之寶典也余齋所載南宋本中當以是爲
第一也吾家子孫宜保護之文政五年十一月按文政五年壬午當道光二年

重刊宋台州本荀子跋

今世中土所傳荀子宋本有二一爲北宋呂夏卿熙甯本一爲南宋錢佃江西漕司本而唐與政所刊于台州當時爲一重公案者顧無傳焉嘉慶間盧抱經學士據朱文游所藏影鈔呂夏卿本合元明本校刊行世王懷祖顧澗蘋皆有異議然呂錢兩本至今無重刊者余初來日本時從書肆購得此書雙鉤本數卷訪之知爲狩谷望之舊藏台州本此其所擬重刊未成者厥後從島田篁村見影摹全部因告知星使黎公求得之以付梓人一仍其舊踰年乃成按此本後亦有呂夏卿等銜名又別有熙甯允

年中書劉子曾公亮等銜名撰與跋自序憲視
熈甯之故則知其略無校政案王伯厚所舉四條惟
君子知嚮矣此本仍作如鄉不相應因知伯厚所舉
者嚮鄉嚮之異非知如之異此自校刊紀聞者之失何校本仍
作如若盧抱經所勘以此本照之其遺漏不下數百字
又不若顧澗蘋所舉若道篇狂生者不胥時而樂
之不作落也此附刊朝鮮古刊本亦略與此本同余
又合元纂圖本明世德堂本及王懷祖劉端臨郝
蘭皋本諸先生之說更參以日本物茂卿有讀荀子四卷冢田虎
有荀子斷四卷久保愛有荀子增注二十卷豬飼彥博有荀子補遺一卷所訂别爲
札記以未見呂錢兩原本將以有待故亦附刊焉
光緒甲申三月宜都楊守敬倚裝書